英語文化史を知るための15章

武内信一 著

研究社

まえがき

　今日世界の共通語として使われている英語は大陸に住んでいたゲルマン部族がブリテン島に定住したときに始まったとされています。以来1500年という時が流れましたが、その間さまざまな歴史の波に洗われながら英語は少しずつ変貌を遂げてきました。ですから昔の英語と現代英語とを比較してみると、同じ英語とは思えないほど大きく変化していることに気づきます。

　この1500年にわたる英語の歴史を私は大学で講じてきました。教え始めたばかりの頃はいろいろな学者や専門家が書いた英語史のテキストを使って授業をしていましたが、どうしても学生が興味を示すような授業をすることができませんでした。いろいろと悩んだ末に気がついたのは「英語の歴史を扱った本は数え切れないほど出版されているが、そのほとんどが英語という言語の文法的側面ばかりに焦点を当て、英語の変化を機械的に記述するだけで、その背景となる歴史や文化を蔑ろにしている」という事実でした。すなわち、「研究者という専門家の利害を前提とした視点から書かれたテキストは多いが、教師の視点で学生に興味をもたせるように書かれたテキストはほぼ皆無に近いという事実」に気がついたのです。言葉は人間が使うものですから、言葉の歴史は人間の営みの歴史でもあるのです。言葉の歴史から社会史や文化史の説明を省くことはできないと考えるようになりました。

　以来授業の資料はすべて手作りで準備し、背景となる歴史的出来事や時代の文化なども20ページ前後の読み物にまとめてプリントで学生に配るようにしました。私は大学院生のときに偶然目にした本物の写本の美しさが契機となって英語文化史に興味をもちました。ですから、学生に配る授業資料にはできるだけたくさんオリジナルな史料(写本、揺籃期本、初期印刷本など)の図像を載せ、英語の変化の様子と時代的背景がわかるように工夫をしました。その資料を私の授業専用の教科書として『英語史演習史料集』という1冊にまとめ、DTP出版しました。手作り授業を始めて

7年後のことです。これはあくまで史料集ですから、学生がいつでも予習復習できる解説書が必要になります。幸い、英語史の背景を説明するために、「読み物」として年に2編のペースでエッセイを書いては学生に配っていた副資料が14編ほどになりましたので、昨年『英語言語文化史入門』としてDTP出版し、授業用のテキストとすることができました。

本書『英語文化史を知るための15章』は以上の2冊の手作りテキストがもとになっています。『英語史演習史料集』は英語の始まりから現代英語までを網羅するようにそれぞれの時代の代表的な史料をオリジナルな図版を中心にしてまとめたものですが、『英語言語文化史入門』の内容も全面的に見直し、重複している箇所を削り、新たに「ベオウルフ伝説」「シェイクスピアの英語」「辞書の話」の3章を書き加えて独立したテキスト、教養書としても使えるように書き改めました。それが本書『英語文化史を知るための15章』です。

歴史に興味のある方は1500年の英語の歴史が概観できる教養の書として読むことができます。授業のテキストとしては半期科目用としても、通年科目用としても使えるように15章立てになっています。また各章がそれぞれ独立した読みきりの内容になっていますので、部分的に使うこともできると思います。

英語の歴史や文化に関する理解をさらに深めたい方のために巻末には各章ごとの詳しい参考資料をつけました。まずは日本語の参考書から読み始められることをお薦めします。本書が英語文化史の導入の書として、少しでもその面白さを味わっていただければ著者として幸いです。

本書出版に際しては、同僚の青山学院大学教授富山太佳夫氏から助言をいただきました。特記して感謝申し上げます。また、編集者として本書の内容、構成に関して適切かつ意欲的に助言をしてくださった(株)研究社出版部の津田正氏に感謝いたします。

2009年3月2日

武 内 信 一

目　　次

まえがき ………………………………………………………………… iii

第 1 章　人・言葉・歴史　英語史のテクストを読む ……………… 1

第 2 章　ベオウルフ伝説の系譜　伝播か独自発生か ……………… 14

第 3 章　デーンローとノルマンディ　歴史的必然? ………………… 30

第 4 章　チョーサー　『カンタベリー物語』の裏の顔 ……………… 43

第 5 章　ウィリアム・カクストン　写本から印刷本へ …………… 58

第 6 章　アーサー王伝説（I）　その歴史と受容 …………………… 73

第 7 章　英語翻訳聖書　政治的策謀の歴史 ………………………… 87

第 8 章　イングランドのアングロ・サクソン学事始 ……………… 100

第 9 章　英語文化史から見た修道院解散
　　　　写本散逸の問題 ………………………………………………… 114

第 10 章　アーサー王伝説（II）　その歴史と受容 ………………… 126

第 11 章　ジェームズ 1 世の『タバコ反対論』
　　　　魔女学の時代 ………………………………………………… 139

第 12 章　シェイクスピアの英語
　　　　『マクベス』に見る言葉の妙 ………………………………… 148

第 13 章　国語浄化大論争　スウィフト vs. エルストップ ………… 167

第 14 章　英語辞書の発達　ジョンソンからマレーへ ……………… 179

第 15 章　イデオロギーから学問へ
　　　　　英語・英文学研究の発達 ……………………………………… 196

　付録 …………………………………………………………………… 211
　　①インド・ヨーロッパ祖語から現代英語までの流れ
　　②アングロ・サクソン王朝からノルマン王朝までの流れ
　　③薔薇戦争と王家
　　④テューダー王朝からステュアート王朝までの流れ
　参考文献 ……………………………………………………………… 215
　索引 …………………………………………………………………… 236

第1章

人・言葉・歴史：英語史のテクストを読む

祇園精舎の鐘の声、諸行無常の響きあり。沙羅双樹の花の色、盛者必衰の理をあらはす。おごれる人も久しからず、唯春の夜の夢の如し。たけき者も遂にはほろびぬ、偏に風の前の塵に同じ。遠く異朝をとぶらへば、秦の趙高、漢の王莽、梁の周伊、唐の禄山、是等は皆旧主先皇の政にもしたがはず、楽しみをきわめ、諫めをもおもいいれず、天下のみだれむ事をさとらずして、民間の愁る所をしらざ(ッ)しかば、久しからずして、忘じにし者どもなり…六波羅の入道前の太政大臣平の朝臣清盛公と申しし人のありさま、伝へ承るこそ心も詞も及ばれね。

I

上の引用文は信濃の前司行長が作って盲人生仏[1]に教え語らせたとされる『平家物語』の冒頭の部分です。人の世の無常を語るこの部分は日本人であれば知らない人はいないと言っても過言ではないほど有名ですし、物語の導入としては見事に完成された文章(テクスト)を形成しています。

しかし、『平家物語』の一部として冒頭を飾るこのテクストを詳しく読んでみると、『平家物語』のオリジナルなテクストだけではなく、「祇園精舎の鐘の声」「沙羅双樹の花の色」などのような仏教に由来する故事や、「秦の趙高」「漢の王莽」など中国の為政者にまつわる記述もテクストとして含まれていることがわかります。これらは行長の創作ではなく、本来は他の史料に含まれていたものと考えられます。すなわち、別のテクストから「情報」として『平家物語』のテクストに取り込まれたものです。本来

---

1) 吉田兼好『徒然草』(226段)には、「この行長入道、平家物語を作りて、生仏と云いける盲目に教えて語らせけり…かの生仏が生まれつきの声を、今の琵琶法師は学びたるなり」とある。

個々別々の作者がそれぞれのコンテクストの中で構成したテクストを行長は『平家物語』のコンテクストに合うように取り込むことで別のテクストを作り上げているわけです。このように、一つのテクストには見方によっていくつもの異なるテクストが重層的に含まれており、いろいろと違ったコンテクストで独自に書かれたテクストが別の目的をもったテクストに新たに取り込まれているということがわかります。こうして構成されたテクストを現代の読者であるわれわれが、われわれ独自のコンテクストで読むことになるのです。簡単にまとめるとどのような史料にも、① 史料内史料のコンテクスト〈引用文献が書かれたコンテクスト〉② 史料のコンテクスト〈現テクストの作者が生きていた時代のコンテクスト〉という2つのコンテクストが織り込まれており、現代の読者はこのテクストを ③ 史料外のコンテクスト〈現代読者のコンテクスト〉から解釈することになるわけです。

　冒頭に引用した『平家物語』のテクストでは、「祇園精舎の鐘の声...」「秦の趙高、漢の王莽、梁の周伊、唐の禄山...」が ① にあたり、作者とされる行長の時代が ②、全体のテクストを何らかの目的をもって読む（現代の）読者が ③ のコンテクストを構成しているということになります。以下では、このようなテクストの重層性とコンテクストという視点から中世・近代イングランドの作品（史料）を読むと、どのようなことが見えてくるのかを考えてみようと思います。

II

　図1に示したテクスト[2]は、エリザベス1世のもとでカンタベリー大主教を務めたマシュー・パーカー（Matthew Parker, 1504–75）が著した『古代の証言（*A Testimonie of Antiqvitie*）』という本のタイトルページと「まえがき」の最初のページです。パーカーはこの本を公にすることで、ローマ・カトリック教会に対して英国国教会（Anglican Church）のほうが正統であることを主張しようとしたのです。

　そのために彼はアングロ・サクソン時代の史料を集めて解読・分析しま

---

[2] ここでのテクストとは記号として解釈可能なものすべてを指す。したがって、近代イングランドそれ自体も一つの解釈可能なテクストとして機能することになる。

第 1 章　人・言葉・歴史　3

した。その結果、国教会の教義解釈の正統性を証明する説教集があることを発見したのです。その実際のアングロ・サクソン（古英語）の説教集のテクストとその当時の英語（1566 年ごろの英語）に翻訳したテクストを見開きにして印刷出版したのが『古代の証言』というわけです。[3]

A
A TESTIMO-
nie of
ANTIQVITIE,
shewing the auncient fayth in the Church of England touching the sacrament of the body and bloude of the Lord here publikely preached, and also receaued in the Saxons tyme, aboue 600. yeares agoe.

B
Ieremie. 6.
Goe into the streetes, and inquyre for the olde way: and if it be the good and ryght way, then goe therin, that ye maye finde rest for your soules. But they say: we will not walke therein.

Imprinted at London by Iohn Day, dwelling ouer Alderßgate beneath S. Martyns.

2
The Preface to the Christian Reader.

Reat contention hath nowe been of longe tyme about the moste comfortable sacrament of the body & bloud of Christ our Sauiour: in the inquisition and determinatiõ wherof many be charged and condemned of heresye, and reproued as bringers vp of new doctryne, not knowen of olde in the church before Berengarius tyme, who taught in Fraunce, in the daies whẽ William the Norman was by conqueste kyng of England, and Hildebrande otherwyse called Gregorius the seuenth, was pope of Rome: But that thou mayest knowe (good christian reader) how this is aduouched
A.ij.　　more **C**

▲ 図 1.『古代の証言』のタイトルページ（左）とまえがき

では図 1 に戻ります。矢印の部分 **A** は本のタイトルを示した部分ですが見やすいように現代英語の活字で転写してみます。

> A Testimonie of Antiqvitie, shewing the auncient fayth in the Church of England touching the sacrament of the body and bloude of the Lord here publikely preached, and also receaued in the Saxons tyme, aboue 600. yeares agoe. (600 有余年の昔、アングロ・サク

3）詳しくは第 8 章を参照。

ソンの時代に本朝において公に説かれ受容されたる主の血と肉体の秘蹟に関する英国教会の古の信仰を示す古代の証言）

直訳すると以上のようになります。簡単に解説すると、ローマ教会から独立した英国国教会の「聖体の秘蹟」に関する解釈は、600 年以上も前のアングロ・サクソン時代にすでにイングランドでは受け入れられ実践されていたことであるから、ローマ・カトリック教会側の解釈のほうが間違いである。この本はそのことを証明するという目的の本であるということです。[4]

この本は 1566 年ごろに出版されましたので、イギリス宗教改革の時代的コンテクストの中で書かれたテクストということになります。すなわち、テューダー王朝の国教会がローマ・カトリックに対してみずからの宗教の正統性を主張するというコンテクストで書かれたテクストであるということです。この部分と後に述べる **C** の部分が 2 ページにある「② 史料のコンテクスト」を構成します。

つぎに図 1 の **B** を考えてみましょう。これは「① 史料内史料のコンテクスト」にあたる部分ですが、これも見やすいように転写してみます。

> Ieremie. 6.
> Goe into the streetes, and inquyre for the olde way: and if it be the good and ryght way, then goe therin, that ye may finde rest for your soules.　But they say: we will not walke therin.（さまざまな道に立って、昔からの道を捜し求めよ。それが善なる正しき道であれば、そこを歩め、魂の安らぎを得るために。しかし彼らは云う、そこを歩むことをしないと）

文面からわかるように、これは『旧約聖書』の「エレミヤ書」からの引用です。しかし、ここで 2 つ疑問が出てきます。なぜ聖書からの引用なのか。しかも『旧約聖書』の「エレミヤ書」を引用しているのはなぜか。2 番目は、聖書とはいうものの、どの聖書からの引用かという疑問です。な

---

[4] 聖餐式（ミサ）で聖別されたパンとぶどう酒がその外的形態のまま実体的にキリストの体と血に変化する（実体変化）という説を、カトリック教会は 1215 年の第 4 ラテラノ公会議で正式に教義としたが、英国国教会は 11 世紀以前のアングロ・サクソン教会の象徴説を正統とする立場をとった。第 8 章も参照。

ぜなら聖書は歴史を通じて宗教改革期以前にも何度か英語に翻訳され、その後もテューダー朝からステュアート朝にかけてたくさんの英訳聖書が出版されたからです。[5)]翻訳された英文はそれぞれの聖書で微妙に異なっています。しかも、その違いにはそれぞれの翻訳に関わった人間の思想やイデオロギーが関与しています。ですから上の引用箇所の本来のコンテクストにおける意味(「① 史料内史料のコンテクスト」)を吟味して、これらの英訳聖書の中のどの聖書から引用されたのかを特定することは現テクスト(「② 史料のコンテクスト」)を正確に解釈するうえで非常に重要な手がかりになるということになります。

　まず比較的簡単な2番目の問題から考えてみます。前にも述べたように、図1の『古代の証言』という本は1566年ごろに出版されていますから、それ以降に出版された英訳聖書はすべてこの引用には該当しないことになります。例えば、1568年の『主教たちの聖書 (The Bishops' Bible)』や1611年の『欽定訳英語聖書 (The King James Version)』から引用することは不可能なのです。ちなみに、『欽定訳英語聖書』の文言は、

> Stand ye in the ways, and see, and ask for the old paths, where is the good way, and walk therin, and finde rest for your soules.　But they say: we will not walke therin.

となっており、前半の部分が大きく異なっていることに気がつくと思います。

　これらの聖書の直前、すなわち、1560年に出版された『ジュネーヴ聖書 (The Geneva Bible)』と呼ばれる英訳聖書はどうでしょうか。これなら年代的に十分可能性はあります。ではそのテクストはどうでしょうか。

> Stand in the waies and beholde, and aske for the olde waie, which is the good waye and walke therein, and ye shal finde rest for your soules: but thei said, We wil not walke therein.

これも表現や構文が違っていますので可能性の選択肢から外れると思いま

---

5)　英語訳聖書の歴史については第7章を参照。

す。さらに図1の引用Bには 'Ieremie. 6.' とだけ書かれており、節番号がありません。実は節番号は『ジュネーヴ聖書』から初めて導入されたものなのです。この点でもジュネーヴ聖書がまったく該当しないことは明らかです。

それでは宗教改革期のイングランドにおける英訳聖書のさきがけとなったとされるウィリアム・ティンダル (William Tyndale) の英訳聖書 (1525-26年) はどうでしょうか。これは実際に確かめるまでもなく該当しないことがすぐにわかります。ティンダルは『新約聖書』の全体と『旧約聖書』のモーセ5書を訳したところで異端の咎で処刑されてしまいましたから、ティンダルから「エレミヤ書」を引用することは不可能なのです。さらに彼は教義の点でヘンリー8世の時代に異端とされ、ドイツで処刑された人物ですから、彼の翻訳聖書を国教会が何かの引用に使うという発想自体考えられないことです。

さらに時代をさかのぼって、政治・宗教的にもっとも激しい時代と言われる1380年代にラテン語の『新約聖書』『旧約聖書』のすべてを初めて英語に翻訳したとされるジョン・ウィクリフ (John Wycliffe, 1330ごろ–84) 派の聖書を念のため確認しておきましょう。

> Stonde ye on weies, and se ye, and axe ye of elde pathis, which is the good weie; and go ye ther ynne, and ye schulen fynde refreischyng to youre soulis.　And thei seiden, We schulen not here.

これは中英語 (Middle English) で書かれていますから、いくらアングロ・サクソンを研究したパーカーとしても、当時の読者を考慮すれば引用は無理であると判断したはずです。それではこの引用はどこから来たのでしょうか。

もう一つ聖書翻訳史上重要な聖書があります。ヘンリー8世のお墨付きを得て翻訳され、全国の教会に設置が義務付けられたという1539年の『グレート・バイブル (*The Great Bible*)』です。さっそくそのテクストを見ることにしましょう。

> Go into the streates, consydre and make inquisicyon for the olde waye: & yf it be the good and right waye, then go theryn, that ye

maye fynde rest for youre soules. But they saye: we wyll not walcke therin.

　この聖書であれば年代的にも、背景となるイデオロギーの点でも、またテクストの文言を見ても引用 B の原典（source）にほぼ間違いないと思います。「ほぼ間違いない」と述べたのには理由があります。単語の綴りが引用文のとおりではないことと、1ヵ所 'inquyre for' が『グレート・バイブル』では 'make inquisicyon for' となっているからです。

　綴りが違っているのは正書法が確立していないこの時代のテクストには普通のことでした。音声的に認識している単語を書き手が自分流に綴る慣習がありましたので、極端な場合には同じ文章の中で同じ単語が違う綴り方をされることすらありました。現に図 1 の **A** にある bloude と **C** にある bloud を見れば納得できるのではないでしょうか。

　また原典の 'make inquisicyon for' が 'inquyre for' と書き換えられている点はこの後に述べる「② 史料のコンテクスト」と関わっているのです。名詞化した 'inquisicyon' にはカトリックの「異端審問」[6] という意味がついて回るため、わざと動詞で置き換えたのではないかとも推測できるからです。さらに引用のスペースの関係で短い動詞表現を要求したとも考えられます。この点はもう少し詳しく検証してみなければなりませんが、聖書からの引用といえども必ずしも現代のように厳密・正確なものではなかった時代背景を考えれば、原典は『グレート・バイブル』と考えてほぼ間違いないと思います。[7] これで引用部分（「① 史料内史料のコンテクスト」）の特定はできたのですが、なぜ「エレミヤ書」のこの部分なのかという疑問が残ります。

　「エレミヤ書」のコンテクスト、すなわち、これまで述べてきた「① 史料内史料のコンテクスト」を少し検証してみましょう。「エレミヤ書」は

---

6) エリザベス 1 世の前の女王メアリー 1 世は国教会をカトリックに戻そうとして極端な反プロテスタント政策を採った。その結果、200 名を超すプロテスタント信者が異端審問の末に火刑に処されたという経緯がある。
7) ヘンリー 8 世と同時代のジョン・リーランドやジョン・ベイルなどの著作にも聖書や古典古代の書物からの引用がたくさん見られるが、ほとんどが引用というよりは書き換えに近いものである。

紀元前7世紀から6世紀にかけて、ヤアウェの預言者として活動したエレミヤの預言の書で、『旧約聖書』の中の3大預言書の一つとされています。この預言はユダ国に向けて語られたものですが、「身分の低いものから高いものにいたるまで皆利をむさぼり、預言者から祭司に至るまで皆、欺く」(6章13節)ような国情にあって、エレミヤは「昔からの道を探し求めよ」と訴えるのですが、かえって彼らの反感を買い迫害を受けることになります。引用部分は彼の預言に対して「そこ(昔からの道)を歩むことをしない」という預言者や祭司の態度を述べた件なのです。これがこの引用部分のもともとのコンテクストです。しかしマシュー・パーカーはこの部分を「エレミヤ書」のコンテクストから外し、自分の生きている時代のコンテクスト、すなわち「② 史料のコンテクスト」に埋め込んだわけです。そこにはパーカーの時代のイデオロギーと同質の主張が見出せるからです。エレミヤの言う「昔からの道を捜し求めよ」は「アングロ・サクソン時代のキリスト教の教義を探せ」と読みかえることができます。「しかし、彼らは云う、そこを歩むことをしないと」の部分は「しかし、カトリック側は英国国教会の意図を理解しない」という意味にとることができます。すなわち、ローマ・カトリック教会を「エレミヤを迫害するユダ国」に喩えて非難し、英国国教会は「エレミヤの預言にあるように古から続く正しい道を捜し求め、そこを歩んだ」という意図が込められているわけです。これはパーカーの時代のコンテクストに聖書のテクストを都合よく当てはめた例ということができます。

III

図1のCに話を進めましょう。またわかりやすいように転写してみます。

> Great contention hath nowe been of longe tyme about the moste comfortable sacrament of the body & bloud of Christ our Sauiour: in the inquisition and determinatiō wherof many be charged and condemned of heresye, and reproued as bringers vp of new doctryne, not knowen of olde in the church before Berengarius tyme, who taught in Fraunce, in the daies when William the Norman was by conqueste kyng of England, and Hildebrande otherwyse called Gre-

gorius the seuenth, was pope of Rome....（長い間、われらが救世主キリストの体と血に関わる癒しの秘蹟については激しい論争が続いてきた。異端審問とそれに基づく断罪で、多くの人間が異端として弾劾されたり、ベレンガリウス以前の教会には昔から存在しなかった奇抜な教義の提唱者として非難されたりすることも続いてきた。ベレンガリウスとはノルマン王ウィリアムがイングランド王の時代、ヒルデブラント（別名グレゴリウス7世）がローマ教皇の時代にフランスで教鞭を執っていた者である）

　タイトルの部分 A で述べられた趣旨を本格的に主張するのが上の C の部分になるわけですが、この2つが図1のテクスト全体の時代的コンテクスト、すなわち、「② 史料のコンテクスト」を構成しています。冒頭で述べられている「聖体の秘蹟に関する論争」とはもちろんローマ・カトリックとプロテスタント（英国国教会）の間の解釈をめぐる論争ですが、前にも述べたとおり[8]ローマ側が「実体説」を主張するのに対して国教会は「象徴説」を主張しています。そして、この「実体説」のために「象徴説」を支持するたくさんの人間が「奇抜な教義を唱える異端者」として弾劾・処刑されてきたとパーカーは事の重大さを指摘しているわけです。カトリック側はベレンガリウス[9]以前にはこのような教義解釈は存在しなかったとして「実体説」を正統なものと主張するのですが、この点こそ英国国教会の存在がかかったもっとも重要な論点になっていることを C の部分は語っています。

　ここまで考えてくると、前に考察した「エレミヤ書」からの引用が実に巧妙に計算されたものであったことが改めて明らかになると思います。『古代の証言』というテクストは宗教改革期のイングランドにおける国教会の教義を正統とする「時代のイデオロギー」というコンテクストの中で書かれ、そのコンテクストに利用できる他のテクストをそれぞれのコンテクストから切り離して埋め込むという操作がなされたテクストであると解釈できるのです。これが「② 史料のコンテクスト」を読むということで

8）　4頁、脚注4参照。
9）　トゥールのベレンガリウス（1005-88）：『主の晩餐（*De coena Domini*）』において、「聖体変化は純粋に霊的なものであり、物質としてのパンとぶどう酒がキリストの体と血に変わることはない」と主張したために、ローマ、パリ、トゥールの公会議で排斥された。

す。対象とするテクストを「それが書かれた時代というコンテクスト」を無視して読み込もうとすれば、どのように情報が操作(デフォルメ)されているかが見えず、テクストの背後にある真の意図が霞んでしまうことになるのです。

　最後に、この重層的テクストのもう一つのコンテクストである（現代の）読者のコンテクスト、すなわち、「③ 史料外のコンテクスト」からこの史料（テクスト）をどのように読むことができるのかを考えてみましょう。

IV

　史料外のコンテクストにある現代の読者（研究者）が歴史資料を読む場合に考えられる視点はおおよそ3点になると思います。1つは、いわゆる歴史研究的視点で、これには政治・宗教史、社会史、経済史、文化史などが含まれます。2つ目は史料本来のコンテクスト（「② 史料のコンテクスト」）を無視して、記述されている時代だけに焦点を当てて研究する視点です。すなわち、史料に込められたさまざまなイデオロギーを排除して、その史料がその時代について語ってくれることに耳を傾けるという研究方法です。そして3番目の視点は言語そのものを対象として研究し、その成果を時間軸の中に位置づけるという視点です。英語史は英語という言語の歴史を扱う学問ですから、筆者の基本的な立場はこの3番目の視点から史料を研究することになります。しかし、言語は単独で存在することはできませんから、それぞれの時代の人々、その時代に至る歴史や文化と深いかかわりをもつことになります。その意味では、史料外のコンテクストからある特定の史料を研究するということは、結局のところ歴史研究、文化研究そして言語研究の3つの視点がどうしても一体とならざるを得ないということになります。言い換えれば、言語研究から歴史や文化に対する視点が欠けてしまえば単なる統計資料の羅列にすぎなくなり、現代に生かす意味がなくなるということになります。

　「聖餐の秘蹟」に関しては、アングロ・サクソン時代にすでにパーカーの時代の国教会と同じ「象徴説」が支持されていたことはすでに述べたとおりですが、『古代の証言』の本論ではその証拠を実際の古英語の説教とその近代英語訳をパラレルに印刷して古英語の実物を示しているのです。それでは、この本は、英語史研究という観点（「③ 史料外のコンテクスト」）からは、どのように解釈できるのでしょうか。

もっとも重要な点は古英語のテクストがアングロ・サクソン時代の文字の活字で忠実に再現されているということです。アングロ・サクソンのフォントを使って 11 世紀初頭に書かれた史料をありのままに再現するということは、当時アングロ・サクソン研究が始まっていたことを物語っています。また、見開きで全文の翻訳がつけられているということからは古英語を読めない読者を前提にしていることもわかります。これらのことから、当時読み書きができる知識人の間でも古英語は未知の言語に等しかったという推測ができます。そのような時代背景の中で、パーカーとその研究助手であるジョン・ジョスリン (John Jocelyn) たちが古英語の研究を始めたことをこの史料は語ってくれているわけです。もちろん、語学研究のための研究ではなく、国教会の正統性を証明することが彼らの古英語研究の本来の動機でしたから、語学研究はそのための手段として発達したのです。

　また、英語そのものの歴史的位置づけという点から見ると、例えば、さきに挙げた 'blood' が bloud**e** と bloud のように同じテクストの中で綴り方が違っていたり、**v**p や se**u**enth のように中世以来 v は語頭で /u/、u は語中や語末で /v/ の音価で使ったりするなど正書法の確立を見ていない時代のテクストであると判断することができます。『古代の証言』は 1566 年ごろに書かれたと述べましたが、実は本のどのページを見ても出版年号は書かれていないのです。ではなぜこの年号に特定できるのか疑問になりますが、この問題も、正書法が確立する以前の時代のテクストでありゴシックからローマンの活字に変わったこと、エリザベス朝のパーカー・カンタベリー大主教時代のテクストであること、そして引用されていた「エレミヤ書」の文言が『ジュネーヴ聖書』(1560 年) 以前の聖書からのものであるというイデオロギー的背景などから総合的に判断してかなり正確に解決することができるわけです。そしてそれに基づいて英語という言語を時間軸にマッピングすることで、その変化の歴史を記述していくわけです。「② 史料のコンテクスト」で読んだ場合と「③ 史料外のコンテクスト」で読んだ場合とでは、同じテクストでも解釈は当然違ってくるのですが、両方の視点から解釈することで、言語変化と文化・歴史の相関関係がより鮮明に浮き彫りにされることになるのです。

　さらに、英語史の視点のみからこの事実を考えてみると、どのような動

機にしろ、パーカーたちの努力がイングランドにおいて自分たちの言語（英語）の先祖を本格的に研究しようという機運を作り出したことは間違いないでしょう。今日英語史が一つの学問にまで発展したその端緒はイングランドにおける国教会の宗教論争に決着をつけるという危機的状況の認識と密接に関わっていたと言えるのです。

　古英語の研究が進み、関心をもつ人々が増えるにつれて、次第にアングロ・サクソン時代の法律、歴史、文化、そして言語の発達の歴史などに対する関心も高まってゆくことになります。その意味で、アングロ・サクソン学が実質的に始まったことを「証言」する史料でもあるのが『古代の証言』というテキストであると位置づけることができるのです。[10] 文学作品の分析に関しても同じことが当てはまります。この点については第4章で具体的に論じていますので、そちらを参照して下さい。

V

　以上のことから、「英語史を読む」という行為は幾重にも重なった、性格の異なるテキストとそれらが書かれたコンテクストとが一つに取り込まれた史料を読み解いていく行為であるということができると思います。単に言語的に解釈するだけでは多くの重要な情報を見落としてしまうことになり、それぞれの時代におけるテキストの位置づけができなくなってしまいます。日本における言語文化史研究が単なるデータ収集とその提示に終始しているきらいがどうしても否めないのは、しっかりとした研究視点をもたないまま史料を読むという慣習が根強いからではないかと案じています。だからといって、言語理論や文芸批評理論に依存しすぎて、ないものまで恣意的に読み込んでしまう最近の行き過ぎた研究にも一抹の不安を覚えます。

　英語史研究（philology）に限らず、文字テクストに基づく研究は「実際のテクストの読み」がもっとも重要な作業です。philology という用語はギリシャ語のフィロロギア（$\varphi\iota\lambda o\lambda o\gamma\acute{\iota}\alpha$）、すなわち言葉（ロゴス）を愛する（フィレオー、$\varphi\iota\lambda\grave{\varepsilon}\omega$）ということ (love of learning) に由来しますが、ギリ

---

[10] イングランドにおいてアングロ・サクソン学が勃興する経緯については、武内 (2004) を参照。

シャ語のロゴス（λόγος）の意味は非常に広く、人間の言語活動によって生み出されたものほぼすべてを包括する単語ですから、「読む」ということは「歴史」「文化」「言語」そしてそれらを生み出す「人」を読むということなのです。

第2章

ベオウルフ伝説の系譜： 伝播か独自発生か

八雲立つ出雲八重垣妻ごめに、八重垣作る其の八重垣を
『平家物語』「剣之巻」[1]

I

　第1章ではテクストの重層性の問題を述べましたが、仮にこれをテクストに織り込まれ、さまざまな文様を綾なす横糸とすると、新しい生地を作り上げるにはもう一つ重要な糸が必要になることに気づきます。テクスト全体の大黒柱ともいえる材源(source)の問題です。テクストが作られる大元となる核あるいは出来事があって初めて一つの文様(ストーリー)が作り出され、その上にさまざまな要素が付加されて新たなテクストが生み出されるわけです。ですから、時間が経てば経つほど大元のストーリーの核の部分を中心としていろいろな地域に伝わりながら新たなテクストが加えられ、表面的には異なるテクストとなってゆきますが、反面類似性が残ることにもなります。世界各地に似たような伝説がたくさん存在するという背景にはこのような経緯があるわけです。

　そこで、この章では英語の世界に伝わる「ベオウルフ(Beowulf)伝説」が中世日本の「羅生門伝説」や「八岐大蛇(ヤマタノオロチ)伝説」と類似しているという事実を検討し、その発生・伝播の問題を考えてみたいと思います。

---

1) 「『日本書紀、古事記にいう「八雲」は幾重にも重なった雲の意であるが、これを八色の雲と解する説が当時あったのだろう」。水原(1979–81) p. 345.

II

　古英語で書かれた英雄叙事詩『ベオウルフ』の成立に関してはさまざまな説があり確定的には言えませんが、およそ 7 世紀末から 8 世紀前半ごろというのが定説のようです。以来、口承的に伝えられてきたこの「ベオウルフ伝説」が文字に書き残されたのは 10 世紀末から 11 世紀初めごろと言われています。[2]「ベオウルフ」という名称は一度ぐらいは皆さんも耳にしたことがあるかもしれません。内容も世界中どこにでもあるような怪物退治の武勇伝です。以下、できるだけわかりやすいようにストーリーの流れに沿って話を進めてゆきたいと思います。参考のために、重要な場面は原語 (Old English) で引用します。

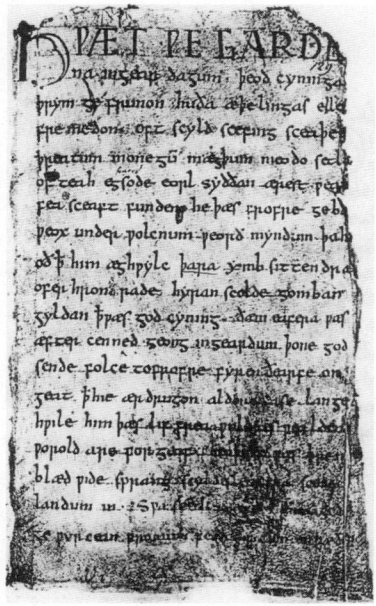

▲『ベオウルフ』

III

　物語はデネ王国の偉大な始祖シルド王 (Scyld) 時代の回想から始まります。周辺の部族国家を平定しデネ王国の栄華と繁栄とをもたらしたシルド王がいかに偉大であったかを詩人は次のように謳い始めます。

　　　Hwæt, we Gar-Dena　　in geardagum,
　　　þeodcyninga　　þrym gefrunon,
　　　hu ða æþelingas　　ellen fremedon!
　　　　Oft Scyld Scefing　　sceaþena þreatum,
　　　monegum mægþum　　meodosetla ofteah,

---

2)　Jack (1994)

```
        egsode eorl[as],      syððan ærest wearð
        feasceaft funden;   he þæs frofre gebad,
        weox under wolcnum,    weorðmyndum þah,
        oð þæt him æghwylc    þara ymbsittendra
        ofer hronrade     hyran scolde,
        gomban gyldan.   Þæt wæs god cyning! (1-11)³⁾
```

(いざ聴き給え、そのかみの槍の誉れ高きデネ人の勲、民の王たる人々の武名は、貴人らが天晴れの勇武の振る舞いをなし次第は、語り継がれてわれらが耳に及ぶところとなった。

　シェーフの子シュルドは、初めに寄る辺なき身にて見出されて後、しばしば敵の軍勢より、数多の民より、蜜酒の席を奪い取り、軍人らの心胆を寒からしめた。彼はやがてかつての不幸への慰めを見出した。かくして、天が下に栄え、栄光に充ちて時めき、ついには四隣のなべての民が鯨の泳ぐあたりを越えて彼に靡き、貢を献ずるに至ったのである。げに優れたる君王ではあった）(一部訳文変更)

　シルド王には子供ベオウルフ（Beowulf）⁴⁾が産まれますが、シルド王はまもなく神の定めた地上の時が満ちて、世を去ることになります。その葬儀は異教徒の慣習に従って船葬でおこなわれます。その様子はこんなふうに述べられています。

```
        Þær æt hyðe stod    hringedstefna
        isig ond utfus,    æþelinges fær;
        aledon þa    leofne þeoden,
        beaga bryttan    on bearm scipes,
        mærne be mæste.   Þær wæs madma fela
        of feorwegum,    frætwa gelæded;
        ne hyrde ic cymlicor    ceol gegyrwan
        hildewæpnum    ond heaðowædum,
        billum ond byrnum;   him on bearme læg
        madma mænigo,    þa him mid scoldon
        on flodes æht    feor gewitan. (32-42)
```

---

3) 古英語の原典は Klaeber (1950) を用い、適宜 Jack (1994) を参照した。日本語の訳文は忍足欣四郎(訳)『ベーオウルフ』を用いたが、一部訳を変更した。

4) イエアト王国のベオウルフとは別人。怪物グレンデルの攻撃を受けるフロスガール王の2代前のデネ王で、本来は Beo(w) であったらしい。Jack (1994) pp. 10-11.

（泊まりには、環形なす舳を備えた、王の御座船が、氷もて覆われ、今や船出せんと繋がれていた。家臣らは、慕わしき王、宝環を頒ち与え給う君、高名なる君主を、船の懐の、帆柱のかたえに、安置しまつった。そこには、遠方より集めた数々の財宝が積みこまれた。武器・甲冑、刀剣・胴鎧にて、船舶がかくも目もあやに飾られた有様を聞き及んだためしはない。王の胸の上には、共に海の果てへとはるばる漂い行くべき数多の宝物が置かれていた）

　こうしてベオ王へと王位が引き継がれ、長い統治の末、民に慕われたベオ王も世を去り、デネ人の誇りであるヘアルフデネ王 (Healfdene) へと王権が引き継がれます。ヘアルフデネには4人の子供（3人の息子と1人の娘）が生まれますが、ヘアルフデネが亡くなると、フロスガール (Hroðgar) に王権が引き継がれることになります。[5] ここから本来のテーマに入ることになります。

　フロスガールは世界で2つとない偉大な館ヘオロット（Heorot）を建造し、毎夜のごとく宴を催していました。ところが、このヘオロットで宴を楽しむデネ人たち（Scyldingas）を恨む存在がありました。カイン[6]の末裔として神から追放され、ヘオロットの近くの沼地に棲むグレンデル（Grendel）という怪物です。夜ごとにヘオロットの大広間で繰り広げられる宴の音を聞くたびに怒りを募らせてきた地獄の使者グレンデルは、ついにある晩ヘオロットに現れ、蜜酒を飲んで大広間で寝入っている戦士たちを襲ったのでした。30人ものデネ人が無残に食い殺され、朝日に照らされた大広間は血の海でした。次の晩もやってきます。こうしてグレンデルの恐怖は12年間も続くことになり、フロスガール王にとって最大の苦悩を抱えることになったのです。

　　　Swa ða drihtguman　　dreamum lifdon
　　　eadiglice,　　oð ðæt an ongan
　　　fyrene fre[m]man　　feond on helle.
　　　Wæs se grimma gæst　　Grendel haten,

---

5) 4人の名前は、Heorogar（ヘオロガール）, Hroðgar, Halga（ハルガ）, そして Ursula（ウルスラ）で、最後の Ursula はスウェーデン王家の Onela（オネラ）(Ohthere（オフトヘレ）の弟）に嫁ぐ。
6) 弟アベルを殺したことで神の元から追放され、エデンの東のノドの地に住むことになった、アダムとイヴの最初の2人の息子の1人。

>   mære mearcstapa,   se þe moras heold,
>   fen ond fæsten;   fifelcynnes eard
>   wonsæli wer   weardode hwile,
>   siþðan him Scyppend   forscrifen hæfde
>   in Caines cynne—   þone cwealm gewræc
>   ece Drihten,   þæs þe he Abel slog;
>   ne gefeah he þære fæhðe,   ac he hine feor forwræc,
>   Metod for þy mane   mancynne fram.
>   Þanon untydras   ealle onwocon,
>   eotenas ond ylfe   ond orcneas,
>   swylce gigantas,   þa wið Gode wunnon
>   lange þrage;   he him ðæs lean forgeald. (99-114)

（かくして人々は喜びの裡に、幸福に恵まれて日々を送っていたが、やがて1人の者が、地獄の悪霊が禍事をなし始めた。この荒ぶる悪霊、曠野を、沼沢と砦とを住処とする音に聞えた辺境の彷徨者は、グレンデルと呼ばれた。この幸せ薄き者は、創造主が彼をカインの裔として追放し給いしより後は、妖怪の族の巣くう所に久しく棲んでいたアベルをあやめし故により、永しえなる主は、この殺害の罪を罰し給うた。神はかかる怨恨の業を喜び給わず、主はこの科の故に彼を人類の間より遥か彼方へと追い放ち給うたのである。そのカインより、ありとあらゆる邪なる末裔が、妖怪と妖精と悪霊とが、また久しきにわたり神に刃向かいし巨人どもが生れ出た。されば、神は彼らに応報を下し給うた）

このデネ王国の惨劇を耳にしたイエアト王国（Geatas）の武将ベオウルフ[7)]は14人の仲間を伴って船で海を渡り、デネ王国の救援に出かけます。船は海（鯨の道 hronrad）[8)]を進み、デネ王国の海岸にたどり着きますが、沿岸を警備している隊長に尋問されてしまいます。長い問答の末に誤解が解け、彼は王の侍従（Chamberlain）の執り成しを受けてフロスガール王に会い、グレンデル退治に来た旨を告げるのです。

フロスガール王は了解し、ベオウルフ一行を歓迎することになります。

---

7) イエアト王国の始祖フレーゼル（Hreþel）には3人の息子と1人の娘があり、その中の1人 ヒーエラク（Hygelac）が王位を継ぎ、娘はウェイムンディング（Waymunding）家のエッジセオウ（Edgeþeow）と結婚してベオウルフを儲ける。したがってベオウルフがグレンデル退治に向かおうとしていたときの王は伯父のヒーエラクである。

8) 古英語にはこのようなケニング（kenning）と呼ばれる婉曲代称法が多く用いられている。

この後ベオウルフの超人的肉体のことや剣を抱えて5日5晩海を泳いだ過去の武勇伝が語られてゆきます。そして、グレンデル退治に関してはベオウルフと14人の同志だけで戦うことを王に宣言し、しかもベオウルフは素手でグレンデルに立ち向かうと言うのです。

　ベオウルフ一行は大広間でグレンデルを待ち構えます。やがて現れた怪物グレンデルには魔力があり、やはり持っていた剣（Hrunting）が役に立ちません。ベオウルフは素手で立ち向かい、ついにグレンデルの右腕をもぎ取ってしまいます。勝利でした。瀕死の状態でグレンデルは棲み処の沼に戻りますが、死んでしまいます。ベオウルフはもぎ取ったグレンデルの右腕をヘオロットの破風（はふ）の下にさらし、英雄としてデネ人たちに迎えられることになります。

>   Hæfde East-Denum
> Geatmecga leod   gilp gelæsted,
> swylce oncyþðe   ealle gebette,
> inwidsorge,   þe hie ær drugon
> ond for þreanydum þolian scoldon,
> torn unlytel.   Þæt wæs tacen sweotol,
> syþðan hildedeor   hond alegde,
> earm ond eaxle   —þær wæs eal geador
> Grendles grape—   under geapne hr[of]. (828–36)

（イエアト人の首領はエースト・デネの人々のために、事挙げしたとおりの働きを為し遂げ、また、彼らがこれまで耐え、避け難き災厄の故に忍ばねばならなかったあらゆる悲しみ、敵の恨みより起こった嘆き、小さしと言うも愚かなる悲嘆を、癒したのだ。戦において勇猛なる者が、グレンデルの手を、そして腕と肩とを——そこには鉤爪がすべて備わっていたが——広々とした破風の下に吊るした時、それは彼の勲の明らかなる徴となったのである）（訳文一部変更）

　グレンデルはベオウルフの神がかりの怪力を持つ手によって殺されましたが、これでヘオロットに平和が訪れたわけではありませんでした。グレンデルを退治したことに狂喜乱舞するデネ人たちを横目に、もう一匹の怪物がグレンデルの仇討ちを画策していたからでした。この怪物とはグレンデルの母親で、右腕を挽ぎ取られたうえに晒し者にされて死んだ息子の恨みを晴らそうとしていたのです。ヘオロットでは祝宴が続いていました

が、やがて宴も終わり、すべてが眠りについた頃、グレンデルの母が現れました。そしてフロスガール王の最も信頼する顧問であるアッシュヘレ (Æschhere) を殺し、連れ去ってしまいます。

> Heo wæs on ofste, wolde ut þanon,
> feore beorgan þa heo onfunden wæs;
> hraðe heo æþelinga anne hæfde
> fæste befangen, þa heo to fenne gang.
> Se wæs Hroþgare hæleþa leofost
> on gesiðes had be sæm tweonum,
> rice randwiga, þone ðe heo on ræste abreat,
> blædfæstne beorn. Næs Beowulf ðær,
> ac wæs oþer in ær geteohhod
> æfter maþðumgife mærum Geate.
> Hream wearð in Heorote; heo under heolfre genam
> cuþe folme; (1292–1303)
> (女怪は、姿を見定められるや、おのが命を守るべく怱卒(そう)にその場を離れようとした。鬼女は、沼地へと赴く際に、素早く1人の貴人をむんずと引っ摑んだ。この人物は、家来筋に当たる者としては、海内に並ぶものなく、身分貴き楯取る戦士の中にも、フロスガール王がことのほか目を掛けていた者であったが、この誉れ高き勇士が憩うているところを、女怪は殺めたのであった。ベーオウルフはその場に居合わせず、イエアト人の英雄は、宝を賜った後、別の宿舎を当てがわれていたのである。ヘオロットに喚き叫ぶ声が挙がった。女怪は、よく見知った血塗れの手を持ち去った)(一部訳文変更)

フロスガール王はベオウルフを全面的に信頼し、再びグレンデルの母を退治してくれるよう依頼するのでした。しかし今度はヘオロットに怪物が現れるのを待つのではなく、カインが弟を殺したことに対する神の罰として追放された場所と同じような、カインの末裔が棲むおどろおどろしい沼地の冷たい水の底へ向ってほしいと言うのでした。ベオウルフはグレンデルの母が棲むこの沼に出かけてゆきます。ところが、途中の岩場でアッシュヘレの首を発見するのです。まさにベオウルフは異界に向かおうとしていたのです。

　今回は素手で戦うのではなく、フロスガールの顧問ウンフェルス (Unferð) に渡された剣 (Hrunting) で戦うとベオウルフは言います。ベオ

ウルフは沼の水底深く潜ってゆきました。するとそこに水のない空間があることに気がつきます。初めは剣で怪物を退治しようとしますが、またも効果がありません。グレンデルの母と素手で組み合い、倒そうと必死で戦います。そのとき、巨大な剣があるのに気づきます。常人では使いこなせないほどの巨大な剣で、超人的怪力を持つベオウルフだけが使うことができる剣なのです。こうしてベオウルフはグレンデルの母に剣を振り下ろして、殺しますが、不思議なことに剣は柄のところまで溶けてしまいます。怪物の熱い血潮のために溶けてしまったのです。

> Geseah ða on searwum　　sigeeadig bil,
> ealdsweord eotenisc　　ecgum þyhtig,
> wigena weorðmynd;　　þæt [wæs] wæpna cyst, —
> buton hit wæs mare　　ðonne ænig mon oðer
> to beadulace　　ætberan meahte,
> god ond geatolic,　　giganta geweorc.
> He gefeng þa fetelhilt,　　freca Scyldinga,
> hreoh ond heorogrim,　　hringmæl gebrægd
> aldres orwena,　　yrringa sloh
> þæt hire wið halse　　heard grapode,
> banhringas bræc.　　Bil eal ðurhwod
> fægne flæschoman;　　heo on flet gecrong.
> Sweord wæs swatig,　　secg weorce gefeh. (1557–69)
> (折りしも勇士は、くさぐさの武具の中に交じって、勝利を呼ぶ剣、巨人の造りなした刃の堅固なる古剣、武人の誉れなる大刀があるのを見た。それは数ある武器の中にもこよなく優れたものであった。とは言え、巨人の手になる造りのよき見事なる剣のこととて、他の者には戦の庭へと携え行くなど到底思いもよらぬほど巨大なるものであった。ここにおいて、シュルディング人の剛勇の士は、柄頭に環のついたこの剣を抜き放ち、命の危険を顧みず、怒りに燃えて振り下ろせば、女怪の首筋に手応え確かに当たり、首の骨は砕けた。剣は、死すべき定めの敵の体を両断した。女怪は床に倒れ付し、剣は血に塗れ、勇士は自らの働きに喜悦を覚えた）（一部訳文変更）

その後、死んで横たわっているグレンデルの母の首を切り落とし、その首と解けた巨剣の柄を持ってベオウルフは地上で待つフロスガール王のもとに戻ってくるのですが、首が重すぎて4人がかりでようやくヘオロットに運び入れることができたのでした。

ようやくグレンデル親子を退治し、本当の意味でヘオロットに平和がやってきました。たくさんの褒美をもらい、賞賛のうちにベオウルフ一行は鯨の道を渡ってイエアト王国に戻ります。そして、王であるヒーエラクに事の顛末を語って聞かせるのです。

　その後運命のめぐり合わせで、イエアト王国の王となり、平和なうちに50年の歳月が過ぎてゆきます。その頃イエアト国には竜（Draca）が300年間宝物を守り続けている場所がありました。ある日一人の男がふとしたことからその場所を発見し、宝を盗んでしまいます。このことが竜を怒らせ、イエアト王国は竜の吐き出す火炎で甚大な被害を蒙ることになってしまいます。ベオウルフの館も焼け落ちてしまいます。彼は昔の武勇を思い出して竜退治を決意し、グレンデルのときと同じように素手で戦うと誓います。しかし、往時の力はすでにないことを悟り、かつてのように巨剣で立ち向かいますが、この剣も効き目がありません。火を吐く竜と素手で揉み合い、死ぬか生きるかの戦いを繰り広げます。苦戦する中、昔の恩を忘れない一族のウィーラフ（Wiglaf）の助けもあって、ようやく竜を刺し殺すことに成功するのです。しかし、そのとき同時に竜の爪で受けた傷がもとでベオウルフもこの世を去ってしまうのでした。

　　　　Biowulf maþelode —　　he ofer benne spræc,
　　　　wunde wælbleate;　　wisse he gearwe
　　　　þæt he dæghwila　　gedrogen hæfde,
　　　　eorðan wyn[e];　　ða wæs eall sceacen
　　　　dogorgerimes,　　deað ungemete neah:
　　　　'Nu ic suna minum　　syllan wolde
　　　　guðgewædu,　　þær me gifeðe swa
　　　　ænig yrfeweard　　æfter wurde
　　　　lice gelenge.　　Ic ðas leode heold
　　　　fiftig wintra;　　næs se folccyning,
　　　　ymbesittendra　　ænig ðara,
　　　　þe mec guðwinum　　gretan dorste,
　　　　egesan ðeon. (2724–36)
（ベーオウルフ王は語った——痛手にも、致命の傷にもめげず胸の思いを述べた。もはや命数尽き、現し世の楽しみの終わらんことをはっきりと悟っていた。このとき、定命尽きて死期は目前に迫っていたのである。「もしも予みまかりし後に、遺産を守るべき血を分けたる嗣子の生れ出ずるものならば、そ

の子に物の具を譲り伝えようものを。予はこの民を治めて 50 の春秋を閲した。近隣の国民の王たる者数多しといえども、敢えて軍兵を率いて予に攻め寄せ、威を振るって脅かさんとする者はただ 1 人としていなかった...」)

ベオウルフは死にました。そして、後の世の人々が「ベオウルフの塚 (Biowulfes biorh)」と呼ぶようにと、海のそばの岬に墓を建てて欲しいという言葉を残したのです。残された家来たちは（望みどおりに）ベオウルフを火葬にする準備をし、薪を組み上げ、ベオウルフの武具をその周りに掛け、最後に遺体を安置しました。やがて火がつけられ遺体 (banhus [骨の家というケニング]) を焼き尽くし、黒い煙が天高く上ってゆくのでした。残された遺骨は塚に埋葬されました。そして王の死を悼み、数々の武勇を称え、「敵から王国を護り国の平和と繁栄を支えたベオウルフが世界でもっとも高貴で慈悲深く、民に優しく名声を重んじた王」であったことを語り合うのでした。

> Þa ymbe hlæw riodan   hildedeore,
> æþelinga bearn,   ealra twelf[e],
> woldon [ceare] cwiðan   [ond] kyning mænan,
> wordgyd wrecan   ond ymb w[er] sprecan;
> eahtodan eorlscipe   ond his ellenweorc
> duguðum demdon, —   swa hit ged[efe] bið
> þæt mon his winedryhten   wordum herge,
> ferhðum freoge,   þonne he forð scile
> of lichaman   [læded] weorðan.
> Swa begnornodon   Geata leode
> hlafordes [hr]yre,   heorðgeneatas;
> cwædon þæt he wære   wyruldcyning[a]
> mannum mildust   ond mon[ðw]ærust,
> leodum liðost   ond lofgeornost. (3169–82)

(さて、武勇に秀でたる公達が総勢 12 名、この塚をめぐって馬を駆り、胸中の悲しみを吐露し、王を偲んで哀悼の歌を誦し、亡き人の事蹟を語らんとした。彼らは王の気高きこころばえを称え、その雄々しき勲を誉めそやした。友にしてかつ主君たる御方の魂が肉体を離れて去らんとする時に、言葉をつくして称え、衷心より慕いまつるは家臣たる者に相応しき務めである。かくのごとく、イエアトの人々、炉辺に侍し家臣らは、主君の終焉を悼んだ。彼らは語って言った、かの御方こそはこの世の君主数ある中にも、何人にも優れて

柔和にして思い遣り深く、民草に対してはこよなく情け深く、栄光を求むる心は類なく厚くあられた、と）（訳語一部変更）

この最後の部分は冒頭のデネ王国のシルド王を称える「よき王であった（þæt wæs god cyning）」に呼応するように書かれており、語りの初めと終わりが「民を護り部族の平和と繁栄をもたらす王こそよき王である」という当時の通念を反映するように、その構造が係り結びになっていると言えないでしょうか。

IV

以上が古英語で書かれたゲルマン伝統の「ベオウルフ伝説」の内容ですが、中世日本の民話・伝説にもいくつか似たようなストーリーがあります。怪物（Ogre）グレンデル母子との戦いは「羅生門伝説」と非常に似ているという印象を与えますし、火を噴く竜の話は「八岐大蛇伝説」を思い出させます。他にも西と東で類似した話がたくさんあります。以下では簡単にこれらの日本の伝説を紹介し、「ベオウルフ伝説」とどのような関係があり得るのか考えてみたいと思います。

V

『ベオウルフ』の前半で描かれるグレンデル母子との戦いは「羅生門伝説」とどのように似ているのでしょうか。まず観世信光の作とされる謡曲「羅生門」のストーリーを考えてみましょう。

清和天皇の流れを汲み源氏の先祖である源の頼光[9]は大江山に棲む鬼神（酒顛童子）を退治して以来、家来たちと頻繁に会合や酒宴を楽しんでいました。ある雨降りの日に、いつものように四天王[10]と呼ばれる家来を集めて徒然に時を過ごしているうちに夕暮れとなり、酒宴となったのでした。雨降りで寂しい夜なので、頼光が「都で何か面白いことはないか」と家来に問うと、座の一人平井の保昌が「九条の羅生門に鬼神が棲んでいて、日が暮れると人通りがなくなる」ということを告げるのです。そこで本当に鬼が棲んでいるのかどうかその真偽を確かめようということになり、頼光

---

9) 「頼光」は他の伝説では「よりみつ」とも呼ばれる。
10) 唯井貞光、卜部季武、渡邊綱、坂田金時の4人である。

はその役を家来の一人である渡邊綱に命じるのです。そして、確かめたという証拠として羅生門に金札を立てて来るようにと言うのです。綱は、出かけるからには鬼を退治しない限り二度と人前に顔を出すことはしないと言い切ります。

さっそく鎧兜と剣を身に付けた綱は、丈の高い馬に乗って一人で出かけてゆくのでした。羅生門に近づくにつれ馬も恐れをなしてか進まなくなり、いななくばかりです。やむなく馬を乗り捨て、綱は一人で歩き羅生門の石段に上ります。そして、もって来た印の金札を置いて帰ろうとすると、後ろから兜の錣[11]を摑むものがあるので、件の鬼が現れたと思い刀を抜いて切ろうとしますが、兜をちぎり取られてしまいます。綱は鬼に飛びかかり腕を切り落としますが、鬼はいずこともなく消えてしまいました。

切り落とした腕を持ち帰った綱は陰陽師安倍晴明の助言にしたがって門戸を閉ざして慎んでいると、しばらくして伯母に化身した鬼が切られた腕を取り返しに現れますが、綱はその鬼の首を切り落として退治する。これが謡曲「羅生門」の話です。

この羅生門の鬼の話は「謡曲」以外にも『平家物語』に付されている「剣之巻」、『太平記』『今昔物語集』[12]などでも扱われていますが、大筋の話はほぼ同じで、鬼や場所などの設定やその描き方が微妙に異なっています。いずれにしても、『ベオウルフ』前半で語られる、ベオウルフが怪物グレンデル母子を退治する話、すなわち、グレンデルの腕をもぎ取り破風にぶら下げる件やグレンデルの母がその腕を取り返しに来る件などは、これまで見てきたように、渡邊綱の鬼退治の話とまったく同じであると言ってもいいでしょう。

では後半のベオウルフと竜との戦いの話はどうでしょうか。『平家物語』の「剣之巻」にはその名のとおり神代から伝わるとされる3つの霊剣に関

---

11) 兜の頭を覆う部分の左右や後ろに垂れ下がっていて、首を覆う部分。
12) 『平家物語』では巻十一に組み込まれていることが多く、「草薙の剣」にまつわる話が扱われている。「新潮日本古典集成」では「剣の巻」(上、下)として組み込まれており、(下)で「羅生門伝説」が語られる。詳しくは、多ヶ谷 (2008) pp. 89-92 を参照。また、『太平記』(日本古典文学大系)では「直冬上洛事附鬼丸鬼切事」として巻三十二に所収されている。『今昔物語集』では巻第二十七、第十三話「近江國安義の橋の鬼、人を食ひし語」を参照。

する歴史を説いた記述があります。その一つである「草薙の剣」にまつわる話が『ベオウルフ』の最後に出てくる竜の話にそっくりなのです。

　出雲の国に宮を構えたスサノヲノ尊が出雲の国簸の川上に出かけたときのことです。足なづちと手なづちという神様の夫婦に出会います。この夫婦には稲田姫というきれいな娘がありましたが、3人は泣き暮れていました。理由を訊くと、夫婦は「もともとは8人の娘がいたけれども大蛇に呑まれてしまい、最後の一人である稲田姫もまさに呑まれようとしている。それで泣き悲しんでいる」と答えるのです。ここまでの説明で大蛇とは頭と尾が8つある「八岐大蛇」であることに気づくと思います。何千年生きているのかわからないけれども、毎年毎年人々を呑み込んではその親や縁者を苦しめ、悲しい思いをさせてきたのです。

　スサノヲノ尊は8つの船[13]に酒を満たしました。そして大蛇がそれを飲み干し酔って寝てしまうのを見はからって、携えていた霊剣を抜いて大蛇を切り刻んでしまいます。ところが1つの尾に限って切れないのです。縦に割ってみると霊剣が出てきたので、天照大神にもっていくと、昔高天が原で失くした剣だという。大蛇が現れるといつも村雲がでるので、「天の村雲の剣」と呼び、天照大神はこの剣を「天の帝の宝」としました。ここまでは伝説あるいは神話の世界ですが、この剣を天照大神が天孫[14]に授け、以来降臨した代々の天皇が受け継ぐことになります。第9代開化天皇までは受け継がれたのですが、第10代の崇神天皇のときに「霊威に恐れをなして天照大神を大和の国に移した時、ついでにこの剣も天照大神の祭壇に奉納してしまった」と「剣之巻」は述べています。そのとき新たに剣を作りかえて天皇の宝としたと言われています。その後「天の村雲」は第12代の景行天皇まで天照大神の祭壇に奉納されたままになっていたのですが、この景行天皇のときに東国の蝦夷が反逆したので、日本武が選ばれて征伐に向かうことになりました。そのときに、天照大神を詣でて「天の村雲」を授けられたのでした。

　ところが、駿河の国に着いたときにその地方の賊徒たちが「鹿狩りに行こう」と日本武を騙して野に誘い出し、焼き殺そうとする事件が起こりま

---

13) ここでいう「船」は中が空洞になった箱状のもの、桶、水槽の意。
14) 天照大神の子孫。

す。日本武は霊剣「天の村雲」を抜き、回りの草を薙ぎ倒すと1里四方の草がすべて薙ぎ倒され、さらにその草に火をつけたところ炎は賊徒たちを焼き殺してしまいました。以来「天の村雲」は「草薙の剣」と呼ばれるようになったのです。その後日本武は3年間賊徒の征伐を続けたのですが、30歳のときに尾張の国(愛知県)の熱田の近くで病死し、「魂は白鳥となって天に上っていった」と「剣之巻」には述べられています。そして「草薙の剣」は後に熱田神宮に納められたということです。

その後天武天皇(631–86)の時代に新羅の沙門(僧)がこの剣を盗んで国の宝にしようと船で海を渡ろうとするのですが、剣の霊力のために沈没寸前の状態に追い込まれ、改悛して帰ったという話もあります。この霊剣には他にもエピソードはありますが、「剣之巻」はこの「草薙の剣」の話についてこのように締めくくっています。すなわち、スサノヲノ尊に切り刻まれ殺された大蛇がこの霊剣を惜しむあまり、後に安徳天皇となって霊剣とともに千尋の海に沈んだというのです。これは壇ノ浦の合戦での出来事で、母である二位殿が宝剣を腰に挟み、安徳天皇を抱いて「波の底にも都の候ぞ」といって入水した平家滅亡の1185年、安徳天皇8歳の時でした。スサノヲノ尊が退治した「八岐大蛇」も8に関わりがあることから大蛇の「天の村雲」と安徳天皇の「草薙の剣」を因縁付けた話です。

『ベオウルフ』では最後の竜との戦いでベオウルフはかろうじて竜を巨剣で殺しますが、本人も竜の爪で致命傷を負い、亡くなってしまいます。最後の言葉は火葬の後に海の近くの岬に骨を埋め「ベオウルフの塚」を建てて欲しいというものでした。日本武の魂が白鳥となって天に昇ったのと同じように、ベオウルフの魂は煙となって天に昇っていったわけです。このように、『ベオウルフ』と『平家物語』の「剣之巻」で扱われる怪物の話はほとんどプロットが同じであると言うことができると思います。

VI

このような類似はなぜ生まれるのでしょう。時代も異なれば、国も異なっています。にもかかわらず、これまで述べてきたように、まったく同じプロットに基づいて作り上げたとしか考えられないような話がイングランドと日本に存在するのです。今回は扱いませんでしたが、「百合若大

臣」[15] という話も実はホメロス (Homeros) の『オデュッセイア (*Odysseia*)』(英語名『ユリシーズ (*Ulysses*)』) に似ています。ここで考えなければならないのは、これらの類似性はどこから来るのかという問題です。もとの話 (source) が同じで、それが長い間に世界各地に伝播した結果として生じているのか、それともそれぞれ独自に自然発生した結果、偶然に似てしまったということなのかという問題です。

この問題に強い関心を示し、比較民話学的方法で検証した人物が、一般的には「粘菌の研究」で知られる南方熊楠でした。南方は「南方曼荼羅」でも知られるように、野に在りながら実に広範な研究をおこなった博物学者・民俗学者でした。その一分野を占めるのが民話の研究だったのです。なかでも『今昔物語集』の研究には特別な関心があったようです。[16] こうして彼は徹底的に民話を読み漁り、民話は伝播するという趣旨の論文を書き上げ、Notes and Queries に投稿します。[17] かなり反響を呼んだようですが、ここでは細部に入るよりは、南方がいわゆる「伝播説」を唱えたという点を強調しておきたいと思います。[18]

それに対して、国文学者で本章に深い関わりのある『羅生門の鬼』の著者島津久基は独自発生説を唱えているようです。断定できないのは南方についても同じですが、古代から伝承されている民話に関しては「絶対」ということが言えませんので、あえてあいまいな書き方をしました。しかし、島津の論考を丹念に読めば、考え方が南方とは反対の方向を向いているとしか言えないようです。島津は『羅生門の鬼』で「個々の材料は、之を、自国の先進の伝説口碑乃至文学に求めて決して得られないことは無いのである」[19] と言い、次のように述べています。[20]

　然らば此の羅城門の鬼は如何にして出現したか。如上の伝説を通し

---

15) 荒木他 (1979)
16) 小峯 (1998) pp. 154–61, (2008) pp. 39–40; 鶴見 (1981) p. 204.
17) トーマス (W. J. Thomas) (1803–85) が 1849 年に創刊した学問研究の情報誌。現在は Oxford University Press から発行されている。
18) 岩村ほか (1979) pp. 189–206 参照。
19) 島津 (1975) p. 5.
20) 同上、p. 7.

て、其処に、時代人の好奇的な空想と、世界的な迷信と、無邪気な誇張的弘布(ぐふ)の心理、及びそれに結びついている芸術尊信の時代風尚とか或いは民族的英雄崇拝熱とか、乃至は特殊の個人なり一般人なりの観念的或いは感覚的錯覚とか、種々の複雑な動因が数え得られようが、一方又、この噂なり伝説なりを、一層凄いものにする偶然の事実の背景もあったのであろうと思われる。

すなわち、独自に自然発生するとする説を支持しています。しかも、同書の中で、南方がもっとも情熱を込めて研究した『今昔物語集』を引いて、まったく逆の結論を出しているのです。言い換えれば、伝播は一方的に西洋から東洋へと伝わることを前提とした議論にもとづいており、逆に東洋から西洋に伝播することもあるということを見落としており、西洋から伝播したものではないのだから、日本で独自に発生したものであるという認識なのです。南方は「シンデレラ姫」の伝説は西洋から伝播したものではなく、「中国人の段成式」という人が「千余年前にすでに類似の譚を記録している」[21]ことを島津よりもはるかに早い時点で知っていました。ただ、いつの時代でも、どの地域でも人間は基本的には同じですから、偶然に同じような話を独自に作り上げることはあり得ることです。その意味では島津の見解にも充分な説得力があります。この点からもう一度新たな発想でベオウルフ伝説を考えてみると面白いかもしれません。

---

21) 岩村ほか (1979) pp. 189–206 参照。

第3章

デーンローとノルマンディ：歴史的必然？

Ða comon þa menn of þrim mægþum Germanie: Of Eald Seaxum, of Anglum, of Iotum. (やがてオールド・サクソン、アングル、ジュートのゲルマン3部族がやってきた)

I

　もともとブリテン島にはケルト系民族のブリトン人が住んでいましたが、やがてローマ軍が島を征服し支配するようになります。しかし、ローマの没落とともにローマ軍がブリテン島から撤退すると、ブリトン人たちは北方のピクト族やスコット族の侵攻に悩まされることになります。『アングロ・サクソン年代記 (*The Anglo-Saxon Chronicle*)』によれば、西暦449年、時のブリトン王ヴォーティガーン (Wyrtgeorn) はこれら北方民族に対処するため、大陸のジュート族に助けを求めました。やがてヘンゲスト (Hengest) とホルサ (Horsa) 兄弟が援軍を連れてブリテン島にやってくるのですが、ブリテン島の気候と肥沃な土地に惹かれた2人は大陸のゲルマン部族に対してさらに援軍を送るよう伝令を送り、自分たちの部族に加えてアングル族、サクソン族をブリテン島に呼び寄せることになります。冒頭に引用した文はその件(くだり)を述べたものです。

　初めのうちは約束どおりに北方のピクト族やスコット族と戦うのですが、やがてこれら3部族は援軍の依頼主であるヴォーティガーンに寝返りを打ち、もともとの住人であるブリトン人たちを残虐な手段で追放してしまいます。そして新天地であるブリテン島に定住し、勢力を拡大してゆくのです。「庇(ひさし)を貸して母屋を取られる」の諺のとおりのことがブリテン島で起こったのです。

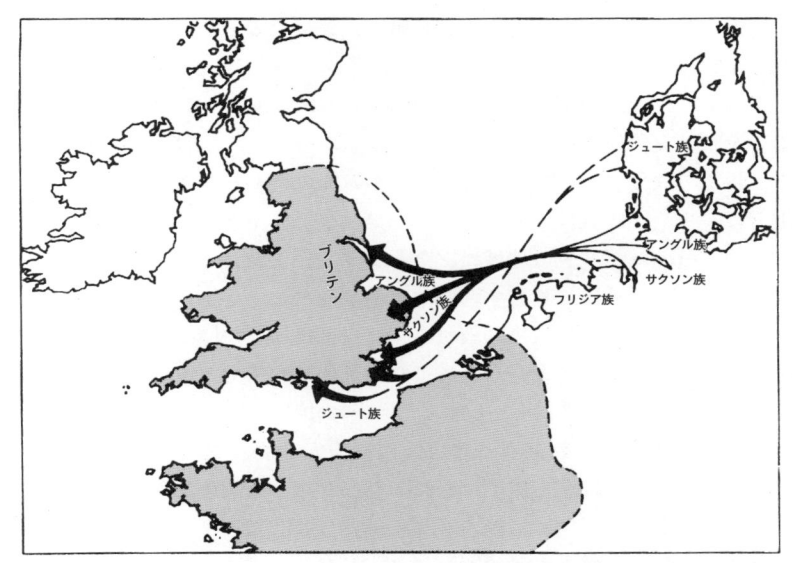

第3章 デーンローとノルマンディ 31

▲ 英語の誕生。アングル、サクソン、ジュート族の侵略。

◀ バイキング侵略以前のブリテン

以後かなり長い間ブリトン人との戦いが続いたことを『アングロ・サクソン年代記』は克明に記録していますが、ついにブリトン人は駆逐され、最後のブリトン王カドワラダー (Cadwallader) がローマに逃れた後死亡することで、実質的にアングル、サクソン、ジュートの3部族が覇権を握ることになります。[1] サクソン族はエセックス、サセックス、ウェセックス地方に、アングル族はイースト・アングリア、ミドル・アングリア、マーシア、ノーサンブリアの地域に、そしてジュート族はケント地方やワイト島に定住するようになります。そして追放されたもともとの住人であるブリトン人たちの多くは大陸に逃れ、また一部は現在のウェールズに隠れ住みました。ウェールズという名はこれら征服者たちがブリトン人たちを古英語で wealas (よそ者たち) と呼んだことに由来します。

　6世紀末にはブリテン島の北と南の両方からキリスト教が伝えられ、[2] やがてそれぞれの地域に住みついた3部族が中心となって部族王国ができあがってゆきます。

　英語は今日では世界の共通語となりましたが、実は大陸から侵略してきた小部族の言語が始まりなのです。またイングランドという呼び名も「アングル族の国 (Anglaland)」という表現に由来していることを考えるとなんとも不思議な感じがします。

　こうして徐々に築き上げられたアングロ・サクソンの部族国家、すなわちアングラ・ランドもやがて8世紀の末ごろになると、新たな侵略者たちに悩まされることになります。歴史上バイキングという呼び名で知られる北欧の略奪団デーン人たちが繰り返しブリテン島を目指して襲来するようになるからです。そこで、本章では『アングロ・サクソン年代記』の記述に基づいて、特に8世紀から11世紀までのアングロ・サクソン・イングランドにおけるバイキング侵攻の問題を英語文化史の観点から考察し、ブリテン島における「デーンロー (Danelaw)」と呼ばれる地域と西フランク王国における「ノルマンディ」と呼ばれる地域が、偶然にもまったく同じプロセスで形成されたものであることを述べてみたいと思います。

---

1)　第6章も参照。
2)　北からは聖コルンバ (St. Columba, 521-97) が563年にスコットランドにキリスト教を伝え、南からは聖アウグスティヌス (St. Augustinus, ?-604) が597年にイングランドのケントに布教した。

第3章　デーンローとノルマンディ

II

　ウェセックスのアルフレッド大王 (King Alfred the Great, 在位 871-99) は、大教皇グレゴリウス 1 世 (Gregorius I Magnus, ?540-604) の *Regula pastoralis* という作品をみずから古英語に翻訳した『牧者の心得 (*The Pastoral Care*)』の序文で次のように述べています。[3]

> . . . me com swið oft on gemynd, hwelce wiotan iu wæron giond Angelcynn, ægðer ge godcundra hada ge woruldcundra; hu gesæliglica tida ða wæron giond Angelcynn; . . . & eac ða godcundan hadas hu giorne hie wæron ægðer ge ymb lare ge ymb liornunga. . . . Swæ clæne hio wæs oðfeallenu on Angelcynne ðæt swiðe feawa wæron behionan Humbre ðe hiora ðeninga cuðen understondan on Englisc, oððe furðum an ærendgewrit of Lædene on Englisc areccean. . . .（かつては聖俗いずれの世界にもイングランド中に賢人がなんと多くいたことか、またその頃はいかに幸福な時代であったか、また聖なる世界では教育と研究がいかに熱心におこなわれていたか、このようなことがしばしば予のこころによみがえるのである。しかるにイングランドの荒廃ぶりはかくも甚だしく、ハンバー川の南には英語で儀式の内容を理解したり、書簡をラテン語から英語に翻訳することができるものがほとんどいなくなってしまった）[4]

▲ アルフレッド大王

　たび重なるデーン人の侵攻によって、学問と信仰の中心である修道院や教会がイングランド全土にわたって略奪され、聖職者のみならず平信徒までもが数多く虐殺されました。その結果、昔のような平和な信仰と学問の時代がまさに風前の灯の状態にあることをアルフレッドは嘆いているのです。デーン人たちは徹底した略奪と殺戮を繰り返したあげく、引き上げる際には修道院

---

3) 司教のための手引書として書かれた。『司牧規則書』と訳されることもある。
4) Sweet (1871)

や教会など建物に火を放つという悪魔的な行為をおこないました。アルフレッドが王位についたときはまさにブリテン島全土がデーン人によってほぼ廃墟と化した状態になっていたようです。ハンバー川 (The Humber) の北にも南にも、昔のようにラテン語を理解する聖職者がいなくなり、学問の荒廃ぶりは想像を超える状態でした。アルフレッド王みずからラテン語から自国語（古英語）に翻訳した理由の一端が理解できるのではないでしょうか。では具体的には、いつごろからデーン人が来襲するようになり、どの程度の略奪行為がおこなわれていたのか、『アングロ・サクソン年代記』の記述に基づいて簡単に調べてみましょう。

III

　デーン人の侵攻は大きく 3 つの段階に分けることができるようです。[5] ブリテン島において初めてデーン人の略奪がおこなわれたのは 787 年であると書かれています。この年のエントリーには次のような記述が見られます。

> Her nam Beorhtric cyning Offan dohtor Eadburge. 7 on his dagum comon ærest . iii. scipu Norðmanna of hereða lande 7 ða se gerefa ðær to rad, 7 he wolde drifan to ðes cininges tune þy he nyste hwæt hi wæron. 7 hine man ofslog þa.　Ðæt wæron þa erestan scipu Deniscra manna þe Angel cynnes land gesohton. (この年ベオルフトリーチ王オッファ王の娘エアドブルフを妻に迎える。その在位中に初めて北方人の船が 3 隻ホルドランドより来襲する。地方官が対応に出向き、彼らが何者であるか不明であったので、王の住む町へ追い込もうとするが、彼は殺害されてしまった。デーン人の船がアングル族の地を求めて来襲したのはこれが最初のことであった)[6]

787 年に初めて異教徒デーン人たちの船が 3 隻イングランドに侵攻してきたことを伝えています。しかし「何者かわからなかったので王の住む町まで追い込もうとした」とあることからもわかるように、これがこの後数世

---

5)　Brown (1968)
6)　年代記では 'Northmen (=Normans)' と 'Dane' はほとんど同義で用いられている。

紀にわたってブリテン島を荒らしまわることになるデーン人であるとはこの時点では知らなかったようです。

　この後デーン人はほぼ毎年のように襲来するようになり、このような状態は 830 年代まで続くことになります。この時期のデーン人の侵攻は単に金品や家畜を強奪してすぐに本国に引き返すというパターンを繰り返すだけの小規模で単発的なものでした。来襲する地域も海岸沿いの町や修道院に集中していました。

　有名なところでは、聖書の装飾写本作りで中心的な存在であったリンディスファーン修道院 (Lindisfarne Abbey) が 793 年に襲撃されています。「金品を強奪された挙句に虐殺がおこなわれた」ことを『アングロ・サクソン年代記』の記者 (scribe) は次のように書き残しています。

> Her wæron reðe forebecna cumene ofer Norðanhymbra land. 7 þæt folc earmlice bregdon; þæt wæron ormete lig ræscas, 7 wæron ge seowene fyrene dracan on þam lyfte fleogende. þam tacnum sona fyligde mycel hunger. 7 litel æfter þam þæs ilcan geares . . . earmlice heðenra manna hergung adiligode Godes cyrican. in Lindisfarena ee. þurh reaflac. 7 man sleht. . . . (この年ノーサンブリアの地に恐ろしい不幸の前兆が現れ、人々はひどく恐れた。巨大な稲妻が走り、火の竜が宙を舞うのが見られた。この凶兆の後、大飢饉が起こった。続いて同年異教徒がリンディスファーン島の神の教会を襲撃し、略奪と殺戮をおこなった)

また、794 年にはリンディスファーンから少し南のタイン川 (The River Tyne) 近くのジャロウ修道院 (Jarrow Abbey) を略奪しています。リンディスファーン修道院もジャロウ修道院もノーサンブリアの修道院で、聖コルンバの流れを汲むキリスト教の修道院です。さらに、830 年代にも小規模な略奪が散発的に起こりますが、これがデーン人侵攻の第 1 段階です。そして、不思議なことに、この後しばらくデーン人の侵攻は途絶えてしまいます。

IV

　デーン人が再びブリテン島に襲来するのは西暦 850 年ごろからです。ここからがデーン人による侵攻の第 2 段階に入ることになります。もはや小

規模な略奪ではなく、かつてのローマ帝国の侵攻戦略のように、大軍を率いて襲来し、本格的に侵略・占領しようとするのです。実際、850年にはデーン人は350隻もの船で大群をなして来襲し、現在のケント州北部のサネット島（The Isle of Thanet）で冬を越しているのです。そして、そこをベースにしてカンタベリーやロンドンへと略奪行為を繰り広げていったのでした。866年にはイースト・アングリアまで侵攻し、867年にはヨークを占領してしまいます。869年には敬虔なキリスト教信者であるイースト・アングリア王エドマンド（King Edmund）と交戦し、エドマンド王を惨殺して覇権を握ってしまいます。[7] この出来事はイングランド中に知れわたることとなり、彼の殉教の様子は後世まで語り継がれることになりました。「木に縛り付けられ、弓矢と槍でハリネズミのようにされてから、首をはねられた」ことが記録に残されています。[8] こうして東部はほぼ完全にデーン人の支配下におかれることになってしまいます。

　デーン人の勢いは止まらず、ついにアルフレッドが王として即位する直前にはウェセックスにまで侵攻してくるようになっていました。アルフレッド軍は応戦しますが苦戦を強いられ、最終的には一握りの従者たちとサマセットに撤退するところまで追い込まれてしまいます。幸い、サマセット、ウィルトシャー、ハンプシャーから兵を集めることができ、878年のエディントン（Eðandun）の戦いでデーン軍を壊滅的に破ることに成功します。

　これが転機となり、デーン人の侵攻の勢いをそぐことになります。そしてウェッドモア（Wedmore）においてデーン王グズラム（Guthrum）と協約（ウェッドモアの協約 [Treaty of Wedmore]）を結び撤退を約束させますが、完全に国外に撤退させることはできませんでした。それほどデーン人の勢力がブリテン島のみならず、北ヨーロッパの沿岸各地で強くなっていたということができます。結局、チェスターからロンドンにいたる線の北側、すなわち、東部にデーン人の法律で統治・居住する地域を許すことになります。これがいわゆるデーンロー（Danelaw）と言われる地域です（次頁参照）。

---

7)　年代記では870年と記録されているが、実際は年号が1年ずれており、869年の出来事である。
8)　Sweet (1882)

この協約を結ぶとき、グズラムはアルフレッドを名付け親（Godfather）としてキリスト教の洗礼を受け、エゼルスタン（Æðelstan）という洗礼名を受けています。[9] 結果的に、デーン人はブリテン島に自分たちの法律で統治できる領土を確保したうえにキリスト教に改宗したことになります。こうして2つの民族がデーンローの境界線を挟んで共存することになりました。このことは実質的にアルフレッドのイングランド側とデーン側が民族的に同化する環境を作り出したことになります。いずれにしても、この後アルフレッド大王が亡くなる899年までしばらく平穏な状態が続きました。

▲ デーンローの境界

　やがてアルフレッド大王が亡くなると、北部のデーン人たちはウェッドモアの協約を破りしばしば南に侵攻するようになりますが、息子のエドワード長兄王（Edward the Elder, 在位899-924）や孫のアゼルスタン（Athelstan, 在位924-39）はうまく対処して南部侵攻を阻止します。937年のブルナンブルグ（Brunanburh）でアゼルスタン王がデーン軍に大勝した様子を『アングロ・サクソン年代記』は73行にも及ぶ頭韻詩[10]で誇らしげに謳いあげています。デーン人の問題は解決されたかのように見えますが、この後再びアルフレッド大王時代に起こったような大規模な侵攻が始まります。

V

　第3段階は991年にノルウェーからオーラフ・トゥリッグバソン（Olaf

9）　Spinage (1997) p. 80.
10）　古英語など古代ゲルマン語に主として見られる詩法。強勢のある語頭の音節に同音の子音を一定の法則で揃えて作詩したもの。典型的なものとしては『ベオウルフ』がある（第2章参照）。

Tryggvason) が 93 隻の船から成る大軍を率いてテムズ川に侵入し、ブリフトノス伯 (Earldorman Brihtnoth) 率いるエセックス軍を打ち破ることから始まります。この様子は『アングロ・サクソン年代記』の 991 年のエントリーで次のように扱われています。

> Her on ðissum geare com Unlaf mid þrim 7 hund nigentigon scipum to Stane, . . . 7 for ða ðanon to Sandwic, 7 swa ðanon to Gipes wic, 7 þæt eall ofer eode, 7 swa to Mældune; 7 him þær com togeanes Byrhtnoð ealdorman mid his fyrde, 7 him wið gefeaht. 7 hy þone ealdorman þær ofslogon, 7 wælstowe geweald ahtan. . . .（この年オーラフが 93 隻の船を率いてフォークストンに来襲、そこからサンドウィッチ、イプスウィッチへと進み、すべてを蹂躙。その後モールドンまで進んだところで将軍ブリフトノスの率いる軍が迎え撃たんとするも、将軍が殺害され、オーラフが戦場を制す）

この戦いがいわゆるモールドンの戦い (The Battle of Maldon) です。この後 994 年にオーラフはノルウェー王となり、デンマーク王のスヴェイン (Svein) と共同してロンドンに侵攻することになります。このころになると、イングランド側は交戦せず、和睦金を払って退去させる方法をとることが多くなっていきますが、それがかえって仇となってデーン人にイングランドの支配を許すことになります。その結果、ついに 1014 年、イングランド征服を決意したスヴェインは息子のクヌート (Cnut) と連合して侵攻し、時のイングランド王エゼルレッド 2 世 (Ethelred, 在位 978-1016) を国外に追放してしまいます。こうして北部イングランドとロンドンは完全に征服され、1016 年にエゼルレッド王が亡くなることによってデーン人の支配が成立することになります。スヴェインは翌年亡くなり、息子のクヌートが 3 年間制圧の戦いをおこなった結果イングランドの王位を継ぎました。以後 1042 年にアングロ・サクソンの流れを汲むエドワード告解王 (Edward the Confessor, 1003-66) が王位につくまでの 25 年間

▲ ハロルド 2 世

イングランドはデーン王朝の支配下に入ることになるのです。しかし1066年にエドワード告解王が亡くなると、ウェセックス伯であったハロルド (Harold II, 1022 ごろ–66) がイングランド王になるのですが、これがイングランドにとってまたまた災いを呼ぶ結果になってしまいます。

VI

　少し時間を戻して、アルフレッド大王時代の北ヨーロッパ大陸に目を向けてみたいと思います。アルフレッド大王がウェッドモアの協約でデーンローを設定し、その境界の北と南に分かれてそれぞれ共存するという取り決めをデーン人のリーダーであるグズラムと交わしたことはすでに見たとおりです。このとき、なぜアルフレッドは完全にデーン人を国外に撤退させることができなかったのでしょうか。

　実は同じバイキングの別のグループであるノルウェー人ロロ (Rollo, 860 ごろ–931 ごろ)[11] の援軍がグズラム軍の背後に控えていたという事実があったからでした。すなわち、アルフレッド軍としては撤退させたくとも物理的に無理な状態にあったというのが真実のようです。

　このようにバイキングの侵攻は幾層・幾種族にも連なっており、長期にわたって南下を繰り返すというパターンを形成していたのです。ですから、単にブリテン島だけを狙ったものではなく、同時にヨーロッパ大陸にも向かっていたわけです。なかにはブリテン島をはるかに越えて、カナダのニューファンドランド島 (Newfoundland) まで侵攻した一派があったほどです。[12]

　北ヨーロッパに向かった(主として)デーン人の軍を率いていたロロはセーヌ川を上ってフランク王国の北西部を荒らしまわりますが、やがて911年にシャルトル (Chartres) 郊外の戦いで敗北をしてしまいます。その結果、セーヌ川の支流であるエプト川沿いのサン・クレールで時の西フランク王シャルル3世単純王 (Charles the Simple) と協定[13]を結び、ロロは

---

11) デーン伯ログバルドの息子。英語名 Hrof the Ganger. ノルウェー貴族家系の出身とされる。
12) ニューファンドランド島にはバイキング襲来の記念碑が建てられている。
13) ロロとシャルル王との協約は一般にサン・クレール・シュル・エプトの協定 (Treaty of St.-Clair-sur-Epte) と呼ばれる。

敗北を認めて翌年キリスト教の洗礼を受けることになります。これに対して、シャルル王はこれらノルマン人 (Norsemen) がすでに定住していたルーアン (Rouen) 周辺の地域を領地として認める代わりに、他のバイキング侵攻からの防衛を約束させているのです。ここにロロは初代ノルマンディ公となり、これが後にノルマンディ公国に大きく発展することになります。

しかし、アルフレッド亡き後のブリテン島と同じように、領地を与えられたノルマン人たちは当初約束を守って他のバイキングを撃退させるのですが、やがて周辺の地域を侵略してみずからの領土を広げる行動に出るようになります。こうして10世紀末ごろまでには今日ノルマンディと呼ぶ地域全体を支配するまでになっていました。

VII

ロロに始まるノルマンディ公国とシャルル単純王の関係はデーンローとアルフレッド大王の関係に瓜二つであることがこれまでの説明でおわかりだと思います。

さらにこれら2つの侵略者たちにはもう1つの点で共通するものがありました。新しい環境に対する順応性の高さです。ブリテン島のデーンロー地域内に住むデーン人たちはアルフレッド大王と同じゲルマン語族の言語を話していましたので、地域の住民とのコミュニケーションはほとんど問題なかったと言われています。また、自分たちの慣習や生活様式に固執するのではなく、地域の慣習にすばやく順応していったようです。この点に関して、ボー & ケーブル (1951) は「何世代にもわたって異郷の共同体と接触してきたために、スカンディナヴィア人は国際感覚の発達した民族となった。初期イングランドの諸制度に関する研究を見て感ずるのは、デーン人たちは一方では彼ら特有の慣習を保持し続けていたものの、おおむねイングランド的生活様式に順応していたということである」(94頁) と述べています。

一方、ノルマンディを手に入れたノルマン人たちも本来はゲルマン民族ですからフランス語とはまったく異質な言語である北欧の言語を話していたのですが、彼らもすばやく自分たちの言葉を棄て、フランス語に順応してしまいます。さらにキリスト教の慣習をも取り入れ、ノルマン様式なる

教会や修道院を建てるまでになるのです。まったく体系の異なるゲルマン語族の言語を話していた民族が簡単にフランス語を話すキリスト教民族に変わってしまう順応性の高さにはただ驚くばかりです。

VIII

　もう一度ブリテン島に話を戻します。アルフレッド大王亡きブリテン島ではデーン人の来襲が続きました。その後イングランドの覇権を握ったスヴェインによってデーン王朝が成立しますが、これも三代で絶え、フランス育ちのエドワード告解王がイングランド王に即位しました。ここまではさきに述べたとおりです。

　ところが、系図（本書巻末付録②参照）を詳しく見ると、このエドワード王はノルマンディ公リシャール1世（Richard I, 在位 942-96）の娘エマ（Emma of Normandy）とイングランド王エゼルレッド2世の間の子であることがわかります。エマはエゼルレッド2世と結婚しますが、その亡き後イングランドを支配したデーン王朝の2代目の王クヌートに嫁いでいるのです。話はかなり複雑になりましたが、簡単にまとめると、エドワード告解王はイングランド王家の血とノルマンディ公一族の血を受け継いでいる人物であるということです。

　このエドワード王がノルマンディ公ウィリアム1世（1035-87）[14]にイングランド王の後継を約束したわけですが、現実にはアングロ・サクソンの流れを汲むハロルド2世が1066年にイングランド王になってしまうのです。このことが引き金となって、ウィリアム1世は大軍を率いてイングランドに渡り、ハロルド軍と王位をかけて戦うことになるわけですが、これがいわゆるノルマン・コンクエスト（Norman Conquest）と呼ばれる事件です。表面的には、ゲルマン語族の古英語を話す民族とロマンス語族であるフランス語を話す

▲ ウィリアム1世 征服王

14）ウィリアム1世征服王は初代ノルマンディ公ロロから数えて7代目に当たる。

民族の対決のように見えますが、本質においてはまったく同じゲルマン民族同士の対立であったということになると思います。しかもデーンローもノルマンディもまったく同じプロセスを辿って成立したということも見逃してはならないと思います。歴史の必然だったのか偶然だったのかなんとも難しいところです。

▲ ノルマン・コンクエスト(バイユー・タペストリー[15]より)

　これまで「バイキング」をキーワードとしてブリテン島のデーンローと北ヨーロッパのノルマンディ公国の成立について考察してきましたが、英語史の視点から見ると、このように複雑な征服・被征服の歴史を繰り返してきた事実があるからこそ、英語という言語が時代とともに複雑な変化を辿ってきたということがわかるのではないでしょうか。

---

15) バイユー・タペストリー：ヘイスティングズ (Hastings) の戦い (1066) の直後にイングランドで製作されたとされる。縦約 50 センチメートル、横の長さおよそ 70 メートルに及ぶリネンに、イングランドの職人が刺繍によって戦いの前後の様子を描いたもの。説明に使われている言語はラテン語である。フランス西方のバイユー司教でケント伯オド(ウィリアム征服王の異母弟)がバイユーの大聖堂献堂式のために作らせたとされる。マティルド公妃美術館(バイユー)蔵。

第4章

チョーサー:『カンタベリー物語』の裏の顔

　第1章で英語史の史料(文学作品も英語史の史料)を読む場合にテクストの重層性と時代のコンテクストを考慮することが重要であると述べました。そこで、中英語の作家の中でもっとも重要な位置を占めるジェフリー・チョーサー (Geoffrey Chaucer, 1343 ごろ–1400) の『カンタベリー物語 (*The Canterbury Tales*)』から「女子修道院長の話 ('The Prioress's Tale')」を例にとって、時代のコンテクストを考慮してテクストを批判的に読むということがどういうことかを考えてみたいと思います。

　一般に、歴史上の出来事に関わる事実(性)とその出来事について書かれたテクストとの間には必ずしも等位関係が成り立つとは限りません。記録者の論理や強者のイデオロギーなどのような「時代のコンテクスト」に影

◀『カンタベリー物語』

響され、記述されたテクストには恣意的なデフォルメが生じてしまうからです。このデフォルメを矯正し、史実にどこまで肉薄できるかによって、歴史や文学作品の解釈は変わってくることになります。考え方はすでに第1章で具体的に述べたとおりです。

　例えば、『カンタベリー物語』の「女子修道院長の話」の場合、「総序」で描かれる反修道女的なイメージのマダム・エグレンティーヌが、誰もが予想もしないようなユダヤ人による残虐な少年殺害の顛末を語るとき、2つのテクストにある種の不整合が存在することを否定することはできないと思います。しかしながら、この点に関してこれまでの研究では「弱者に対する思いやり」というマリア信仰的な共通項がこれら2つのテクストには存在するために、底辺では「因」と「果」の関係で結ばれていると論じられてきました。また、弱者としての動物に抱くマダム・エグレンティーヌの偏向した愛情（tendre herte）と殺害された少年――これもまた大人から見れば弱者です――に対する彼女の感情が同一次元で論じられる傾向もありました。[1] しかし、このような解釈は中世ヨーロッパにおける「見えない強者」としてのキリスト教徒の論理を前提としており、キリスト教的意識の中だけで成立する解釈なのです。キリスト教徒と異教徒が混在する中世ヨーロッパの構図を考慮すれば、すぐに「女子修道院長の話」は異教徒にたいする強者キリスト教徒の視点から一方的になされた記述であるということがわかります。言い換えれば、弱者としてのユダヤ教徒側の視点が欠落しているため、「弱者＝排斥すべき対象」の論理が働き、キリスト教にとって都合の良いストーリーが展開することになるわけです。ここに恣意的なイデオロギーに基づくデフォルメが忍び込むことになるのです。

　女子修道院長でありながら反修道女的で世俗的価値観をもつマダム・エグレンティーヌが人間よりもネズミや犬に愛情を注ぎ、ユダヤ教徒に殺害されたキリスト教徒の少年を母親（マリア）のように賛美するとき、そこには語りとしての自己矛盾が現れています。では、チョーサーの本当の狙いは何なのでしょうか？　ここでは、「少年殉教者（boy-martyr）」の問題を

---

1)　Winny (1965) は「7歳の幼児がユダヤ人居住区域でキリスト教の聖歌を歌ったためにユダヤ人に殺害されたという話を女子修道院長が語るとき、われわれは小さくて無力な生き物に対するこのような彼女の感傷的な気遣いを思い起こすのである」と述べている。他に Whittock (1968) 参照。

中心に、この作品に埋め込まれた中世イングランドの「ユダヤ教徒の問題」というテクストをキリスト教徒に迫害される弱者という視点から検討し、マダム・エグレンティーヌが語る少年殺害のストーリーがチョーサー一流の曖昧な表現構造を通して語られる「強者としてのキリスト教」批判であることを述べてみようと思います。

I

　「総序」で描かれるマダム・エグレンティーヌは修道院長というよりはむしろ俗の貴婦人と言うべき人物です。冒頭から彼女の高貴な生まれを想像させる描写が現れます。彼女の「ほほえむさまがまことに楚々として、しとやか」であり、「ほんとうにじょうずに聖歌をうたいましたが、それが鼻にかかった歌いぶりでこの人にとてもふさわしい」[2]とチョーサーは謳いあげます。反面、彼女が流暢かつ優美に話すフランス語はパリのフランス語ではなく「ストラットフォード・アット・ボウの尼僧院流」のフランス語であるとして皮肉を込めることを忘れないのもチョーサーです。これは当時の読者・聴衆であれば即座に理解したはずの皮肉です。[3] そして同時に現代の読者もチョーサーの筆のトーンが対象への配慮という点で騎士、近習、楯持を描いたときとは明らかに異なっていることに気がつくはずです。

　食事のマナーに関しても、エグレンティーヌは見事な躾がされており、「食物をほんのひとかけらも唇から落とすこと」なく、また「指をソースにつけて濡らしたり」するような無作法をしないように気を使う女性です。しかしながら、女子修道院に身を置きながらも「宮廷振りを真似ようと心をくだき」「人からも尊敬されるようつとめている」女性であるともチョーサーは描いているのです。

---

2)　以下「総序」および「女子修道院長の序と話」からの和訳引用は、桝井迪夫（訳）『カンタベリー物語』を参考にし、原則として「　」をつけて示した。
3)　イングランドで話されていたノルマン・フレンチはノルマンディの政治的威信の低下とともに13世紀には田舎の方言と認識されるようになっていた。チョーサーの時代にはパリのフランス語が選民の言語として認識されていたのであり、この女子修道院長のフランス語は上流フランス社交界ではあざけりの対象となる。McGrath (2002).

◀「女子修道院長の話」

　圧巻は彼女の感性（conscience）に関するチョーサーの観察です。「それはそれは慈悲ぶかく、憐れみ深い方」と述べた後で、次のように語ります。

> She wolde wepe, if that she saugh a mous / Kaught in trappe, if it were deed or bledde. / Of smale houndes hadde she that she fedde / With rosted flessh, or milk and wastel-breed. / But soore wepte she if oon of hem were deed, / Or if men smoot it with a yerde smerte; / And al was conscience and tendre herte. (144–50)（ネズミが罠にかかって死んでいたり血を流しているのを見ると涙を流すのでした。また子犬も何匹か飼っていて、ロースト肉やミルクや菓子パンを与えていました。けれども、その中の1匹が死んだり、人間に棒で強く叩かれたりすると彼女は激しく泣きじゃくるのでした。そのようなことはすべて彼女の良心と優しい心のなせる業だったのです）

　この部分を読み進めてゆくうちに、「慈悲ぶかく、憐れみ深い」のはネズミや犬に対してであり、人間に対するものではないことが読者・聴衆に伝わり、皮肉な意外性を与えられることになります。俗に暮らす貧しき人間たちに対する慈悲（charitee）も哀れみ（pitee）も、修道誓願をして神に仕える身となったはずのこの修道院長の脳裏を掠めることはありません。彼女にとっては人間よりもはるかに弱い立場にあるネズミや犬たちのほうが哀れで愛らしいのです。だから、愛玩する犬にロースト肉やミルクや上質

の白パンを与えるのです。[4]

　さらに、彼女は当時の貧しい人間たちには想像もできないような「優美なマント」や「珊瑚のじゅず」や「美しい金のブローチ」まで身につけています。しかも、そのブローチには凝った細工で「愛はすべてを征服す (*Amor vicit omnia*)」の文字が刻み込まれていて、偽善的博愛の臭いがしてきます。

　これが「総序」で描かれる女子修道院長マダム・エグレンティーヌの姿です。しかしこれは、女子修道院長のあるべき姿でもなければふるまいでもありません。まさしく、冒頭で述べたように、俗の王侯貴族そのものなのです。言い換えれば、マダム・エグレンティーヌは修道会の憲法である「修道院戒律」[5]に反する生き方をしながら、明らかに偽りとわかる慈悲 (charitee) を実践していることになります。[6] このように描くことで、チョーサーは「総序」で描き出したマダム・エグレンティーヌの姿を腐敗したキリスト教会に重ねあわせ、これから語られる一見突飛とも思われるストーリーの序としているのです。

II

　このような俗物の女子修道院長マダム・エグレンティーヌの語るストーリーは意外なものでありました。ユダヤ人によるキリスト教徒の少年殺害事件です。ネズミが死んだり、犬がいじめられるだけでも泣いてしまうような感性 (conscience) の女性が、巡礼に同行する人々に対して残忍で凄

---

[4] Power (1924) p. 75 は 'It was the view of Authority that the Devil had dispatched three lesser D's to be the damnation of nuns, and those three D's were Dances, Dresses, and Dogs' と述べている。

[5] いわゆる聖ベネディクトの「修道院戒律」には私物の所有に関して「何人も、大修道院長の許可なくして、本、書字板、ペンなどのいっさいを授受、所有してはならない」と規定してある (Fry *et al.* [1981] p. 230)。この意味では「総序」に描かれるマダム・エグレンティーヌが身につけているもの、所有するものすべてが戒律違反である。

[6] この時代「修道院戒律」をものともせずに俗人のように着飾ったり、高価な装身具を身につけたりするマダム・エグレンティーヌのような女子修道院長は例外的ではなく、数多く存在していたという。詳しくは Power (1922) pp. 75–77 を参照。

惨な少年殺害の話をする理由は何でしょうか。まず語りの内容を追ってみましょう。

　事件はキリスト教徒の町にあるユダヤ教徒が暮らす区域 (ghetto) で起こります。マダム・エグレンティーヌは「キリスト教徒の住む、アジアのある大きな町の中に、ユダヤ人の住む一区域があって...」と語ります。ここからキリスト教徒とユダヤ教徒が一つの町に暮らしていることがわかります。この町のユダヤ人居住区域を通り過ぎたところにキリスト教徒の師弟たちのための学校があって、主に聖歌をうたうこととラテン語の読み書きが教えられていました。その生徒たちのなかに7歳になる1人の少年がいました。この少年は未亡人の母からマリア像を見たときは必ず跪いて「アヴェ・マリア」を唱えるように教えられ、それを忠実に実践する汚れのない (innocent) 少年でした。

　ある日、学校で初等文法を学んでいるとき、少年は上級生の歌う「贖い主の御母 (*Alma Redemptoris Mater*)」の交唱を耳にします。もともと母親の教えでマリアを崇拝するようになっていた少年は「贖い主の御母」に夢中になってしまいます。しかし、少年はとても幼く、年端もゆかなかったので、このラテン語がどういう意味なのかわからない。そこで彼は何を歌っているのか説明してほしいと友人に跪いて頼み、マリアに祈るための聖歌であることを知ることになります。

> His felawe, which that elder was than he, / Answerde hym thus: 'This song, I have herd seye, / Was maked of our blisful Lady free, / Hire to salue, and eek hire for to preye / To been oure help and socour whan we deye. . . .' (530–34)（この子よりも年上であったその友達は、彼にこのように答えました、「この歌はね、僕は聞いているんだけど、僕たちの聖なる、気高い淑女マリア様のために作られたのだそうだよ。マリア様にご挨拶をし、また、僕たちが死ぬ時に、僕たちの助けともなり、力ともなって下さるよう、お祈りするために」）

マリアを崇拝する歌であることを知った少年は、来る日も来る日も友達から歌を教えてもらい、ついにはすべてを諳じてしまいます。家と学校の道すがら少年は「贖い主の御母」を「非常に楽しそうに声をはりあげて」歌います。もちろん、途中にはユダヤ教徒の住む区域があります。マダム・

第4章　チョーサー　49

エグレンティーヌはこの微妙な状況にある少年の運命を次のように語っています。

> Oure firste foo, the serpent Sathanas, / That hath in Jues herte his waspes nest, / Up swal, and seide, 'O Hebraik peple, allas! / Is this to yow a thyng that is honest, / That swich a boy shal walken as hym lest / In youre despit, and synge of swich sentence, / Which is agayn youre lawes reverence?' (558-64) (ユダヤ人の心の中に自分の雀蜂の巣を持っている、われら人類の初めての敵、かの悪魔の蛇がふくれあがった鎌首をもたげて言いました、「おお、ヘブライの者たちよ！　見よ、これがお前たちにとって名誉となることか。このような少年が、お前たちを軽蔑し、思いのままに歩きまわって、お前たちの掟に反する歌をうたったりするとは」)

イヴを唆して禁断の木の実を食べさせたように、悪魔の蛇が今またユダヤ教徒にささやき、少年の殺害を唆(そそのか)したのです。キリスト教徒の少年が「贖い主の御母」を歌いながら通ることを苦々しく思っていたユダヤ教徒たちは、少年を捕まえ、喉を切り裂き、穴の中に投げ込んでしまいます。これだけでも「総序」に描かれたマダム・エグレンティーヌの感性（conscience）からは想像もできない残忍な少年殺害の描写ですが、彼女はさらに続けて、「わたしは申し上げます。彼らは自分たちが排泄物をおとす便所の中にこの少年を投げ込んだのです」と語るのです。ここにはネズミや犬の運命に一喜一憂する女子修道院長の姿はなく、マリアを崇拝し「贖い主の御母」を無心に歌うキリスト教徒の少年を殺害したユダヤ教徒に怒りを爆発させる反ユダヤ主義者（anti-Semitist）がいるだけです。

やがて子供が帰らないことを心配する母親の捜索が始まり、ユダヤ人居住区域の近くで最後に見かけたという情報に基づいてユダヤ人たちに尋ねるのですが、埒が明かない。そのとき、イエスの導きがありました。「少年が投げ込まれた穴のすぐ側の場所で、息子に向かって叫び声をあげよ」。

その瞬間、喉をかき切られて上を向いた状態で横たわっていた少年が「贖い主の御母」を大きな声で歌い出したのです。その歌声は広く響き渡り、ついにキリスト教徒たちの発見するところとなります。悲しみとともに少年は取り出されますが、そのときも歌は止むことはありません。そして近くの僧院に運び込まれます。少年殺害をもくろみ実行したユダヤ教徒

たちは町の長官によって捕まえられ、即座に処刑されてしまいます。

　なぜ少年は喉を切られても「贖い主の御母」を歌い続けるのでしょうか。少年自身がこう語ります。

> 'My throte is kut unto my nekke boon,' / Seyde this child, 'and, as by wey of kynde, / I sholde have dyed, ye, long tyme agon. / But Jesus Crist, as ye in bookes fynde, / Wil that his glorie last and be in mynde, / And for the worship of his Mooder deere / Yet may I syng *O Alma* loude and cleere. (649-55)(「わたしの喉は首の骨のところまでかき切られています」とこの少年は言いました。「自然の成り行きから言えば、わたしは、そうです、とうの昔に死んでいたことでしょう。しかし、イエス・キリスト様は、あなたが書物の中にご覧になりますように、その栄光が続き、記憶されることをお望みになっていられます。そして、その愛する御母マリア様の信仰のために、わたしは、「おお、やさしのマリア」の歌をいまなお声高く、はっきりと歌うことができるのです」)

喉を切られたのだから本来ならすでに死んでいるはずですが、キリストの栄光と聖母マリアの信仰のために、少年は歌い続けることができるのだと言います。そしてなぜそれが可能なのかについてはこう話すのです。

> And whan that I my lyf sholde forlete, / To me she cam, and bad me for to synge / This anthem verraily in my deyynge, / As ye han herd, and whan that I hadde songe, / Me thoughte she leyde a greyn upon my tonge. (658-62)(「わたしが命を失おうとする時に、わたしのもとにお母様がおいでになって、この賛美歌をまさにわたしの死に際に歌うようにわたしにいいつけられました。あなたがお聞きになりましたように。そしてわたしが歌うと、彼女はわたしの舌の上に種子の一粒を置かれたように思われました」)

まさに自分が臨終を迎えんとしていたときにマリアが現れて、この聖歌を歌うように言いつけたのです。そして少年が歌いだすと舌の上に一粒の小さな種を置いたのだと言います。だからこの種の一粒が舌の上から取り去られるまでマリアを崇拝するために歌い続けなければならないのだというのです。

　その一粒の種がマリアによって取り去られるときがきました。少年は静

かに息を引き取り、マリアを崇拝する町のキリスト教徒たちによってこの「小さな殉教者」は大理石の墓に埋葬されました。喉をかき切られても歌い続ける奇跡の背後に「臨終のときには聖母マリアに祈る」というマリア信仰が強く生きていたことが読み取れます。こうしてマダム・エグレンティーヌは 'Little Hugh of Lincoln' という名の少年も忌むべきユダヤ人に殺害されたことがあったと付け加え、反ユダヤの怒りをあらわにして語りを終えるのです。

III

「総序」で描かれたマダム・エグレンティーヌのイメージからは想像し難いストーリーではありますが、彼女の感性を語るテーマとしては共通性があります。修道女たちにとって母親的存在である女子修道院長が、マリア崇拝の延長線上で人間よりも弱い存在の動物に愛情 (tendre herte) を示すのであれば、マリアを崇拝して止まない少年の死に対しては何十倍もの共感と同情の涙を流すはずです。この点では、「総序」で描かれたマダム・エグレンティーヌと「少年殺害の話」を語るマダム・エグレンティーヌとの間に矛盾はありません。しかし、他方で俗世を捨てたはずの女性が俗の権化のような生活に憧れをもち、修道院戒律に違反する行動をするという、教会を無視する軽々しさが彼女のもう一つの属性であることも事実であり、チョーサーは「総序」においてはこの点をむしろ強調していることはさきに見たとおりです。「総序」でチョーサーは 44 行という短いスペースの中に俗のマダム・エグレンティーヌを描き、先行する「騎士」「近習」「楯持」の描写と対峙させることで彼女に対する皮肉(＝聖職者批判)をそれとなく浮かび上がらせています。ところが「女子修道院長の話」においては、「マリア崇拝」「少年殉教者」「反ユダヤ人感情」というフィルターを通すことでマダム・エグレンティーヌのイメージは教会賛美者に逆転してしまうのです。これでは「総序」での描写にこめた意図と矛盾を起こしてしまうことになります。チョーサーの意図はどこにあるのでしょうか。なぜ少年殺害の話なのでしょうか。そもそもこのテーマそのものが奇抜すぎるのです。

マダム・エグレンティーヌが語りにおいて示した強い反ユダヤ感情は裏を返せば「親キリスト教」感情になります。すなわち、勢力的に多数派で

あるキリスト教という強者の立場から彼女の反ユダヤ感情が生まれているとも言うことができるのですが、この時代イングランドには原則としてユダヤ人はいなかったはずです。[7] では、日常的にユダヤ人を見かけることのない 14 世紀のイングランドにおいて、なぜ反ユダヤ感情を煽るような話をチョーサーは持ち込むのでしょうか。

IV

イングランドにおけるユダヤ人の歴史は受難の歴史であると言えます。特に 13 世紀においてはユダヤ人にとってイングランドは地獄でした。マダム・エグレンティーヌも話の冒頭で語っているように、歴代のイングランド国王は居住許可を交換条件にユダヤ人から多額の税を不正にとりたてていたのです。これに対応するために、ユダヤ人は高利貸しという手段に出ることになります。13 世紀のイングランドに限らず、それ以前からヨーロッパ全体でユダヤ人は不法な税金をかけられ、国王たちにとっての金のなる木として扱われていました。[8]

イングランドでは、1210 年に財政的に窮したジョン王 (King John, 在位 1199–1216) が卑劣非道な手段を使って総額 6 万 6,000 マルクをユダヤ人から取り立てました。その中にはブリストルのアブラハム (Abraham) というユダヤ人がいました。当初彼は支払いを拒絶しました。そのため拷問にかけられ、やむなく 1 万マルクを支払っています。[9] また、ヘンリー 3 世 (King Henry III, 在位 1216–72) は 13 世紀に長い間国王として君臨しましたが、ユダヤ人に対して国外移住を禁止したり、資金源として圧力をかけたりしたため、彼の政策がユダヤ人にとって悲劇のプロローグになってしまいました。[10] 彼の後を襲ったエドワード 1 世 (King Edward I, 在位 1272–1307) は国王としては人民の信頼を得ていましたが、外国人やその処世術に対しては偏見があり、強い嫌悪を抱いていました。そのため

---

7) 後述するようにイングランド王エドワード 1 世は 1290 年に全ユダヤ人に対して「国外追放」の勅令を出し、イングランドのユダヤ人から、固定資産を没収したうえで、すべて国外追放とした。実質的にこれが解除されるのは 18 世紀になってからのことである。Sachar (1930) p. 199.
8) Roth (1941, 1961); Sachar (1930)
9) 前歯を 1 本ずつ抜かれるという拷問を受けている。Sachar (1930) pp. 198–99.
10) *ibid.*

1275年にユダヤ人に対して高利貸しを禁止する法律を出して取り締まろうとするのですが、結局失敗に終わってしまいます。その結果ユダヤ人にとっては最悪の結果である「ユダヤ人国外追放」の勅令が1290年に出され、当時1万6,000人いたと言われるユダヤ人はイングランドから退去させられ、フランスやフランドル地方に移らざるを得なくなったのでした。[11] これがイングランドに居住していたユダヤ人物語の終章になります。それ以後、ユダヤ人の居住は原則としてはありえず、チョーサーの時代にはユダヤ人が居住する町はなかったはずであるということになるのです。これがチョーサーがこの作品を書いていた時のコンテクストです。

　以上のような苛酷な試練を経験する中で、ユダヤ人はイングランドの民衆による誹謗中傷の対象となっていきます。中心にあって扇動したのがローマ教皇でした。1215年の「第4ラテラノ公会議」でユダヤ人を迫害する教令が出されましたが、それをどこよりも早く実行に移したのがイングランドだったのです。例えば、「シナゴーグで朗唱するユダヤ人の声が近くのキリスト教会の礼拝を邪魔する」という口実で彼らの財産が没収されるということがありました。[12] これは「女子修道院長の話」の中で少年がユダヤ人居住区域を「贖い主の御母」を大きい声で歌いながら通ることに反感を覚えたユダヤ人の反応とまったく同じものです。また、ドミニコ会士がユダヤ人に対する民衆の反感を煽ったために、1264年のイースター期間に1,500人ものユダヤ人がロンドンで殺されるという事件も起きています。[13]

　ユダヤ人を取り巻くこのような環境の中で、キリスト教徒の少年が殺害されるという事件が相次いで起こることになります。1144年3月25日 (Holy Saturday)[14] にノリッジ (Norwich) のソープ・ウッド (Thorpe Wood) で12歳の少年ウィリアムの死体が発見されました。明らかに凄惨な暴力行為を受けた後でイエス・キリストの処刑を真似た磔刑で殺害されており、ユダヤ教徒の祭儀的殺人という中傷が広まる原因になったと言われています。また「女子修道院長の話」の最後の部分に現れる 'Little

---

11)　*ibid.*
12)　Roth (1961)
13)　Sachar (1930)
14)　新年の始まりの日で、マリアの受胎告知の日 (Annunciatio)。

Hugh of Lincoln'の話は、1255年にリンカーンで起きた少年殺害のことでしょう。この結果リンカーンで18人のユダヤ人が報復として殺されています。[15] 他にも1160年にはグロースターで、1181年にはセント・エドマンズベリーで、また1244年にはロンドンでユダヤ人によって少年が殺害される事件があり、ここに挙げた例以外にも数件記録されています。[16]

キリスト教徒によるユダヤ人迫害と排斥の動きが勢いを増してゆくにつれて、このような少年殺害事件が報告されるようになり、このことがキリスト教徒の反ユダヤ人感情（anti-Semitism）をさらに助長し、キリスト教徒の間に民間伝承的にバラッドや伝説の形で継承されることになったものと言えます。ロスはこの点に関して次のように述べています。[17]

> リンカーンの少年聖者ヒューの事件の重要性は当時だけに限られたものではなかった。遺体は大聖堂の壮麗な神殿に埋葬され、彼にまつわる品々は、奇跡的平癒をもたらす殉教者の品として宗教改革の時代まで崇拝されることになったからである。また、その伝説はイングランドの人々の民間伝承の一つともなった。チョーサーは『カンタベリー物語』の中にその話を取り込み類似作品を作りあげている。さらに、英語、フランス語、スコットランド語などに見るように多くのバラッドが生まれる契機にもなり、何世紀にもわたって農民たちの口の端にのって語り継がれることになった。こうして、イングランドにユダヤ人がいなくなってしばらく経った後の世になっても、半ば伝説となったこの出来事を詩的に描いたさまざまな伝承をとおして、イングランドの人々の多くが忌むべき民族に対する想いを継承していたのである‥‥。このような話をとおしてイングランドの人々の脳裏に悪しきユダヤ人という印象が形成され、助長されていったのである。

しかし、ユダヤ人が追放された14世紀のイングランドで、なぜチョーサーは宮廷びとを主たる読者・聴衆とする「語り」の中に少年殺害の話を持ち込んだのでしょうか。やはりまだ疑問です。

---

15) Child (1889-98) Vol. III
16) *ibid.*
17) Roth (1961)

V

　13世紀はユダヤ人にとって受難の時代であると述べましたが、14世紀は逆にイングランドにとって受難の時代となりました。厄介者を国外に追放したイングランドではありましたが、国内的にはフランスとの百年戦争が1337年に始まり、1340年ごろに発生したペストは1348年にはイングランドを巻き込んでしまいます。さらに、1381年には農民の反乱である「ワット・タイラーの反乱」が起こり、ロンドンを中心に社会不安をいっそう煽り立てることになります。宗教的にも、ジョン・ウィクリフがローマ・カトリック教会を公に批判するようになり、彼の思想的感化を受けたとされるロラード派が中心となってラテン語聖書を初めて英語に全訳しています。そのおかげで英語を読むことのできる国民は直接聖書のメッセージを読むこととなり、ローマ・キリスト教会の偽善が少しずつあらわにされるようになっていきます。相前後して1380年以降イングランドでも異端審問が強化され、火刑が執行されるようになります。14世紀末には、チョーサーが主として仕えたリチャード2世 (King Richard II, 在位1377-99) が後のヘンリー4世とカンタベリー大司教アランデル (Thomas Arundel) の陰謀によって王位を奪われるという悲劇も起こります。このようにイングランドの14世紀は政治・宗教的に見ても、また社会的に見ても動乱に次ぐ動乱の時代であり、人々の心は荒び、社会に対する怒りや憤り、生活や人生に対する欲求不満や不安で満ち満ちていた時代であったと言うことができるのです。

　このような時代に、チョーサーは『カンタベリー物語』を書いていたのです。政が乱れると不正がはびこり、社会不安が増大するのはいつの時代においても、どの国においても共通して起こる現象です。このような時代にあって人々は何を思い、何を考え行動するのでしょうか。やがて特定できない怒りや不満の感情は具体的なはけ口を求めるようになりますが、特に決まった対象は存在しません。ヒトラーがこのような状態にあるドイツ国民の感情を巧みに誘導して、ユダヤ人排斥と大虐殺に結びつけてしまったのは周知のとおりです。現にチョーサーは女子修道院長が話し終えたときの巡礼者一行の様子を「サー・トパスへのプロローグ ('Prologue to Sir Thopas')」の冒頭で 'Whan seyd was al this miracle, every man /

As sober was that wonder was to se. . . .'（「この奇跡がすっかり話されると、誰も彼も非常に厳粛になり、それは見るのも不思議なくらいでした」）と述べ、ユダヤ人が悪人として完全に背景化される中で、全員が殺害された少年の起こした奇跡の話に釘付けにされ、しばらく絶句したと描いています。

VI

　このように述べてくると、「女子修道院長の話」は、マリア信仰一途の少年がユダヤ人に殺害されるという内容の民間伝承をキリスト教徒の立場から採り上げることで、読者・聴衆の欲求不満のはけ口として書かれたかのような印象を与えてしまいます。しかし、それではチョーサーの意図は腰砕けになってしまうのです。

　「総序」の描写も「女子修道院長の話」も表層的にはキリスト教という強者の視点から書かれたものです。しかしながら、同じキリスト教圏にあって弱者の立場にあるユダヤ教徒の側からこれらの同じテクストを解釈すれば、かつてイングランドのキリスト教徒たちがユダヤ人におこなってきた迫害行為が形を変えたものにすぎず、虐められたユダヤ人が虐めかえすのは当然の反応であることに気がつくはずです。チョーサーにとってこれが問題なのではなく、虐め続けられてきたものの視点で見れば、女子修道院長マダム・エグレンティーヌの話には「普遍的人間愛」が欠如しているということが問題なのです。彼女がネズミや子犬に過剰な愛情を注ぐ行為は、同じ人間でありながら日々苦しい生活を送る貧しい人々を無視する行為に映り、殺害された少年の話はユダヤ人を悪人として背景化することでマリア崇拝の高貴さを際立たせようとしているように映るのです。

　このように弱者の立場からテクストを読むと、チョーサーは「ネズミ＝無力な存在＝殺害された少年」というマダム・エグレンティーヌのもつキリスト教の表の顔を描きながら、心情的にユダヤ人に与することで弱者の立場からキリスト教聖職者の矛盾した意識、隠れた傲慢と偽善を浮かび上がらせようとしていることがわかります。「女子修道院長の話」は「総序」での描写と一見不整合を示しながらも、言外に「無視されたキリスト教徒の貧しい人々＝迫害されたユダヤ教徒」という本当の現実があることを語り、キリスト教という強者の論理に潜む矛盾（裏の顔）を、「聖俗」の二面性をもつマダム・エグレンティーヌという人物の存在を通して示している

と言えるのです。

　こうして改めて「女子修道院長の話」をテクストの重層性という視点から分析してみると、キリスト教と異教(ユダヤ教)の対立構造、すなわち反ユダヤ主義思想が底辺にあり、その大きな構造の中にキリスト教内部の強者と弱者の対立構造があることが見えてきます。チョーサーはこの構造を作り上げるために、歴史上の事実をゆがめ、ユダヤ人がイングランドから追放されて久しい時代に敢えて反ユダヤ人感情を煽るようなストーリーを縦糸にすることによりキリスト教聖職者の偽善を浮き彫りにしようとしているのです。

　チョーサーという作家はペスト、ワット・タイラーの反乱、異端取締りの強化と聖職者の腐敗という社会世相が殺伐とした14世紀末にこのような作品を書いていたのです。ただ単にエンターテインメントとして読むこともちろん可能ですが、社会や歴史的背景を踏まえて作品を読むことは作家の創作意図を深く理解するうえで重要な視点であると言えるのです。

第5章

ウィリアム・カクストン：写本から印刷本へ

　　　　彼はイングランドのジェントルマンであり、重要な地位を占める商
　　　　人であり、イングランド王の密使であり、美本と文学の愛好家にし
　　　　て批評家であった。彼は後年新しい技術の魅力の虜となり、ついに
　　　　みずから膨大な責任と労力を担ってその新技術をイングランドに導
　　　　入した男である。(Crotch [1973] p. vii)

I

　現代は脱グーテンベルクの時代などと呼ばれ、一つひとつ活字を組んで印刷された伝統的な本が激減する一方で、電子的な処理工程を経て作られた本や、紙をいっさい必要としない電子ブックなどが一般的になりつつあります。

　本来、活字印刷術は今からおよそ500年前にドイツのグーテンベルク (Johannes Gutenberg, 1398ごろ-1468) という人物によって実用化されました。[1] それ以前の中世と呼ばれる長い時代には、すべての本は手書きで一つひとつ製作されていたわけですから、現代までに至るこの500年の間に本の製造に関しては、活字印刷の発明と電子印刷の発明という2つの革命的な変化が起こったことになります。そこで本章では、イングランドにこの活字印刷術を紹介したウィリアム・カクストンという人物の簡単な伝記を述べたうえで、中世の写本（手書きで作られた本）とカクストンが印刷した15世紀の本の違いや特徴を述べてみたいと思います。

　カクストン (William Caxton) は1422年ごろケント州 (Kent) のウィー

---

1) いわゆる活字 (movable type) を考案した。同郷の金細工師ヨハン・フストの投資を受けて実用化し、『グーテンベルク聖書』を印刷出版した。商才に欠ける彼は後年フストとの金銭トラブルで裁判に負け、貧困のなか1468年に没した。

ルド (Weald) というところで生まれたと言われています。'Weald' とは「森」あるいは「森林地帯」を意味する言葉であったらしく、文字通りに解釈すれば深い森に覆われたきわめて辺鄙な地域ということになりますが、ここからは将来のカクストンの姿は微塵も想像できません。[2] 彼の出生や幼少のころの様子については残念ながらこれ以上詳しいことはわかっていません。ただ、1485 年に出版した『シャルルマーニュ伝 (*Charles the Greate*)』の「序文」のなかで、両親が与えてくれた教育のことをほんの一言次のように述べています。しかし、どこでどのような教育を受けたのかはわかりません。当時のままの英語で引用してみましょう。

> . . . and also am bounden to praye for my fader and moders soules / that in my youthe sette me to scole / by whyche by the suffraunce of god I gete my lyuyng. (子供のころに私を学校に通わせてくれた父と母の魂のために祈らなければならない。そのおかげで、神の恩寵をうけ現在の生活があるからである)[3]

何もないところに生まれた彼は両親の与えてくれた教育のおかげで、このあと織物商人として、またイングランド最初の印刷業者として大成功し、歴史に名を残すことになるわけですが、彼はそのことをこの序文で両親に深く感謝しているわけです。この教育の基盤があったからこそ「文字の世界」に進出することが可能になったわけですから、両親から受けた教育は彼にとっては絶対的な意味をもっていたのでしょう。

さて、やがて彼はロンドンに出ることになります。そしてそこでロバート・ラージ (Robert Large) という富裕で社会的影響力のあった織物商人に丁稚として奉公することになるのですが、このとき彼は 16 歳でした。ところが、3 年後の 1441 年に主人のラージは亡くなってしまいます。このとき彼は他の奉公人たちと一緒にラージの遺言によって、20 マルクを受け取っています。この金額がどの程度の価値があったのかはわかりませんが、奉公人の中では彼が一番若いということもあって、贈与リストの一

---

2) ノーマン・ブレイクは『黄金伝説 (*Golden Legend*)』の英訳版を比較してケント州のストルード (Strood) もカクストンの出生地として可能性がないわけではないことを示唆している。Blake (1969) pp. 13–25 参照。
3) Crotch (1973) p. 95.

番下に書かれており、その金額も最低の額でした(史料には他の奉公人たちの金額もきちんと書かれて残っています)。こうして、カクストンはラージの死を契機として大陸のブリュージュ(Bruges)に渡ることになります。ブリュージュは当時織物産業の一大中心地でした。ここで彼はさらに5年ほど織物商人としての修行を続け、ついに1446年独立しました(この後ブリュージュを中心に商人として30年間を過ごすことになります)。

▲ カクストンの公館

ビジネスマンとしてのカクストンは相当にやり手であったようです。商売もかなり順調で、地域の同業者たちからの信頼も相当に厚かったようです。そのようなわけで、1462年にエドワード4世が低地地方(Low Countries. ベルギー、オランダ、ルクセンブルクの地域のこと)で活躍するイングランドの織物商人の活躍を願って発した勅許状に基づいて、カクストンは統括役(Governor)に任命されることになります。1465年のことです。正式なタイトルは 'Governor of the settlement of English merchants in Bruges' というものですが、これはカクストンが商人として社会的にも成功したことを示すものでした。彼は立派な公館に住み、やがて貴族社会との親交を深めるようになります。

1468年にエドワード4世の妹マーガレットがブルゴーニュ公シャルルと結婚すると、両国間の交易取り決めが正常化し、彼の統括役としての仕事はますます重要性を増すことになりますが、貿易関係の話はこの程度にとどめることにして先を急ぐことにしましょう。とにかく、カクストンはビジネスマンとしては大成功をおさめ、地位も名誉も絶頂を極めていました。

しかし、カクストンは1469年ごろから当時人気があった中世ロマンス『トロイ史話集(*Le Recueil des Histoires de Troye*)』を英語に翻訳する作業を始めています。商人として社会の頂点に立っていたこの時期に何を考えていたのかは推測の域を出ませんが、政治的問題が背景として存在していたようです。カクストンが中心的に商ってきたイングランド製の布地に対

して1463年以来ブルゴーニュ公国では輸入禁止措置が取られていたからです。この間カクストンはフランドル (Flanders) に居を移していました。布地を扱うことができない状態で、カクストンは他にビジネスの対象となる品目を模索していたとも言われています。[4] やがて書籍販売に注目するようになりますが、その背景にはこのような事情があったのです。後年『トロイ史話集』の序文で「それを英語に翻訳することはよい仕事になると思った」[5] と述べていることを考えると、翻訳・出版の仕事を新たなビジネスの可能性として真剣に考えていたのかもしれません。いずれにしても、このころからカクストンの興味・関心が広い意味で文学の翻訳に向かっていたことは確かなようです。一度始めた翻訳はすぐに挫折し、しばらく棚上げの状態になっていましたが、統括役の時代に社交界を通じて面識を得ていたブルゴーニュ公妃マーガレットの支援もあって、彼の最初の翻訳『トロイ史話集』は1471年9月にようやく完成し、彼女に献呈されました。

ところが、同じ年にイングランドとブリュージュの間にトラブルが起こり、カクストンはケルン (Cologne) に移り住むことになります。[6] ケルンには大学や他の重要な知的拠点があり、もちろん、印刷所もありました。そこでは大学関係や宗教関係の本がたくさん印刷されていました。カクストンは翻訳を完成させて公妃マーガレットに捧げましたが、これは中世の伝統である手書きの写本でした。ところが、ケルンで印刷を目

▲ ブルゴーニュ公妃マーガレットに『トロイ史話集』を献呈するカクストン

---

4) Blake (1969) pp. 26–45.
5) Clotch (1973) p. 4.
6) イングランドはハンザ同盟諸都市と敵対関係に陥り、唯一ケルンだけがイングランドに対して好意的であった。

の当りにしたカクストンは当然のごとく印刷術に関心をもち始めます。実際、彼は中世以来写本で受け継がれてきたバルトロメウス・アングリクス (Bartholomaeus Anglicus)[7] の『物の本質について (De proprietatibus rerum)』の印刷出版の補助をしているのです。こうして、ケルン滞在中に彼はグーテンベルクが実用化した印刷術を習得することになります。新しいビジネスとして印刷・出版の可能性をはっきりと認識した時期と言ってもいいかもしれません。

そして翌年、彼はケルンからフランドルに戻り自分自身の印刷所を設立します。カクストンがちょうど50歳のときです。中世末期で、ようやく近代期になろうかという時代のことですから、50歳は相当の高齢と考えてもよいでしょう。普通なら仕事を退いている年齢のはずですが、彼はここから新たな仕事に踏み出しているのです。このフランドルの印刷工房で、彼は最初の英語の本『トロイ史話集』を印刷しています。他にも『チェス・ゲーム (The Game of Chess)』など、英語とフランス語あわせて計7冊の本を印刷しました。

このまま大陸で印刷業を続けていれば、イングランドにおける印刷の歴史は大きく変わってしまうことになるわけですが、彼は1476年に自分の生まれ故郷であるイングランドに印刷所を移してしまいます。彼が織物商人の手習いとしてブリュージュに渡ってから実に30年後のことでした。こうして彼はロンドンのウェストミンスター寺院近郊に印刷工房を構え、以後1491年に69歳で亡くなるまで、15年間にわたっていろいろなジャンルの本を出版したのです。カクストンは死の直前までヒエロニムス (Hieronymus) の『教父伝 (Vitas patrum)』を翻訳して完成させました。死の数時間前だったとも言われています。彼の死後に印刷の仕事を引き継いだ弟子のウィンキン・デ・ウォード (Wynken de Worde) はその様子を『教父伝』(1495) の奥付で次のように述べています。

> Thus endyth the moost vertuouse hystorye of the deuoute and right renouwned lyves of holy faders lyuynge in deserte, worthy of remembraunce to all wel dysposed persones *which hath be[n] translated oute of Frenche into Englisshe by William Caxton of Westmyn-*

---

7) 13世紀のフランシスコ会士。『物の本質について』は百科事典である。

stre late deed and fynysshed at the last daye of hys lyff(すべての善良なる心を持つ人々が記憶するに値する、敬虔かつ高名なる砂漠の教父のもっとも高潔なる伝記ここに終わる。この伝記は、近年没したウェストミンスターのウィリアム・カクストンがフランス語から英語に翻訳する仕事に着手し、彼の人生最後の日に完成を見たものである)[8]

カクストンは50歳近くまで織物商として活躍し、地位も名誉も手に入れました。しかし、50歳を過ぎてから当時ビジネスとしてはまったく未知の世界であった活字印刷の世界に新たな挑戦を始めたのですから、そのエネルギーたるや相当なものがあったはずです。しかも、印刷業に携わったのはわずか15年しかありません。印刷業者としてのこの15年が彼の名を歴史に残すことになったわけです。次のセクションでは、カクストンがどのような考えで本を印刷したのか詳しく見てみようと思います。

II

カクストンは晩年に新たな職業に踏み込んだわけですが、これまで見てきたように、その期間はわずか15年でした。その15年の間におおよそ100冊の本を印刷出版しています。またその中の約20冊はラテン語やフランス語から英語に翻訳したものです。

では、どのようなテーマの本を彼は出版したのでしょうか。レーラー(Seth Lerer)の言葉を借りると、「英文学のすべての正典的な作品」を出版したとなっています。傾向としては、宗教書、教訓的作品、情報提供作品、ロマンス、詩、そして翻訳作品です。また、代表的作家としては、チョーサー、ガワー(John Gower)、リドゲイト(John Lydgate)、マロリー(Thomas Malory)、ジョン・オブ・トレヴィサ(John of Trevisa)、ウェルギリウス(Virgil)など中世に人気のあった主要な作品がほぼすべて含まれており、[9] 古典古代から中世までの中心的作家の作品を網羅していることがわかります。まさに canonical works と言われる作品がほとんどです。それでは、カクストンはなぜこのように多種多様な作家の作品を印刷出版したのでしょうか。そのためには当時の社会状況を少し考えてみる必

---

8) Blades (1971) p. 85.
9) Wallace (1999) p. 721.

要があります。

　まず一つ考えられることは、ロンドンを中心として商人階級が台頭したことが挙げられます。彼らは、自分たちの身分にふさわしい作法を身につけるために、行儀作法や私的に使う祈禱書などを必要とするようになりました。また、聖職者たちも典礼などのために大版の祈禱書（Psalters, Commemorations, Directories）を必要としていました。説教者たちも説教集（Sermons）を求めました。そのもっとも典型的な例として『黄金伝説（Legenda Aurea）』があります。これは説教用として当時非常に人気の高い書物でした。さらに、俗の王侯貴族たちも騎士道に関する物語を読むのを楽しみの一つとしていました。もっとも、この時代騎士道はすでに衰退し、カクストンはその復活を願って十字軍を出すよう請願したこともあったようです。[10]

▲ カクストン印刷の『カンタベリー物語』初版（**1478**）

　本に対するこのような需要の高まりの背景には社会全般の識字率の向上がありました。そして、このように増加する読書人口の中でも特に中心層をなしていたのが、上に示したように、王侯貴族、ジェントリー、[11] そして商人たちだったのです。

　カクストンはこれらの人々の社会的需要に応えようとしました。印刷業に転出するまえ、彼は織物商人として30年間も敏腕を振るっていた人物でしたから、どんなに文学に関心が強かったとしても、基本は印刷業もビジネスなのです。現に、彼はローマの印刷業者スウェインハイムやパンナルツが古典作家ばかりを出版したために破産した事実を肝に銘じ、この轍を踏まないよ

---

10) Blades (1971) p. 88.
11) 中世末期に現れた新興階級で、世襲貴族と自由農民の中間に位置する中地主階層。

第 5 章　ウィリアム・カクストン　65

うに心がけていたといいます。彼の基本哲学は「儲からない本は出版しない」という一言に尽きるのかもしれません。というのは、当時、カクストンに対して「どうして聖書やギリシャ・ローマの作品を印刷しないのか」という批判があったようですが、これに対して彼は『シャルルマーニュ伝』の「序文」の中で、「時代の要求に応えないと生活できない」という趣旨のことを書いているからです。[12] このような基本哲学に基づいて印刷された本の代表としてはチョーサーの『カンタベリー物語』(1478) があります。[13] 当時、この本を所有していることは社会階級に関係なくファッショナブルであると考えられるようにまでなっていたようです。まさに印刷業者としてのカクストンのヒット商品でした。

　印刷業者としても順調に仕事を進めていたカクストンでしたが、一つ大きな悩み・問題がありました。当時のイングランドでは地域方言の格差があまりにも大きく、印刷する際にどの地域の言葉を標準として用いるかが大問題だったからです。カクストンは印刷出版した本にはすべて「序文」と「あとがき」をつけて、出版の意図と目的を述べているのですが、ウェルギリウスの『エネイドス (*Eneydos*)』という作品につけた序文では、この地域方言による言葉の障害がいかに大きな問題であったかを次のように述べています。あまりにも有名な文章なので英語の歴史に関心のある方はぜひ覚えておいてほしいところです。カクストンの言語観がもっともよく現れている箇所なので少し長くなりますが、あえて引用することにします。

> And that comyn engtlysshe that is spoken in one shyre varyeth from a nother. In so muche that in my dayes happened that certayn marchauntes were in a shippe in tamyse for to haue sayled ouer the see into zelande and for lacke of wynde thei taryed atte forland. and wente to lande for to refresshe them And one of theym named sheffelde a mercer cam in to an hows and axed for mete. and specyally he axyd after eggys And the good wyf answerde. that she coude speke no frenshe.　And the marchaunt was angry. for he also coude speke no frenshe.. but wold haue hadde egges and she vnder-

---

12)　Crotch (1973) pp. 95–97.
13)　この版に対してある人物からクレームが届き、第 2 版 (1484) を出している。

stode hym not And thenne at laste a nother sayd that he wolde haue eyren then the good wyf sayd that she vnderstod hym wel Loo what sholde a man in thyse dayes now wryte. egges or eyren certaynly it is harde to playse euery man by cause of dyuersite & chaunge of langage（ある州で話されている普段の英語がまた別の州では違っているのです。あまりにも違うので、ある時のことこんなことがありました。ある商人たちがテムズ川から船で出帆し海を越えてジーランドに向かおうとしていました。しかし風がなかったので出発を遅らせ、上陸して休憩することになったのです。織物商の1人でシェフィールドという男が飯屋に入って来て、食事を注文したのです。特に卵（eggys）を所望しました。ところが女将は答えて「わたしゃフランス語はわからんよ」と言うのです。男は怒りました。彼もフランス語がわからなかったからです。ただ卵料理が欲しかっただけなのに、彼の言葉が理解されなかったのです。すると別の商人が「あの人は卵（eyren）が欲しかったんだよ」と言うと、女将は「よくわかりました」と言ったのでした。やれやれ。最近卵という語はどう綴ったらいいのでしょうか、eggys あるいは eyren どちらなのでしょうか。言葉があまりにも異なり、また変化も激しいので、あらゆる人々を満足させることはなるほど至難の業です）[14]

どのような綴り方を採用するかという問題は、実は、彼のビジネスの成功を左右する大問題でもあったのです。

　15世紀のイングランドには文学的創造性が欠けていると言われることがあります。確かに、チョーサーのように中世的な意味においてオリジナリティにあふれる大作家が現れたわけでもなければ、シェイクスピアが生まれるまでにはまだだいぶ時間が必要です。この時代は文学的な谷間に当たる時代だったと言えるかもしれません。これまで見てきたように、カクストンが出版した100冊ほどの本のほとんどすべては過去の作家の焼き直し、もしくはフランス語からの翻訳本が占めていました。間接的な要因として、その背景には百年戦争があり、また薔薇戦争もありました。これらの2つの戦争で社会も国土も（ある意味では精神も）荒廃していたと言えましょう。このような社会的状況の中で、カクストンのおこなった仕事はチョーサーやシェイクスピアとは違った意味での文学的創造性を発揮することだったのではないでしょうか。荒廃した社会環境の中で、ヘンリー7世がテューダー朝を打ちたて、イングランド・ルネサンスの礎を築くこと

---

14) Crotch (1973) pp. 108-9.

になるわけですが、その文化的インフラを整備したのがカクストンであると言うことができると思います。以下ではカクストンがどのように本を印刷したのか、具体的に考えてみたいと思います。

III

　印刷術が導入される以前、イングランドを含めて中世ヨーロッパでは、本はすべて写本と呼ばれる手作りの本でした。具体的な例を見てみましょう。下図は700年ごろリンディスファーンで作られた福音書「ヨハネ伝」の1ページですが、中世写本の特徴である装飾が本文を取り囲むようにして描かれています。文字の大きさも In Principio の中でもっとも大きい 'IN' から始まって、順次ポイントが小さくなり、最終的に本文に結びつくようにレイアウトされています。このようなレイアウトの仕方を「装飾のヒエラルキー（Hierarchy of Decoration）」と呼び、役割や重要性によって文字の大きさが変わるという中世のものの考え方を反映しています。では、どのような順番で書いていったのでしょうか。一般的には一人の専門の写字生が本文に当たる部分を初めにすべて書き上げてから、特殊な頭文字の部分だけを別の専門の写字生が違う顔料を使って埋めてゆきます。この写本のページにはありませんが、この他いろいろな図柄をあしらって装飾した写本も中世を通じてたくさん製作されました。このようにして、たくさんの人たちによる分業によって写本のページは製作されていったわけです。

▲　リンディスファーン「ヨハネ伝」

　すべてのページが出来上がると最終的には製本（binding）という作業になるのですが、ここに盲点があるのです。すべてのページが間違いなく裏表続いていくように確認しなければなりません。そこで、製本が終了するまでは、各ページのつながりが確認できるように、一まとまりのページ

（これを折丁といって、4〜16 枚が 1 セットになっています）の最後のページに記号が書かれていました。例えば、ABC... あるいは QA, QB, QC ...（Q とは 4 つ一折 [quarternion] の意）などが使われ、Ai とあれば Aii に続くことを表すわけです。4 枚一組の羊皮紙を一折とすれば、記号は Ai, Aii, Aiii, Aiiii だけですみ、この一折には裏表がありますから全体では 16 ページで構成されることになります。次に続く 4 つ一折には Bi, Bii, Biii, Biiii という記号が使われて、折丁が正確に繋ぎあわされてゆくことになるのです。ちなみに、このような記号を signature と言います。

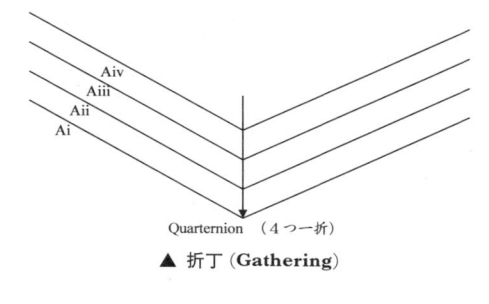

▲ 折丁（**Gathering**）

　12 世紀以降になると、写本の生産はますます盛んになり、新たに catchword と呼ばれる印も使われるようになります。catchword はつぎのページの冒頭の単語と同じものです。これでページを間違って丁合することを防いでいたのです。

▲ 別々の折丁を **catchword** で丁合する。

　上の例は左のページで一つの折丁が終わっていますので、別々に存在するほかの折丁と間違って製本しないように catchword を書き込んで、次

に続く正しい折丁と符合させるように工夫しているわけです。やはり放射状に書かれた飾り線の中に catchword があり、この単語が右のページの最初の単語と合致するようになっているのです。このようにして中世の写本は一つひとつ作られていたのです。それではカクストンは印刷という技術を使ってどのように本を製造したのでしょうか。

IV

　羊皮紙（parchment）や子牛皮紙（vellum）を紙の代わりに用いていた中世の写本は制作費が莫大にかかりました。これに対して、印刷された本ははるかに安く製造できることは当然ですね。カクストンは印刷術で本を作るに当たってどのような材料を使い、どのような工程で製作していったのかを最後に述べてみたいと思います。

　印刷に使う基本的素材は、中世の写本の場合とあまり変わりませんが、大きく異なる点は、羊皮紙や子牛皮紙ではなく、紙が使われたということです。カクストンはほとんどすべての紙を低地地方から輸入していました。もともと 30 年も織物商人として君臨していたところですから、事情に詳しかったこともあります。しかし、当時の紙は質が荒く、色や厚さにばらつきがありました。カクストンはこの紙に透かし模様を入れていました。何種類かあるのですがもっとも多く使われた模様は P をアレンジした模様です。これはブルゴーニュ公シャルルの父親フィリップ 3 世（Philip the Good）の頭文字の P を使ったと言われています。[15] このような荒い紙に活字で組んだ文章を印刷していったわけですが、活字そのものも当初はブリュージュで作らせて、輸入していました。イングランドには活字工はまだ存在していなかったのです（イングランドで活字工のことが正式に記録に現れるのは 16 世紀のことで、カンタベリー大主教マシュー・パーカーの編纂した本に、アングロ・サクソンの史料を印刷するのに活字をジョン・デイ（John Day）という人物に作らせたという記述があります）。

　ですから揺籃期における印刷でもっとも重要な位置を占めていたものは活字そのものであったと言うことができるわけです。カクストンは厳密に

---

15) Blades (1971) p. 102.

は6種類の活字（type）を使っていますが、同じフォントの高さを変えた活字や全体に縮小した活字などの改良タイプを含めると8種類になります。[16] 彼が使った活字に関して特徴的なことは、活字のカット技術があまり進歩していない時期には、いわゆる2文字や3文字を1つの活字につないで作った連結文字（ligature）もたくさん使われたということです。

▲ 単独の文字に加えて連結文字も考案されている。

このような活字を組み上げるのは植字工（compositor）と呼ばれる人たちですが、ここにもちょっとした工夫がありました。中世の写本でも用いられていた技法なのですが、活字がすべて正確に作られていたわけではありませんから、行末に来るとどうしてもスペースが不揃いになってしまうのです。カクストンが使った活字のなかで、Type No. 1 と Type No. 2 に特にこの傾向がありました。次頁にその一例を示しておきます。ですから、初期の印刷本では現代の本のように両側がきちんと揃って印刷されていないのです。左側は揃っているのですが、右側はでこぼこになっています。これは活字の大きさに微妙な違いがあったからなのです。植字工はこのような問題に対して中世以来の伝統的秘術を応用しています。中世の写本では羊皮紙がとても高価でしたから、たくさん使われる文字の組み合わせ、例えば and や and- などは記号化されてスペースをとらないように工

---

16) The British Library Board (1976) pp. 12–17.

夫されていました。andswarian（＝answer）などは 7swarian と書いて、2文字省略しました。この例では and が 7（アンパサンド）という記号で代用されています。こうすれば本全体では使う羊皮紙がかなり節約できるわけです。印刷においても、植字工は同じような技術を使っています。例えば、vertuouse は vertuo^9 と綴ったり、men は mē のように記号を混ぜて綴っています。また音節は完全に無視しています。正確には当時は音節などという考え方がなかったと言うべきでしょう。その結果、whyche（＝which）は行末では why-che と分節されたり、本来切ることのできない単音節語の that なども th-at などのように勝手に改行していたのです。

▲ 不揃いの行末の例

　最後の作業がもっとも重要な製本作業です。ここでは中世の写本の技術をそのまま踏襲しています。カクストンも 68 ページに示したように、「4つ一折」と呼ばれる丁合の方法を用いています。このように印刷されたシートが 4 枚一組となって内容的なまとまりを作り、谷のところに糸を通して閉じるわけです。一冊の本にするにはこのような折丁をいくつも順番につなぎ合わせてゆくことになるのですが、中世の写本のところでも述べたように、そのときに重大な間違いが起こるのです。現代でいう乱丁、落丁の問題です。どの折丁が次にどの折丁につながるのかという問題です。それを避けるために、カクストンは折丁の最後のページに signature を付けていったのです。カクストンの用いた signature は Ai, Aij, Aiij, Aiiij の 4 種類です。これは 68 ページにあるように 4 枚を一組とする考え方に基づく記号です。これで折丁を作れば、一セットあたり 16 ページになるわけですが、この作り方は現代の製本の仕方とほとんど変わっていません。

　こうして中世末期の印刷本は製造されていったわけですが、特にこの時代の本は「揺籃期本（incunabula）」と呼ばれ、16 世紀以降の印刷本と区

別されています。16世紀になるとイングランドでも盛んに印刷本が作られるようになりますが、中世の写本製作の伝統がカクストンを通じて継承され、signature も catchword も近現代に至るまで踏襲されることになります。

> The Preface.
> as a couetouse man. Eccle. r.
> Neuer had we bene offended for the losse of our lybraryes, beynge so many in nombre, and in so desolate places for the more parte, of the chiefe monumentes and moste notable workes of our excellent wryters, had bene reserued. If there had bene in euery shyre of Englande, but one solempne lybrary, to the preseruacyon of those noble workes, and preferrement of good lernynges in oure posterytre, it had bene yet somwhat. But to destroye all without consyderacyon, is and wyll be vnto Englande for euer, a moste horryble infamy amonge the graue senyours of other nacyons. A great nombre of them whych purchased those superstycyouse mansyons, reserued of those lybrarye bokes, some to serue theyr iakes, some to scoure theyr candellstyckes, & some to rubbe their bootes. Some they solde to the grossers and sope sellers, & some they sent ouer see to ye bokebynders, not in smal nombre, but at tymes whole shyppes full, to the wonderynge of the foren nacyons. Yea, the vnyuersytees
> B.i. of

▲ ページ下の B.i. が signature、右の of が catchword.

このような工夫を凝らして全体のページを組み上げてから実際に印刷するのですが、いわゆる校正もありません。すべて刷り上げてから間違っている部分は赤インクで訂正を書き込んでいたのです。

カクストンは印刷出版の仕事をビジネスとして強く意識していましたが、当時の英語の問題にも強い関心を寄せる一人でもありました。同じ言語でありながら地域、階級、時代によって激しい変化と多様性を示していた当時の英語はラテン語やフランス語にくらべると、まさに野蛮で粗野な言語でした。常に変化を繰り返す標準の定まらない言語でもありました。その英語を印刷・出版の言語として敢えて用い、ラテン語やフランス語から自分自身で英語に翻訳し出版したのです。しかし必ずしも教養主義的な美談があるわけではありません。これまで見てきたように、商人としてのカクストンの計算が働いていたわけです。ただ結果としてイングランドにおける印刷の歴史を作ったばかりでなく、特殊な階級の人間の独占物であった本をすべての人々の手元に届くように解放したことも事実なのです。[17]

---

17) 第6章、p. 73 参照。

第6章

アーサー王伝説(I): その歴史と受容

I

　イングランドの歴史や文学を特に専門的に勉強していなくとも、「アーサー王」や「円卓の騎士」あるいは「聖杯物語」などといった表現はこれまで一度ぐらいは耳にしたことがあると思います。今日では世界中で知らない人がいないほど有名な大ロマンス『アーサー王の死(*Le Morte D'Arthur*)』ですが、もとはさまざまな歴史書や伝説の中で語り継がれていたストーリーを15世紀の後半(1469年ごろ)にトマス・マロリー(Thomas Malory)という騎士が集大成し、アーサー王に関する膨大な物語群として一つの本にまとめたものです。マロリーの本は手書きの写本でしたが、イングランドに印刷術を導入したウィリアム・カクストンがこの本を1485年に出版しました。この活字印刷された本が、今日アーサー王伝説として広く世界に知られるもとになっています。

　その後、アーサー王伝説は近代から現代に至るまでさまざまな形で政治や文学に影響を与えることになるのですが、詳しくは第10章「アーサー王伝説(II)」で論じることにします。

　本章ではこのような長い歴史的背景と伝統をもつアーサー王伝説がどのような経緯で成立したのか少し詳しく述べてみたいと思います。

II

　どんなに大きな河でも始まりはたった一滴の水です。一滴一滴が集まり流れを作る。そしてその途中いろいろな支流の水を含みながら大きな流れとなって海に注ぎます。カクストンがマロリーの本を『アーサー王の死』

として出版したとき、アーサー王伝説はまさに1,000ページを越える大河ロマンスとなっていました。ところがその源流はたった20行ほどの記述で、まさに大河の一滴にすぎなかったのです。河の譬えがぴったりと当てはまるように、時間の流れを下るにつれていろいろなストーリーを取り込み、一滴の水が大河になっていったわけです。

　西暦800年ごろにネンニウス (Nennius) というウェールズ人の歴史家が書いたとされる『ブリトン人の歴史 (*Historia Brittonum*)』[1]というラテン語の書物の中に、はじめてはっきりとした形でアーサーという人物に関する記述が現れます。さっそく大河の一滴を以下に引用してみましょう。

> そのとき、勇敢なるアーサーがブリテンのすべての王と軍事力を糾合して、サクソン人たちと戦った。アーサーよりも高貴な身分の者はいくらもいたが、アーサーは12度までも司令官に選ばれ、同じ数だけ支配者ともなったのである...8度目の戦いがおこなわれたのはガーニオン城の近くであった。そのときアーサーは肩に神の母なる聖処女像を身につけ、我らが主イエス・キリストと聖母マリアの力の加護を得て、サクソン人を敗走せしめ、丸一日、彼らを追跡して大量虐殺をおこなった...12度目の戦いはこれまでになく厳しい戦いで、アーサーはベイドンの丘まで突入していった。この戦いでは、彼一人の力だけで940人が倒れた。主が彼に与えた助力以外には誰もいなかったのだ。これらの戦いのすべてにおいて、ブリトン人たちは勝利を収めたのである。

ここではアーサー王とは書かれていませんが、アーサーがブリトン軍の指揮官としてサクソン軍と戦う様子が描かれています。合計12回サクソン軍と戦い、すべての戦いに勝利したことが述べられています。特筆すべきものとしては、8回目の戦いでキリストの十字架と聖母マリア像の力を得てサクソン人を追い払ったこと、12回目の戦いではアーサーがたった一人で940人ものサクソン人を薙ぎ倒したという大活躍の記述があることです。これを読んだだけでもアーサーという人物については実在が疑われる

---

1)　ネンニウス著作説は最近では否定されている。

ような印象を与えます。すでにネンニウス自身が想像を膨らませて伝説的に記述しているように感じられます。

　以上見るように、ネンニウスによってようやくブリトン人の武人アーサーが表舞台に登場することになるのですが、ここにはマロリーの本にあるようなさまざまな物語はまだ存在しません。ネンニウスの提供した材料を拡大敷衍し、歴史から物語へ (from history to story) と変身させた人物が次に述べるジェフリー・オブ・モンマス (Geoffrey of Monmouth, 1100 ごろ–54) でした。

　ウェールズの年代記作家であるジェフリーはネンニウスから300年ほど後の1136年ごろに『ブリテン王列伝 (*Historia regum Britanniae*)』というブリテン王に関する歴史書をラテン語で書きました。おそらく尊者ベーダ (Bede, 673–735) の『英国教会史 (*Historia ecclesiastica gentum Anglorum*)』からとったと思われるブリテン島の地誌的記述で始まり、次にブリトン人の王の系譜へと話は続くのですが、その中に41章にもわたってアーサー王の話が出ているのです。この時点でネンニウスのたった20行のアーサーの話が41章分の長さに拡大されてしまったわけです。[2]

　ネンニウスが述べたアーサー王とサクソン人たちとの戦いもかなり詳しく敷衍されており、例えば、マリア像を肩につけて戦いに挑んだ様子などは次のように何倍にも長く描かれています。

　　頭には龍の形に彫られたクレストのついた金色の兜をかぶり、肩にはプリドウェンという名前の丸い盾を掲げていた。その盾には神の母である聖母マリアの似姿が描かれてあったので、アーサーはいつも聖母マリアのことを思い浮かべていたのであった。

また、アーサーがたった一人で刀と槍で940人のサクソン人を薙ぎ倒す場面も詳しく描写され、そのときに使った刀にはキャリバーン (Caliburn)、

---

[2] Jenkins (1922) はジェフリーが参考にした資料があったという。*Cf.*「少なくとも明らかだと思われるのは、セント・オールバンズには「セント・オールバンズ伝説」というべきものが書物の形で流通しており、その後、まだ史料批判精神のない12世紀中葉になって、『ブリテン王列伝』が、その伝説に話を付け加える機会を提供したということである」(p. 30)。

槍にはロン（Ron）という名前までついています。[3]

> 彼はアヴァロンの島で造られたキャリバーンという比類なき名刀を差し、ロンという名の槍が彼の右手を飾っていた。それは長く、幅広の刃を備え、殺戮に飢える槍であった。彼が刀のキャリバーンを抜き、敵陣のもっとも厚いところへ向け全速力で突進した。彼が倒した者たちはアーサーと同様に神の名前を呼んだが、一撃のもとに殺されたのである。アーサーの猛攻撃は弛むことなく、とうとう彼は自分の刀キャリバーンで470人を片づけてしまったのである。

ネンニウスではアーサーは940人のサクソン人を一人で一撃の下に薙ぎ倒したとありますが、ジェフリーでは470人と記されています。

刀や槍の名前もそうですが、ジェフリーはただ細部を増幅し拡大するだけではなく、ネンニウスにはなかったストーリーもいくつか加えています。アーサーの出生の秘密と結婚の話がその一つです。ジェフリーによれば、イングランド王ユーサーペンドラゴン（Utherpendragon）がティンタジェル公（コーンウォール公）の妃イグレーヌ（Igraine）に横恋慕し、魔法使いのマーリン（Merlin）の力を借りて彼女をティンタジェル公から寝取った結果生まれたのがアーサーということになっています。確かに、サクソン人と勇猛果敢に戦う姿が描かれる前に、アーサーが生まれていなければなりませんから、この付加された部分は当然と言えば当然なのですが、出生の話や敵対するティンタジェル公ゴーロイス（Gorlois）を殺して妃を奪う話などは歴史というよりは作り話（fiction）と言うべきでしょう。

こうして生まれたアーサーが成長し、ブリテンを昔のような威厳のある王国に立て直したところで、西暦516年に結婚したことをジェフリーは次のように描いています。

> 紆余曲折を経て最後に国全体を昔の威厳ある状態へと立て直したとき、彼はグイネヴィアという名前の女性と結婚した。彼女はローマの貴族の出で、カドール公の家で育てられた。彼女は全土のなかでももっとも美しい女性であった。

---

3) ラテン語原典では'caliburnus', 'ron'である。

アーサー王妃グイネヴィアの誕生です。こうしてネンニウスにはなかったアーサー王の出生と結婚に関する話が加えられました。

その後、アーサー王の物語はブリテン島のみならず、海をわたりゴール（フランス）に遠征し征服する話や、さらにローマにまで遠征するという広大なスケールの話に発展してゆくことになります。

アーサー王がローマに遠征する際に、ブリテンの代理統治を甥に当たるモードレッド（Mordred）に委託するのですが、そのモードレッドは機に乗じてアーサー王の王位と妃グイネヴィアを奪ってしまいます。

> 夏がやってきて、アーサーがローマ遠征の準備をし、まさに山越えをしようとし始めたときに、彼のところにニュースが飛び込んできた。アーサーがブリテンを出てくるときに、あとを託した甥のモードレッドが、みずからの頭に王冠を載せてしまったというのだ。さらに、この奸計をたくらむ専制君主は王妃グイネヴィアと姦通し、王妃は最初の結婚の誓約を破棄してしまっていた。

この話もジェフリーの加えた話です。結局、最後はアーサー王とモードレッドとの戦いになります。モードレッドはアーサー王に殺され、アーサーも致命傷を負うことになるのですが、その件をジェフリーは次のように描いています。

> われらの誉れ高き王アーサー自身致命傷を負い、傷の手当てを受けるためにアヴァロンの島へ運ばれていった。彼はブリテンの王位を、コーンウォール公カドールの息子にして、みずからの従兄弟にあたるコンスタンティンに譲った。

ここではアーサー王が死んだとは書かれていません。ただアーサー王はアヴァロンの島に運ばれてゆき、コンスタンティンに王位を継いだとだけ書かれています。この年は「主の受肉から542年目の年」でした。

このように、ジェフリーの『ブリテン王列伝』ではネンニウスにない話が加えられて、アーサーの出生から死に至るまで一つになるように描かれました。アーサー王伝説が一つの物語の形にまとまったわけです。ネンニ

ウスの部分的描写に比べると飛躍的な発展を遂げたことになります。

　しかしこれまで見たように、ジェフリーの話には「円卓の騎士」「聖杯」「宮廷風恋愛」などの話はまだ出てきません。その後どうなったのでしょうか。

III

　ジェフリーが散文で書いた『ブリテン王列伝』の話は、アングロ・ノルマンの詩人ロベール・ワース (Robert Wace) によって1155年ごろフランス語の韻文に翻訳され、『ブリュ物語 (*Roman de Brut*)』となって新たな展開を見せることになります。

　ネンニウスが描いた「サクソン人と戦うアーサー」の部分はさらに詳しくなり、刀の名前もエクスキャリバー (Excalibur) という名で登場することになります。具体的に記述を見てみましょう。

> アーサーはバースまで可能なかぎり急いでやってきた。サクソン人たちを追撃しようと決心していたからだ...彼はエクスキャリバーという名前の刀を持っていた。その剣は力強く、刃は長かった。アヴァロンの島で造られたものだ...。兜はアーサーの頭で輝いていた。鼻の部分は金、金のヘッドバンドが兜を飾り、ヘッドバンドには光る石がたくさんはめ込んである。クレストは1匹の竜の形に彫られていた。...首の辺りに盾をおき、その有り様はまさに勇敢なる闘士にして、力強き名将のごときものであった。円形の盾には聖母マリアの像が美しい色で描かれていた。聖母マリアの誉れと追慕の念のうちに、アーサーは盾に彼女の似姿を描いたのであった。そしてアーサー王の手にはロンという名前の槍が握られていた。

基本的な内容はほぼ同じなのですが、ジェフリーの記述に比べるとさらに詳しく描かれているのがわかると思います。また、アーサーが一人でサクソン人を薙ぎ倒した数も、何を根拠にしているかわかりませんが、400人に変わっています。

> その日、彼はたった一人で400人の異教徒を殺害した。彼の部下たち

のだれよりも多く敵をやっつけたのであった。

ネンニウス、ジェフリー、ワースそれぞれが異なる数字を挙げているところがこの時代の自由奔放な記述を思わせます。
　アーサーがグイネヴィアと結婚する件もジェフリーと同じですが、グイネヴィアに関する描写が倍以上の長さになり、歴史記述というよりはタイトルのとおり「物語」に変身していることがわかると思います。

　　アーサーはみずからの王国に平和をもたらし、すべての悪を正し、王国をかつての領土にまで復活させると、グイネヴィアという名前の、若々しく高貴な女性を妻にめとり、王妃とした。この娘はその顔の白きこと人並はずれ、物腰は丁寧で優美であり、ローマの貴族の家の出であった。カドールがこの女性をコーンウォール王国において、長い月日をかけ、何不自由のない状態で養ったのである。女王は、人柄、服装ともに驚くほど優美であり、まことに女王らしい態度であり、弁舌においても見事なほどに優美で闊達であった。アーサーは彼女を大事にした。彼の愛情はこの娘に見事に向けられていたからである。しかし、2人には子どもはいなかったし、世継ぎを得る可能性もなかった。

いかにグイネヴィアがきれいな女性か、いかにアーサーの妃にふさわしい資質を備えた女性であるかなどがジェフリーとは比較にならないほど微にいり細にいり描いていることがわかります。
　その後アーサーはアイルランドを征服し、さらにアイスランドまで征服してしまいます。そのため近隣諸国の王たちは脅威を感じ、アーサーに征服される前に服従を誓います。こうしてイングランドに戻ったアーサーは12年間平和な日々を過ごすことになるのですが、ここで、ネンニウスの『ブリトン人の歴史』にも、ジェフリーの『ブリテン王列伝』にも記述されていない「円卓」とその「騎士団」の話が登場することになります。[4]

---

[4]　ワースはジェフリーの本をもとにしてフランス語の詩に翻訳したが、実際はほとんど創作と言うべきもの。中世の本の書き方の特徴は、権威ある本が原典となって次々に書写され、そのたびに原典の内容に新しい内容が書き加えられることである。現代ならば剽窃にあたる行為が日常的におこなわれていたわけである。

ワースはジェフリーの『ブリテン王列伝』をフランス語の韻文に翻訳したとさきに述べましたが、原典にないストーリーを勝手に書き加えてしまったわけですから、正確には創作ということになると思います。では、どのように「円卓の騎士団」が描かれているのでしょうか。

> アーサーはある騎士にかんして一度も誉め言葉を聞いたことがなかったが、その騎士をみずからの騎士団に取りたてた...彼の館にはこういう高貴な者たちがいて、しかもその一人一人がみずからもっとも手強い闘士であると言い張り、それぞれがわれこそはもっとも賞賛に値する騎士であると主張したので、アーサーはブリトン人にはよく知られた円卓を作った。この円卓はアーサーが命じて作らせたものだが、同輩たちが席について食べようとするとき、このようにすれば椅子はみな同じ高さとなり、給仕も平等となり、同じ騎士仲間の前か後かという区別がなくなるからであった。かくして、自分が他の騎士よりも上であるとは誰も言えなくなったのである。すなわち、円卓を囲んで集った者たちはみな同じであり、アーサーの供する食事の前において特別な者はいないからである。

▲ アーサー王の円卓

アーサー王に仕える騎士たちが、座る席次で上下の差が出ないように丸いテーブルをアーサー自身が作らせたと書いてあります。角のあるテーブルでは必ず上座と末席の差が出てしまいますので、すべて平等になるようにアーサーが配慮して円卓 (the Round Table) を作ったというわけです。

こうして、ワースの『ブリュ物語』で新たに「円卓の騎士団」が加えられ、アーサー王伝説がさらに深みを増すことになりました。

この後ローマ皇帝ルーシアス

(Lucius) の軍との戦いの場面へと徐々に展開してゆくのですが、遠征に際してアーサーがブリテンの代理統治と王妃グイネヴィアの世話を甥のモードレッドに委ねたことは、ジェフリーのところですでに見たとおりです。ワースはこの場面を次のように描いています。

> アーサーはみずからの王国と妻であるグイネヴィアとを逞しい騎士である甥のモードレッドに託した。モードレッドをこよなく愛していたからである。モードレッドは高貴な出自で、数々の美徳を備えた男であったが、誠実な男ではなかった。彼は身内のグイネヴィアに夢中となったが、そのような愛は王妃になんら栄誉をもたらすものではなかった。モードレッドは自分の愛情を隠していた...自分が叔父の奥方に恋慕しているなどとだれが考えようか。

ジェフリーはモードレッドを単に「奸計をたくらむ専制君主」とだけしか形容していませんが、ワースは「高貴な出自で、数々の美徳を備えた男であったが、誠実な男ではなかった」と人間描写が柔らかくなっているうえに、グイネヴィアに対する想いも直接的には表現されず含みのある描き方をしています。しかし、アーサーがブリテンを離れている間にモードレッドが自分の思うままに国を牛耳り、さらにアーサーの妻グイネヴィアを寝取ってしまう場面では、ワースは「この大罪に飽くことなく、彼はさらに邪悪な悪行をおこなった」と述べ、キリスト教的罪の意識を盛り込んでいます。

> キリスト教の掟に背いて、彼は王の妻を自分のものとした。叔父の妻にして王妃である彼女を妻とし、配偶者としたのである。この知らせはアーサーへ伝えられた。アーサーは、モードレッドがいささかも王への忠義を守らず、王妃をだまして奪い取ったうえに、アーサーには何の義務も果たしていないことを確信した。

アーサーはブリテンに戻ってモードレッドと対決することになりますが、彼の最後の場面がどのように描かれているかジェフリーと比較してみましょう。

モードレッドもまた、戦争のさなか、大部分の部下とともに戦死した。また、同日、アーサーの騎士団の花、最良にしてもっとも屈強の部下たちも戦死したのである。まさに年代記の語るように、アーサー自身も致命傷を負った。彼は怪我の治療のためにアヴァロンへと移送された。アーサーはいまもアヴァロンにいて、ブリトン人たちはいまもアーサーを待ち望んでいる。アーサーはアヴァロンから戻り、復活するとブリトン人たちは思っているからである。

ジェフリーは「アーサー王は致命傷を負いながらもアヴァロンに運ばれ、傷の手当てを受けている」と簡単に描いていますが、ワースは「アーサー王はいまもアヴァロンにいていつか必ずブリテン王として戻ってくる」と含みのある表現を書き加え、永遠のアーサー王というイメージを作り上げました。[5]

IV

ワースによってジェフリーの「アーサー王」はフランスに渡りましたが、今度はそのワースの『ブリュ物語』をもとにして、イングランドのラハモン (Laʒamon) が13世紀の初めに再び英語の韻文で「アーサー王」をイングランドに連れ戻すことになります。これが『ブルート (The Brut)』として知られる作品です。幸いラハモン自身が『ブルート』を書いた経緯を作品の中で述べていますので、参照してみたいと思います。

> ラハモンは国中を隅々まで旅行して、模範になるようなすばらしい本を蒐集した。彼は尊者ベーダが書いた本を選び、またイングランドにキリスト教を伝えた聖アルビヌスと聖アウグスティヌスのラテン語の本を選んだ。そして、3冊目の本として選び出し、さきの2冊の本とともに並べたのは、すぐれた書き手であるフランス人聖職者ワースが執筆し、偉大なる王ヘンリー2世の王妃である気高きエレノア妃に献上した本であった。

---

[5] アーサー王が再び王として戻ってくるという話は、テューダー朝、ステュワート朝において王家の正統性を主張するための論拠とされた。第10章参照。

そして、「これらの本を並べて楽しみながら読んでから、羽ペンを手に取り、もっとも信頼できる記述を羊皮紙にまとめて一冊の本にした」と続けています。このことから、何冊かの本を参考にしたように思われますが、実際はほとんどワースの『ブリュ物語』が種本になったようです。[6]

全体のストーリーはワースとほとんど変わりません。父王ユーサーペンドラゴンが殺されてから、アーサーは侵略を続けるサクソン人たちを相手に勇敢な戦いを挑みます。そして、ブリテンを以前のような平和な国にしてからグイネヴィアと結婚するという流れはこれまでと同じです。そのあと、ワースが書き加えた「円卓の騎士」の話が続き、さらにヨーロッパ遠征の話へと発展してゆきます。その間ブリテンは繁栄し、アーサー王はさらにローマ皇帝ルーシアスとの戦いに備えることになります。モン・サン・ミッシェルでアーサーが巨人と戦う場面の描写も含まれています。最後はアーサー王伝説を伝説たらしめているモードレッドとの戦いで終わりますが、この部分がどのように締めくくられているか見ることにしましょう。

　　ここにモードレッドは刀によって打ち倒されて命を落とした。従者たちもみなこの戦いで殺された。身分の高い者も低い者も、アーサーの勇敢な臣下たちもみな戦死し、アーサーの円卓の騎士であるブリトン人たちや、たくさんの王国から駆けつけたアーサーの息子たちも亡くなった。アーサー自身も大きな槍で瀕死の重傷を負い、その傷は15ヵ所にも及んだ。

モードレッド軍は全滅し、アーサー王の勇猛果敢な家来たちも円卓の騎士もみな殺されてしまい、アーサー王自身も15ヵ所もの傷を受けて瀕死の状態となります。生き残ったのはアーサー王と2人の騎士だけでした。そこにコーンウォール伯カドールの息子コンスタンティンがやってきて、アーサーから王位を委譲され、王国の統治を任されることになります。[7] アーサーはアヴァロンにいる妖精の女王アルガンテ (Argante) のもとに赴

---

6) Barron and Weinberg (1989) p. x.
7) ジェフリーの『ブリテン王列伝』ではカドールはコーンウォール公となっている。コーンウォール伯となったのはワースの『ブリュ物語』からである。

き傷を癒してまた戻ってくると言い残して去っていきます。この部分がどのように変化しているか、ジェフリーの『ブリテン王列伝』、ワースの『ブリュ物語』、そしてラハモンの『ブルート』における記述を比較してもう一度確認してみます。

> アーサー自身致命傷を負い、傷の手当てを受けるためにアヴァロンの島へ運ばれていった。彼はブリテンの王位を、コーンウォール公カドールの息子にして、みずからの従兄弟にあたるコンスタンティンに譲った。(ジェフリー・オブ・モンマス)

> アーサー自身も致命傷を負った。彼は怪我の治療のためにアヴァロンへと移送された。アーサーはいまもアヴァロンにいて、ブリトン人たちはいまもアーサーを待ち望んでいる。アーサーはアヴァロンから戻り、復活するとブリトン人たちは思っているからである。…アーサーは自分が戻ってくるまでは、王国を彼(＝コンスタンティン)が王として治めるようにと命令した。そして伯はその王国を治めた。(ロベール・ワース)

> わたしはアヴァロンの島へ、そして女性のなかでもっとも愛らしく、もっとも美しいアルガンテ妃の元へ行こう。アルガンテはわたしの傷を癒してくれるだろうし、薬でもってわたしを健康な体にしてくれるであろう。そのあとで、わたしは王国へ戻って、ブリトン人たちとともに満足のうちに暮らそう。(ラハモン)

ラハモンではアーサー王の死の場面がいかにも物語風に脚色され、偉大なアーサー王にふさわしい内容になっていることがわかると思います。ラハモンは最後にマーリンの予言を引いてアーサー王が永遠のブリトン王であり、再びイングランドに戻ってくることを強調して語りを締めくくっています。

> それからマーリンがその昔予言したとおり、アーサーの逝去という比類なき悲しみがやってきたのであった。それでも、ブリトン人たちは

アーサーはまだ生きていて、アヴァロンの島で絶世の美女とともに暮らしていると信じているし、また、アーサーが再び戻ってくる時を待っているのである。...しかし、昔マーリンという本当の予言をする透視者がいて、アーサーという人間が必ず戻ってきてイングランドの人々を助けることになるという予言をしたのであった。[8]

　ネンニウスに始まって、ジェフリー・オブ・モンマス、ロベール・ワース、ラハモンと見てきました。アーサー王が生まれて死を迎えるまでの内容が、平板な記述から複雑な構造と物語性を備えたストーリーへと発展する様子を具体的に確認することができたのではないでしょうか。しかし、ここまでの話はあくまでもアーサー王の生涯を中心とした話に終始しており、ロマンス的要素はほとんど見られません。言い換えれば、記述内容の真偽の程は別として、どの作品を見ても歴史記述という意識が強いのです。ブリテンの歴史における「実在の王としてのアーサー」を描いているという意識が働いているため、例えば、ワースが「円卓の騎士」を書き加えたのも、アーサー王の偉大さ、公明正大さを強調する手段として書かれているだけで、マロリーの『アーサー王の死』に見るような宮廷風恋愛や冒険などの心理描写を加えた物語りなどはありません。

　アーサー王の物語を今日知られているような宮廷ロマンスに発展させる材料を提供したのがフランスの物語作家クレティアン・ド・トロワ (Chrétien de Troyes, 活躍時期 1150-90) でした。彼は同時代的に読まれていたジェフリーの『ブリテン王列伝』やワースの『ブリュ物語』あるいは直接吟遊詩人たちから聞いた話をもとにして、アーサー王の円卓の騎士たちを中心としたロマンスを書きました。これがいわゆる騎士道と宮廷風恋愛の物語が広まる原因となったと言われています。彼はランスロットと王妃グイネヴィアの恋愛を扱った『荷車の騎士 (*The Knight of the Cart*)』や聖杯探求の物語『聖杯物語 (*The Story of the Grail*)』など5編の物語を書いています。明らかにクレティアンは、これまで述べてきたアーサー王を主人公とした「征服と支配」の軍記的物語とは違って、アーサー王の宮

---

8) 実はこの最後の部分の内容が近代期以降になってテューダー王家とステュワート王家が正統性を主張する一つの要因になっている。ラハモンの原典では An Arður sculde ȝete cum Anglen to fulste (14,297 行) となっている。

廷に仕える円卓の騎士たちを主人公とした独立した物語を書きました。しかもそれまで背景としてしか描かれていなかった細部までも拡大して描いているのです。

　こうして、ジェフリー、ワース、ラハモンが描いたアーサー王の活躍を中心とした物語群とクレティアンに始まるアーサー王の宮廷と円卓の騎士たちを中心としたロマンス群との２つの流れが出現することになりました。これら２つの流れを最終的にまとめて一つの大河に仕上げたのがサー・トマス・マロリーなのです。マロリーは謎の多い人物で、騎士でありながら獄中で作品を書いたと言われています。そして、イングランドに初めて印刷術を導入したウィリアム・カクストンが、彼の死後15年たった1485年に、この物語に『アーサー王の死』というタイトルをつけて印刷出版したということは冒頭で述べたとおりです。[9] この本のおかげで今日に伝わるようなアーサー王ロマンスがあるのです。

　ところが、カクストンがこの本を印刷出版した同じ年にテューダー王朝が誕生します。薔薇戦争を終結させイングランド王となったヘンリー７世はウェールズに起源をもつみずからの家系をアーサー王の系譜に結びつけることで王家の正統性を強化しようとします。長男にアーサーという名をつけていることからも動機を推測することができます。夭折した兄アーサーに代わって1509年に王位についたヘンリー８世もアーサー王が征服したとされる大陸の領土の保有権をアーサー王の子孫として主張しています。こうして、イングランドではアーサー王伝説は政治的に都合よく利用され、アーサー王という名前だけが独り歩きするようになってゆきますが、この話は第10章で詳しく述べたいと思います。

---

9) カクストンはアーサー王を歴史上の「9賢者 (the Nine Worthy)」の一人と認め、出版することにしたと「序文」で述べているが、実在しない伝説上の人物と考えていたようである。'. . . I answerd / that dyuers men holde oppynyon / that there was no suche Arthur / and that alle suche bookes as been maad of hym / ben but fayned and fables / by cause that somme cronycles make of hym no mencyon ne remembre hym noo thynge ne of his knyghtes . . .' (アーサー王などは存在しない、年代記によっては彼や彼の騎士団について何も言及していないのだから彼について書かれた本は作り話にすぎないという意見をさまざまな人から聞いたと私は反論した) (Crotch [1973] p. 92)

第 7 章

英語翻訳聖書：政治的策謀の歴史

　英語史では、大陸に住んでいたアングル、サクソン、ジュートというゲルマン部族がブリテン島にやってきた西暦 449 年をもって英語という言語が誕生したとしています。大陸にいたこれらの部族がブリテン島にやってきて定住するようになったころ、キリスト教にとって彼らはまだ土着の神々を信仰する異教徒にすぎませんでした。しかし、西暦 597 年には大教皇グレゴリウス 1 世の命を帯びた聖アウグスティヌスと 40 人の修道士たちが、この異教の部族をキリスト教に改宗させるためにローマからやってきます。こうしてイングランドの諸部族は徐々にキリスト教に改宗してゆくことになります。以下では、キリスト教の聖書がイングランドにおいてどのように英語に翻訳されてきたのかという点を中心に 17 世紀の『欽定訳英語聖書』まで簡単に辿ってみようと思います。

　アウグスティヌスがその教えの中心として、ローマから携えてきた聖書が『ウルガータ (Vulgata)』と呼ばれる聖書でした。この聖書はラテン教父のひとり聖ヒエロニムス (346-420) がヘブライ語からラテン語に訳したり、ギリシャ語やラテン語で書かれたいろいろな写本 (codex) を参考にして、一つにまとめあげたものと言われています。以後、アングロ・サクソン・イングランドを含めて西欧では、この聖書が中世全期をつうじてローマ・カトリック教会の教義と権威を

▲『ウルガータ聖書』

代表する聖書として扱われてゆくことになります。

　アングロ・サクソン人たちはもともと口承文化に根ざした民族でした。ですから、彼らはやがて自分たちの母語である古英語で語られる詩や説教のなかに聖書の教えを取り込むようになります。例えば、イングランド最初の歴史家と言われる尊者ベーダは『英国教会史』という本で、詩を吟じることが不得手なキャドモン（Cædmon）という修道士が、夢でみたお告げのとおりにやってみると、「万物創造のはじまり」を詩に作り歌うことができるようになったという話を書いています。他にも「キリスト」や「十字架」など聖書に関わるメッセージをテーマとして扱った古英語の頭韻詩もたくさん残っています。

　バイキングと戦って国を滅亡から救ったというアルフレッド大王も、『旧約聖書』の「詩篇」や『牧者の心得』という作品をみずから実際に古英語に翻訳していますし、10世紀末から11世紀ごろには、アルフリッチやウルフスタン（Wulfstan）というお坊さんたちは古英語でたくさんの説教集を書き残しています。これらの説教集はすべて聖書の内容を口頭で理解できるようにわかりやすく解説したものですが、大切な部分には権威としてのラテン語聖典からの引用を直接ちりばめ、そのあとに古英語で意味を解説している部分もあるのです。さらに、アルフリッチはパトロンと呼ばれる貴族たちのために『旧約聖書』の一部分を古英語に翻訳する仕事もしました。

　また、アングロ・サクソン・イングランドでは、「詩篇」のラテン語を

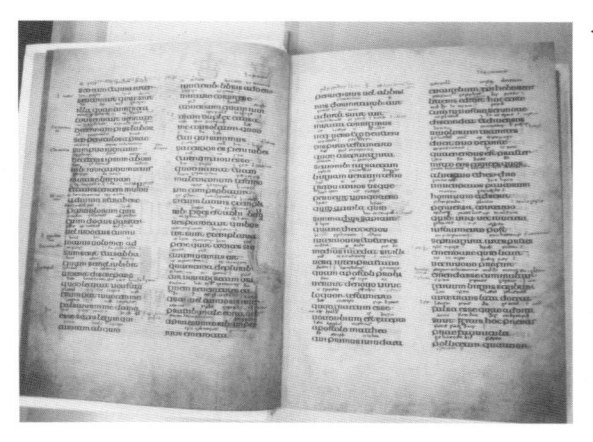

◀ 行間注のついた『リンディスファーン聖書』

古英語で説明する注解書(行間注といって簡単な辞書のような書き込み)がたくさん作られました。これは翻訳の発達ばかりではなく、辞書の発達という観点からも非常に興味のあるところです。そして 11 世紀ごろになると、「マタイ」「マルコ」「ルカ」「ヨハネ」などの福音書も古英語に翻訳されるようになります。当時の「標準書き言葉 (literary standard)」であるウェスト・サクソン方言で書かれた写本がいくつか現存していますが、面白いことにこれらの福音書翻訳のもとになったラテン語の原典は『ウルガータ聖書』そのものではないと言われています。『ウルガータ聖書』が西ヨーロッパで絶対的な権威をもっていたことを考えれば、なんとも不思議な気がします。これまでの研究では、シャルルマーニュに仕えたアングロ・サクソン人の神学者アルクイン (Alcuin, 730 ごろ–804 ごろ) が改訂したとされる『ウルガータ聖書』とアイルランド系の聖書の混じったものが翻訳のもとになっているようです。いずれにしても、基本に置かれていたものが『ウルガータ聖書』であることには違いありません。このように、アングロ・サクソン・イングランドではラテン語の聖書を自国語 (vernacular と言います) に翻訳する作業が盛んにおこなわれていたことはこれではっきりとわかると思います。

　少し脱線をします。現代の聖書を見ると『新約』と『旧約』が一つになっていますね。内容を見ると、『新約聖書』は 4 つの「福音書」、「使徒行伝」などあわせて 27 の文書で構成されており、『旧約聖書』はもともとのヘブライ語原典では 25 書、ギリシャ語訳では 39 書から成っていることがわかります。現代英語訳の聖書や日本語訳の聖書はだいたい『新約』が 25 書、『旧約』が 39 書で構成されています。ですから、聖書の翻訳というと『新約聖書』でも『旧約聖書』でも常に全体が一つとして翻訳されてきたのだろうと錯覚しがちです。しかし、さきに見たように、アングロ・サクソン・イングランドでの聖書翻訳は全体をまるごと翻訳することはなく、「福音書」や「詩篇」あるいは「創世記」などを解題のような形で断片的に翻訳していただけなのです。そして、そのおおもとになっていたのが先ほどのラテン語訳の『ウルガータ聖書』だったわけです。

　ついでですから、さらにもう 1 点補足をしておきましょう。『旧約聖書』はもともとヘブライ語で書かれたということはご存知でしょう。『新約聖書』がギリシャ語、しかもコイネー ($κοινη$) と言われる、広い地域で用い

られていた標準的ギリシャ語で書かれたという事実はどうでしょうか？イエスとその弟子たちの言葉であるアラム語でもなく、ヘブライ語でもなく、もちろんラテン語でもありません。ギリシャ語で書かれたのです。英語訳聖書の歴史を理解するうえで、じつはこの事実が後でとても重要なポイントになります。

さて、話をもとに戻しましょう。このように、アングロ・サクソン・イングランドでは断片的ではあるものの、聖書はいろいろな形で自国語に翻訳されていたのですが、本格的な英語訳聖書が現れるのはずっと後の14世紀です。いわゆる『ウィクリフ派の聖書 (The Wycliffite Bible)』と呼ばれるものです（表紙参照）。この時代になって初めて『旧約聖書』と『新約聖書』の両方が英語に翻訳されることになります。しかし、もとの原典はやはり『ウルガータ聖書』でした。ラテン語の聖書から英語に翻訳されたわけですから、本来のヘブライ語の『旧約』やギリシャ語の『新約』から見れば「翻訳の翻訳」（重訳）ということになります。問題がありそうですね。この点については後でもう少し詳しく述べることにします。

『ウィクリフ派の聖書』はすべての人々が英語で読むことができるようにという目的で翻訳された聖書ではありましたが、その翻訳の動機が少し特殊です。確かにこの翻訳聖書にはジョン・ウィクリフ (John Wycliffe, 1330 ごろ–84) という神学者の名前が付けられていますが、彼が直接翻訳に関わっていたかどうかははっきりしません。むしろ、彼の影響を受けたニコラス・ヘレフォード (Nicholas Hereford, 1420 没) をはじめとするロラード派と呼ばれるグループが彼の同意を得て翻訳したと言われています。というのはウィクリフが抱いていた一番の関心事は聖書を翻訳して出版することではなく、ローマ・カトリック教会の現状を批判し、改革することだったからです。彼は当時のカトリック教会（特に教皇を頂点とする権力としての教会組織）の絶対的権威とその偽善に挑戦しようとしたのです。彼は神学的な主張として聖書にのみ基づく信仰に立ち返るべきであると考えていたからなのです。その意味では、彼にとって聖書の翻訳は目的ではなく結果であったということができるでしょう。

こうして『ウィクリフ派の聖書』が出現するわけですが、聖書としては非常に問題の多いものでした。これは英語が言語として語彙や綴りや文法などの点で非常に不安定で、かなり揺れ動いていたということにくわえ

て、さきほど述べたように、直接ギリシャ語やヘブライ語の原典から翻訳されたものではなく、ラテン語訳『ウルガータ聖書』から重訳されたからなのです。すなわち、ラテン語訳を原典とする以上それ自体に訳誤や誤記が存在していたために内容的に正確な翻訳がきわめて難しくなるという問題があったようです。最初の翻訳が完成するとすぐに改訂作業が開始されている事実が、翻訳上の問題がかなり深刻であったことを物語っています。

　これまで述べてきた聖書はまだ印刷術が発明されていない時代のものですから、すべて写本で世に出たものです。写本――手稿本(manuscript)とも言います――はすべて一つ一つ手で書いた本です。作り方は手本(exemplar)となる元の写本を手書きで写し取ってから、装飾などをほどこして製本するものです。時間もお金も莫大にかかりました。これでは今日のようにすべての人々がまったく同じ内容の本を読むことはできません。聖書が直接それぞれの自国語に翻訳されて万民の手に届くようになるまでにはもう少しの時間とある文化的な出来事を待たなければなりません。しかし、いずれにしても『ウィクリフ派の聖書』が、ローマ・カトリック教会の聖職者たちの占有物になっていた聖書(『ウルガータ聖書』)をだれもが直接読むことができる聖書へと近づけようとする機運を作りだしたことは間違いありません。事実、170を超える写本が今日まで残っているという事実がこの聖書がいかに大きな影響を与えたかということを裏打ちしています。[1]

　そして、そのような時の流れは着実に「翻訳聖書の時代」に向かって動いていました。15世紀になると、ドイツでグーテンベルクという人物が活字印刷術を実用化します。[2] 一つ一つ手で書き写して作られるそれまでの写本に比べて、活字印刷はまったく同じ内容の本を早く、しかも大量に生産することができます。この技術を使ってグーテンベルクは聖書を印刷出版しています。いわゆる『グーテンベルク聖書』(『42行聖書』)と呼ばれるもので、1455年にマインツで出版されました。これは翻訳ではなく、『ウルガータ聖書』を印刷したものです。本文を活字組みにして印刷して

---

1)　Bobrick (2001) p. 53.
2)　第5章、p. 58 参照。

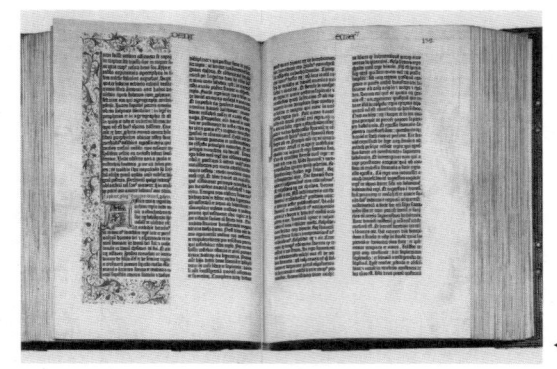

◀『グーテンベルク聖書』

から、手書きでページの周りに細密画 (miniatures) を描くという、写本と印刷本の折衷本のようなものです。活字も現在のようなローマン・タイプではなく、中世の写本の書体をそのまま使っています。写本を活字で印刷したものと言えばよいでしょうか。

まもなく、この印刷術をウィリアム・カクストンという人物がイングランドに持ち込むことになります。これでイングランドにおいても聖書翻訳の技術的な環境は整ったことになります。しかし、その前にもう一つの重要な文化の動きを確認しておかなければなりません。いわゆる人文主義 (Humanism) の運動です。その目的は、中世の神学一辺倒の世界観から離れて、ギリシャ・ローマの古典古代の言語、文学、芸術などを研究することによって人間を見つめなおし、尊厳を取り戻そうというものです。15世紀後半になるとこのような運動がイングランドでも活発になってきます。イングランドにかかわりをもつ代表的な人文主義者としては『ユートピア (*Utopia*)』(1516) を著したトマス・モア (Thomas More, 1478-1535) やオランダ人のエラスムス (Desiderius Erasmus, ?1466-1536) がいます。この2人は聖書の英語翻訳にかんして特に大きな影響を与えています。

中世ヨーロッパはラテン語の『ウルガータ聖書』の神学的な解釈を中心として動いてきました。これまで見てきたように、イングランドにおいても、アングロ・サクソン時代の断片的な福音書の翻訳やウィクリフ派の翻訳は『ウルガータ聖書』をもとにしておこなわれてきました。また、グーテンベルクが印刷した聖書も『ウルガータ聖書』であったことは前に述べたとおりです。聖書の解釈や注釈もすべてこのラテン語に訳された聖書の

内容を中心になされてきたのです。ですから、このラテン語訳の『ウルガータ聖書』はローマ・カトリック教会の権威そのものを表すような存在になっていたと言うことができるのです。

　ところが、人文主義者たちはこれまでのような神学一辺倒の解釈から離れて、文献学的な解釈——簡単に言えば、語学的な解釈——をしようとギリシャ語やヘブライ語にも注目するようになるのです。そして『新約聖書』のギリシャ語や『旧約聖書』のヘブライ語とラテン語訳の聖書を比較して、ラテン語訳の聖書である『ウルガータ聖書』にはたくさんの問題や間違いがあることを指摘します。

　例えば、エラスムスはロレンツォ・デ・ヴァッラ（Lorenzo de Valla, 1407-57）の著した『新約聖書注解 (*Annotaciones in Novum Testamentum*)』という本に触発されて、ギリシャ語のテクストとラテン語の『ウルガータ聖書』のテクストを文献学 (philology) 的に比較検討し、ギリシャ語からラテン語へ直訳した『校訂版新約聖書 (*Novum Instrumentum*)』(1515) という聖書を著します。エラスムスのこの翻訳は左側にギリシャ語、右側にラテン語を並べたパラレル・テクスト版になっているのですが、彼の翻訳の動機はギリシャ語原典とラテン語訳との意味的なずれの問題にありました。例えば、「ヨハネ伝」の冒頭にある In principio erat verbum.（初めに言葉があった）というラテン語訳の文章の verbum（「単語」「言葉」の意）はもともとのギリシャ語の意味を正確に伝えていないので sermo（「話」「対話」の意）というラテン語に置き換えるべきであるというような主張をしています。すなわち、ギリシャ語の λόγος（ロゴス）という単語はラテン語の verbum よりも意味が広いから、それをより正確に表現するには sermo という語のほうが望ましいというわけです。

　このように人文主義者たちが活動する中で、ドイツのルター（Martin

▲『校訂版新約聖書』

Luther, 1483–1546) が宗教改革の口火を切ることになります。彼はエラスムスの訳した聖書の原典であるギリシャ語のテクストをもとにしてドイツ語訳を作りました。ラテン語訳の『ウルガータ聖書』が中心となっているかぎり、聖書を読むことができる人間は限られるうえに、ギリシャ語やヘブライ語の原典との「ずれ」はわからないわけですから、教皇を頂点とするローマ・カトリック教会の絶対的な権威は揺るがないことになります。さきに述べたように、この問題にまずウィクリフがクレームをつけました。続いて人文主義者たちがギリシャ語、ヘブライ語の原典からの翻訳に語学的な道筋をつけたということになります。そして、そのような時代の流れの最先端にあったのがドイツのルターだったというわけです。彼はだれもが読んですぐに理解できる「庶民のドイツ語」に聖書を翻訳しようとしました。もとになる原典の逐語的な訳ではなく、「意味」をドイツ語でわかりやすく翻訳（正確には翻案）しようとしたのです。彼の訳した『新約聖書』は 1522 年、『旧約』を含めた全巻の翻訳は 1533 年に出版されました。

　ルターがドイツで活動していたころ、イングランドはヘンリー 8 世の世になっていました。ヘンリー 8 世は後にみずからの離婚問題でローマ・カトリック教会から離れ、英国国教会を設立することになりますが、宗教的信条の点では正統的なカトリック信者でした。事実、彼はカトリック批判を始めたルターに対して『7 秘蹟の擁護 (*Assertio Septem Sacramentorum*)』という文章を書いて、ローマ教皇から「信仰の擁護者 (Defensor fidei)」という称号までもらっているのです。

　そしてヨーロッパから宗教改革の波が打ち寄せつつあったこの時代に、ついにイングランドにも聖書をギリシャ語やヘブライ語の原典から英語に翻訳する人が現れました。ウィリアム・ティンダル (William Tyndale, 1494 ごろ–1536) という人物です。彼は人文主義者のエラスムスに大きな影響を受けました。さらにルターのドイツ語訳聖書にも影響を受

▲ ティンダル訳 (1525–26)「ルカによる福音書」

け、ギリシャ語の原典から『新約聖書』とヘブライ語から『旧約聖書』の「モーセ5書」「ヨナ書」を翻訳しています。はじめはイングランドで出版しようとしますが、ルターに対するヘンリー8世の批判的な態度や人文主義者の主張に対する国内での圧力などの政治・宗教的情勢から、国内での出版をあきらめてドイツに移ることになります。彼の翻訳は1525-26年にドイツで出版され、イングランドにたくさん逆輸入されるのですが、ルターと関わっていたこともあって焼却処分されてしまいます。しかし、これから述べるようにティンダルの翻訳は英語訳聖書に絶大な影響を与えることになるのです。

　ティンダルの英語訳聖書を人文主義者のトマス・モアは批判します。これは神学的な批判というよりも、文献学的な視点からの訳語をめぐっての批判でした。モアの立場は内容が正統なものであれば翻訳することは問題なしというものでした。[3] これは中世の聖書翻訳に対する態度とはたいへんに異なるものです。中世においては聖書を勝手に翻訳することは異端とされたからです。ですから、ティンダルの翻訳がイングランドで認められなかった原因は彼の翻訳そのものにあったのではなく、彼の人間関係にあったということが言えるのです（嫌疑の違いこそあれ、後に2人とも処刑されてしまったのは皮肉なことです）。

　ティンダルの翻訳が出てからイングランドでは聖書を英語に翻訳する機運が一気に高まりました。カヴァーデイル (Miles Coverdale, 1488-1569) はティンダルの「モーセ5書」の英語翻訳を手伝った人物ですが、1535年に聖書をトマス・クロムウェル (Thomas Cromwell, 1485ごろ-1540) の指示で翻訳出版します。これはルターのドイツ語訳とラテン語の聖書をもとにして翻訳したことになっていますが、実質的にはティンダルや1528年の新訳ラテン語聖書を利用したものでした。

　さらに2年後の1537年には『マシューの聖書 (*Matthew's Bible*)』という英語訳聖書が登場します。ところが、これは異端の嫌疑を恐れたジョン・ロジャーズ (John Rogers, 1500ごろ-55) という人物がトマス・マシュー (Thomas Matthew) というペンネームで翻訳出版したものでした。

---

3)　もっとも最終的にはモアは狂信的あるいは過激にティンダルを攻撃することになるが、敬虔すぎるほどのカトリック教徒であった彼の、時代への反抗であったのかもしれない。

しかし、この英訳聖書も『新約』と『旧約』の一部はティンダルの翻訳を使っていますし、『旧約』の残りの部分に関してもカヴァーデイルの訳を利用しているのですから、現代の視点で見れば、すべて剽窃ということになります。

　さらに2年後の1539年になると、今度はカヴァーデイルが、国王ヘンリー8世のお墨付きを得て、『マシューの聖書』を改訳することになります。これにはヘンリー8世の右腕トマス・クロムウェルの後ろ盾もありましたので、別名『クロムウェルの聖書』とも言われますが、一般には『グレート・バイブル（*The Great Bible*）』と呼ばれています。（翌年クロムウェルが失脚してしまいますので、改訂版に序文を書いたトマス・クランマー（Thomas Cranmer, 1489–1556）の名前を取って『クランマーの聖書』とも呼ばれるようになります）。この聖書はヘンリー8世がすべての教会に設置を義務づけたため、しばらくは積極的に使われることになりました。

　ところが、ヘンリー8世が1547年に亡くなり、王位を継いでプロテスタント改革を推し進めたエドワード6世（Edward VI, 在位1547-53）もわずか16歳という若さで世を去ると、イングランドは急激にカト

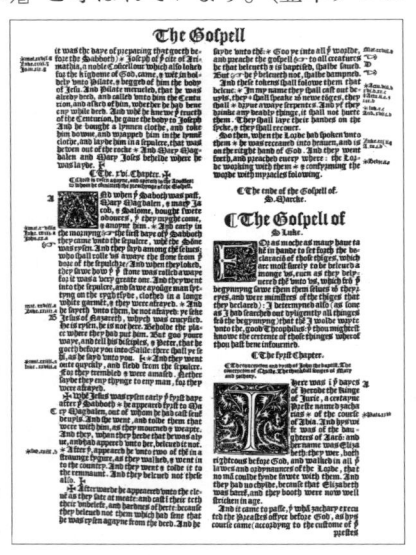

▲『グレート・バイブル』

リックに逆行してしまいます。メアリー（Mary I, 在位1553-58）が王位を継ぎ、カトリック政策を強行したのです。それでは聖書の翻訳はどうなったのでしょうか。

　この間、メアリーの弾圧を恐れて海外に逃れていた知識人たちがジュネーヴで1560年に新たな英語訳聖書を翻訳出版します。いわゆる『ジュネーヴ聖書（*The Geneva Bible*）』です。

　しかし、またも内容のほとんどがティンダルの訳を利用しているのです。この聖書の特徴は、ローマ・タイプを使って印刷しているので非常

に読みやすくなったこと、4折版サイズのため持ち運びが便利になったことなどが挙げられますが、もっとも革新的なことは初めて章・節の番号が聖書に付けられたことにあります。この聖書の影響と人気は絶大でした。後に英語訳聖書の金字塔と謳われることになる『欽定訳聖書』(1611)よりもしばらくは人気があったと言われます。事実、『欽定訳聖書』が出版されたとき、『ジュネーヴ聖書』はすでに120刷も重ねています。ちなみにティンダルの『新約』は35刷、『グレート・バイブル』は7刷でした(『ジュネーヴ聖書』は

▲『ジュネーヴ聖書』

メイフラワー号で1620年にはアメリカにも渡っていますし、シェイクスピアもこの聖書から主に引用していると言われます)。

　もう一つ海外で出版された聖書があります。聖書の翻訳に対して否定的な態度をとってきたカトリック教会側が、プロテスタントに対抗する目的で『ウルガータ聖書』から「新約」の部分を英語に翻訳し出版したのです。これはフランスのランス (Rheims) という町で完成したために『ランス新約聖書 (*The Rheims Version*)』と呼ばれているものですが、エリザベスの時代の1582年に出版されています。序文では「プロテスタントに対抗するため」「すべての英語訳聖書が間違いだらけで信用できない」と述べられていますが、むしろ『ウルガータ聖書』を翻訳したカトリック側のほうが矛盾していると思いませんか。その後かなり遅れて『旧約聖書』が1609年ごろにフランス北部のドゥエイ (Douai) で出版されます。ですから一般的に、この2つをあわせて『ランス・ドゥエイ聖書』と呼んでいます。このことは、はっきりと時代の流れがプロテスタントに向かって進んでいることを証明していますし、カトリック教会が中世全期をつうじて維持してきたラテン語聖書に基づく権威が失墜したことを示していると言う

こともできないでしょうか。

　この間のイングランドに目を向けてみましょう。メアリーが1558年に亡くなって、エリザベス1世 (Elizabeth I, 在位 1558–1603) のイングランドになっていました。まもなく、カンタベリー大主教のマシュー・パーカーが中心となって『グレート・バイブル』を改訂します。『ジュネーヴ聖書』に見られる欠陥、すなわち、ギリシャ語やヘブライ語の原典と異なっている箇所を修正することが目的であるとされていますが、これまでの翻訳の流れを見れば、これもティンダルの聖書の改版にすぎないことは明らかなことです。この聖書は1568年に出版され、翻訳改訂の作業に関わった主教たちにちなんで『主教たちの聖書 (*The Bishops' Bible*)』と呼ばれました。この聖書はほかの英語聖書よりは人気があり、1611年までに22刷を重ねました。

　このような英語翻訳の経緯があって、ようやく決定的な英語訳の聖書を作ろうという動きが出現します。背景には、これまでの聖書翻訳のほとんどが単独におこなわれたものであったために、いろいろな問題が起こってきたという認識があります。こうして、かつてトマス・モアが提案した翻訳のプロセスを実質的に実践した形となって、1611年の『欽定訳英語聖書』が誕生することになるのです。

　オックスフォード大学から識者2班、ケンブリッジ大学から識者2班そ

◀︎『欽定訳英語聖書』

してウェストミンスターから2班が選ばれてそれぞれの翻訳担当部分が割り当てられました。翻訳に当たっては『主教たちの聖書』を基本テクストとすることが条件づけられましたが、ティンダル訳、マシュー訳、カヴァーデイル訳、ジュネーヴ訳などを参照しても良いことになっていましたので、これまた基本的にはティンダルの翻訳が根底にあることがわかります。しかも、公言はされていませんが、カトリック教会が訳した『ランス新約聖書』からも部分的な表現は借用しているのです。こうして訳された翻訳案は次のステップとして国教会の聖職者たちによって詳しく吟味されました。そして、さらにいくつかのプロセスを経て、最終的に時の国王ジェームズ1世 (James I, 在位 1603–25) によって公認 (authorize) されたわけです。こうして、英語訳聖書の決定版とも言うべき『欽定訳英語聖書 (*The Authorized Version*)』が誕生したのです。これは一般的には *King James Version* として知られることになり、これでようやく翻訳競争に終止符が打たれることになります。そして、このあと、実に2世紀半以上にもわたって英語聖書の規範としてこの『欽定訳英語聖書』が使われ続けることになるのです。

　テューダー朝からステュアート朝にまたがるイングランドの英語訳聖書の歴史はまさに政治的策謀が渦巻く波乱万丈の歴史であったということができるでしょう。「事実は小説より奇なり」とはよく言ったものですね。

第8章

イングランドのアングロ・サクソン学事始

> イングランドに対する関心と昔の作家たちに対する関心とを最初に結びつけたのはジョン・リーランド、ジョン・ベイル、ジョン・ストウといったテューダー朝の好古家や地誌学者たちであった。
> (Burrow [1982] p. 122)

I

　源平の争乱を髣髴とさせる中世末期におけるイングランドの薔薇戦争 (1455–85) は本質的にはヘンリー6世をめぐる内紛に端を発していますが、ヘンリー6世がロンドン塔で殺害され、一人息子も殺害されたうえに王妃マーガレットまでもが追放されるに及んで、問題の本質はヨーク家とランカスター家による王位継承をめぐる争いへと変質しました。やがて、ヨーク家のリチャード3世が混乱に乗じて王位につきますが、ランカスター家の遠縁にあたるヘンリー・テューダー（ヘンリー7世）がボズワース (Bosworth) の戦いでリチャードを破り、テューダー王朝を確立することで30年に及ぶイングランドの内乱に終止符を打つことになります。

　こうして成立したテューダー王朝ではありますが、ブリテン島に及びはじめていたルネサンスとプロテスタンティズムに象徴されるように、中世から近代に移り変わろうとする歴史の転換期にあって、ヘンリー7世を襲った歴代のテューダー君主たちは宗教改革という時代の波に翻弄されることになります。

　本章では、アングロ・サクソンの聖職者アルフリッチ (Ælfric, 955 ごろ–1020 ごろ) の説教「過ぎ越しの日の生贄に関する説教 (Sermo de Sacrificio in Die Paschae)」を手がかりとしてテューダー朝の政治・宗教的イデオロギーを考察したあと、ヘンリー8世治下の「国王付き好古家」ジョ

ン・リーランド (John Leland, 1506 ごろ-52) と、第 1 章でも取り上げたエリザベス 1 世治下のカンタベリー大主教マシュー・パーカー (Matthew Parker, 1504-75) の行動が、それぞれ、テューダー朝における「王室の系譜的正統性」と「宗教的正統性」を捜し求めてゆく過程であったことを示そうと思います。

II

「過ぎ越しの日の生贄に関する説教」[1]はタイトルが示すように、ヘブライ(ユダヤ)人の出エジプトを記念する祭りである「過越祭」の日のための説教(イースターの説教)として書かれたものです。その内容の中心はカトリックの秘蹟の一つである「聖体の秘蹟 (Sacrament of the Altar)」に関する解説です。「聖体の秘蹟」はカトリックの秘蹟の中でももっとも重要な秘蹟の一つですが、いわゆるカトリックの 7 秘蹟は 1274 年の第 2 リヨン公会議によってようやく確立を見たものでした。また、その解釈も必ずしも歴史を通じて常に一定不変であったわけではなく、時として異端問題を生むこともありました。この「聖体の秘蹟」に関するアルフリッチの説教が、後代エリザベス 1 世が英国国教会を最終的に確立する際に、その教義上の正統性を主張するための論拠とされたわけです。では、アルフリッチは「聖体の秘蹟」をどのように解釈しているのでしょうか。

いわゆる「最後の晩餐」(「マタイによる福音書」26: 26-29,「マルコによる福音書」14: 22-26,「ルカによる福音書」22: 19-20,「コリントの信徒への手紙 1」11: 23-25) で、受難を前にしたイエスが弟子たちに述べた言葉の解釈をめぐってアルフリッチは次のように説き始めます。

> Nu smeadon gehwilce men oft. and gyt gelome smeagað. hu se hlaf þe bið of corne gegearcod and ðurh fyres hætan. mage beon awend to cristes lichaman. oððe þæt win ðe bið of manegum berium awrungen. weorðe awend þurh ænigre bletsunge to drihtnes blode; (麦から作られ、火で焼かれてできたパンがどうしてキリストの体に変わるのか、また多くのぶどうを搾って作られたぶどう酒がどうしてキリストの血に変わるのか人々はこれまで幾度となく考えてきた)[2]

---

1) アルフリッチの『カトリック説教集』(Godden [1979]) に収められている 40 編の説教の中の一つである。
2) Godden (1979) p. 152.

おそらく修行経験の浅い修道士あるいは一般の平信徒を前にしておこなわれたと考えられるこの説教では、上のような疑問が出てくるのは当然のことです。なぜパンがキリストの体となり、ぶどう酒がキリストの血に聖変化するのか。これに対するアルフリッチの答えは明快です。「キリストがパンと呼ばれるのは象徴(印)としてである。なぜならばキリストはわれわれの命だからである」。また、「キリストが子羊と呼ばれるのも無原罪だからであり、レオと呼ばれるのも悪魔に打ち勝つ強さがあったからである。しかし、キリストはパンでもなければ、子羊でもなく、レオでもないのである」。[3]

つまり、人間の感覚には外見的には形も香りもパンとぶどう酒として映るが、聖別されると信仰深い人間にとっては、内面的には別のものを語りかけているというのです。アルフリッチは、具体的な例として、洗礼を受ける異教徒の子供の例を挙げています。「異教徒の子供が洗礼を受けたとしよう。だが内面では変化があったとしても、外面的には何の変化も起こらない。その子供はアダムの犯した罪のため生来罪深きものとして洗礼盤の前につれてこられるが、内面においてすべての罪が洗い流されるからである」[4]というのです。洗礼に用いる聖水についても外見上はただの水となんら変わらないとも付け加えています。

「聖体」についても、「物理的な認識しかしなければ、はかなく移ろいやすい物体でしかないが、霊的な力を認識するならば、そこには命が存在することになり、信仰を持ってそのことを理解する者には永遠の命が与えられることになる」[5]と結論づけています。基本的にはアルフリッチによる聖体の秘蹟解釈は、実体においてキリストの体と血に変化するのではなく、あくまでも信仰に基づく霊的な意味において重要であるとするものなのです。十字架上のイエスは人である。聖体は麦であり、物体にすぎないのである。したがって、文字通りに解釈すべきではなく、信仰に基づいて、霊的に理解すべき問題であるというのが彼の基本的な解釈なのです。

---

3) *ibid.* p. 153.
4) *ibid.* p. 153.
5) *ibid.* p. 153.

III

　アルフリッチとほぼ同時代、トゥールのベレンガリウス (Berengarius, 1005-88) も同じような聖体解釈を展開していました。彼は『主の晩餐 (De coena Domini)』を書き、聖体変化は純粋に霊的なものであり、物質としてのパンとぶどう酒がキリストの体と血に置き換わることはないと主張したのです。[6] すなわち、パンとぶどう酒が感覚的・物質的にキリストの体と血液になるわけではなく、その本質は知性的・霊的な意味で理解されるべきであると説いたのです。[7] この考え方は後のローマの公会議 (1050) やパリの公会議 (1051) およびトゥールの教会会議 (1054) など数々の教会会議で排斥されました。[8] 最終的には 1059 年のローマ教会会議において、ベレンガリウスは「聖体に関するベレンガリウスの信仰宣言」を書き、「祭壇に捧げられたパンとぶどう酒は、聖別のあとに、秘蹟だけでなく、われわれの主イエズス・キリストの真の体と血であり、感覚的に、秘蹟の中だけでなく、真に司祭の手によって触れられ、割られ、信徒の歯によって嚙み砕かれるものである」[9] ことを宣言することになるのですが、これは異端的信仰の実質的な撤回です。こうして、ベレンガリウスは改悛の文書を書いただけで無罪放免になってしまいます。この点に関して H. R. ロインは次のように述べています。

　　若き日のランフランクは、トゥールのベレンガリウスが唱えた聖体におけるキリストの現存に関する理論に厳密な論陣で対抗して正統的見解を擁護したことで、学者としての名声を得たのである。もちろんベレンガリウスの理論は奇抜で結果的に受け入れられなかった。事実、当時の考え方に従えば、ベレンガリウスの考えはまさしく異端であるが、その考えに特に注目するものはほとんどいなかったのである。[10]

---

6) ノウルズ (1996) p. 56.
7) 大貫他 (編) (2002) p. 1024.
8) ジンマーマン (1974) p. 159.
9) 同上、p. 160.
10) Loyn (2000) p. 139.

このように12世紀以前のローマ教会は正統と異端に対する判断も、また秘蹟の数に対する態度もあいまいな状態だったのです。[11] ローマ教会が、明らかに異端的な思想を抱いていたベレンガリウスを無罪放免にしたのも時代の状況を反映したものと言うことができます。というのも、アルフリッチもベレンガリウスも時代が時代であったならば、完全に異端者となりえたからです。D. ノウルズもアルフリッチの「聖体の秘蹟」解釈は象徴主義者のそれであると述べています。また、後世のプロテスタンティズムの兆しとしてベレンガリウスを認めたうえで、彼はベレンガリウスは論証学的に聖体の秘蹟を否定しただけであるとして、次のようにも述べています。

> やがて来るであろう(プロテスタンティズムとの)対立の明らかな兆しは、もともとシャルトルのフルベールの弟子であったベレンガリウス(1088没)の言論に初めて現れた。近代期の神学論争の中でベレンガリウスは長い間まったく歴史にそぐわない扱いを受けていた。すなわち、何世紀にもわたって続けられてきた聖体の秘蹟論争における中世の宗教改革論者として、また、イングランドのアルフリッチと同様に、ウィクリフ、ルター、ツヴィングリーの先駆的存在としてベレンガリウスは見なされてきたのである。歴史的には、ベレンガリウスの存在意義は彼の思想——これは後代の改革主義者のそれとはかなり異なっている——にあるのではなく、信仰という神秘を論証学的に説明しようとしたことにあるのである。[12]

アルフリッチに代表されるようなアングロ・サクソン教会の教義・秘蹟の解釈は神学的解釈というよりは哲学的・論理学的な解釈であり、13世紀以降のローマ・カトリック教会の教義に照らせば異端です。ただ、さきに述べましたように、12世紀以前のローマ・カトリック教会の教義はシステマティックではなく、正統と異端の解釈もはっきりとしたものではありませんでした。ローマ教会の教義が最終的に確定を見るのは1215年の第

---

11) 堀米他 (1976) p. 191.
12) Knowles (1962) pp. 150–60.

4 ラテラノ公会議、1274 年の第 2 リヨン公会議等を経てからのことです。その間に、聖体の秘蹟に関する教義に関して、例えば、1265 年に教皇クレメンス 4 世は「聖体におけるキリストの現存」という書簡をナルボンヌの大司教マウリヌスに宛て、「主イエズス・キリストの体は本質的には祭壇上には実在せず、単に表象のもとに印として存在する...」というマウリヌスの言葉を厳に戒め、「パンとぶどう酒の形色のもとに、真に、実際に、実体的にわれわれの主イエズス・キリストの体と血が存在する」という「教会が一般に主張していること」を守らなければならないと説くようになっています。[13] このクレメンスの言葉は、1215 年の第 4 ラテラノ公会議の教令の第 1 章「カトリックの信仰について」の言葉そのものです。[14] このように、13 世紀半ばまでにはローマ教会の教義はおおむね確定していたわけです。別な言い方をすれば、アングロ・サクソン教会の教義解釈（特に、聖体の秘蹟の解釈）については 13 世紀以降のローマ・カトリック教会の教義解釈とはまったく異質のものであったということができます。そして、テューダー朝の君主たちは、一方ではこのアングロ・サクソン教会に宗教の正統性を求め、また他方では、アングロ・サクソン以前のケルト・ブリトンの時代にまで遡って王室の連続性を求めることになるわけです。

IV

　ヘンリー 8 世はみずからの離婚問題を契機に首長令 (The Act of Supremacy, 1534) を発して、イングランドをローマ・カトリック教会から分離・独立させ、英国国教会 (the Church of England) を設立しました。もちろん、この改革の主たる目的は政治的なものであり、神学的なものではありませんでした。この間、ヘンリー 8 世はイングランドの修道院解散をおこない、聖職者の特権剥奪や修道院資産の没収をおこなっています。しかし、改革教会（英国国教会）の教義に関してはまったく旧態依然であり、ローマ・カトリック教会の教義となんら変わるところはありませんでした。実際、ヘンリー 8 世は、一般にイングランド宗教改革の祖と言われる

---

13)　ジンマーマン (1974) p. 197.
14)　同上、p. 185.

反面、プロテスタント改革者たちの教義を受け入れることはありませんでした。あくまでも彼はローマ・カトリックの教義を遵守し続けており、ローマ・カトリックの教義以外は異端と解釈していたのです。[15] このような状況において1536年、ヘンリー8世はさまざまな宗教論争を制御することを目的として、いわゆる「10ヵ条」を発布します。本論のテーマである「聖体の秘蹟」に関わる部分を以下に引用してみましょう。

> われわれの体の感覚をとおして目にし認知するパンとぶどう酒という形態の背後には、真に、実質的に、そして現に、われらが救世主イエス・キリストの肉体と血がまさに含まれているのだということを民が常に信ずるように司教と説教師は教え導くことを予は望むところである。[16]

まさにこれは、前節で見た第4ラテラノ公会議の教令そのものであり、いかにヘンリー8世が信仰の点では純粋なカトリック教徒であったかを如実に語るものです(さらに、1538年には、彼は当時英語に新しく翻訳されたばかりの聖書『グレート・バイブル』をすべての教会に整備するよう命令を出し、「主の祈り (Pater Noster)」、「使徒信条 (the Creed)」、「十戒 (the Ten Commandments)」を暗唱するよう義務づけています)。

したがって、ヘンリー8世がアングロ・サクソン教会の教義解釈、特にアルフリッチの説教について関心や知識があったか否かは別としても、ローマと断絶し設立されたばかりの英国国教会の教義的根拠をアングロ・サクソン教会に求めることはあり得ないことだったのです。

ヘンリー8世以来幾度となく反動を繰り返してきた英国国教会を実質的な意味で最終的に確立するためには、イングランドの宗教の歴史にはローマとは異なるはっきりとした独自の教義が存在していたことを証明しなければなりませんでした。エリザベス1世のもとでこの問題に取り組んだのが、当時のカンタベリー大主教マシュー・パーカーでした。

---

15) Byrne (1936) pp. 236-40.
16) *ibid.* p. 240.

V

　パーカーは修道院解散を契機に散逸の危機にあった古典古代の本や写本などの史料を手元に集め、古代の歴史や実録を調査しました。それはイングランドの教会が時代によってどのような状態にあったのかを克明に調べるためでした。1556年ごろに出版した『古代の証言』という本の序文の中で、彼はその動機を次のように説明しています。

▲ マシュー・パーカー

　　そのような説教の本はいまだ目にすることができる。一部は修道院解散のときに修道院から持ち出された個人の所有物として、また一部はウースター、ヘレフォード、エクセターなどの聖堂教会の図書館に保存されている。このような場所から、さまざまな本がカンタベリー大主教のもとに集められた。大主教は歴史の中でイングランドの教会がどのような状態にあったのかを知るために、古の記録や歴史書を丹念に探した結果、ここに公刊する事実が明らかとなったのである。[17]

マシュー・パーカーは英国国教会の問題に決着をつけるために、イングランドにおける教会の歴史をくまなく調査しました。その結果、「聖体の秘蹟」に関して、自分たちの主張を裏打ちするような記述がアングロ・サクソン教会の説教集にあることを発見するのです。

　　ノルマン征服以前のサクソン人たちの時代に、この問題（聖体の秘蹟）に関して聖職者が下した判断が明確に示されている古代の証言をここに公刊するしだいである。[18]

---

17) Parker (1566) pp. 2–3.
18) *ibid*. pp. 2–3.

パーカーはエリザベス1世のもとで確立すべき英国国教会の教義上の根拠をアングロ・サクソン教会に発見しました。そして、この正統性に関する主張を万人に認めさせるためには、アルフリッチの「説教」の内容を単に説明するのではなく、アングロ・サクソン時代の古英語で書かれた文章をそのまま翻刻して出版することがもっとも効果的な手段であると判断したのです。

第1章で述べたように、こうしてパーカーは『古代の証言』を出版し、それに基づいて、イングランドが帰依してきたローマの教会（特に13世紀以降のローマ・カトリック教会の教義）こそが異端であり、ノルマン・コンクエスト以前のアングロ・サクソン教会こそがイングランドが踏襲すべき正統な教会であると主張したのです。

▲『古代の証言』。「麦で作られたパンとブドウで作られたワインがなぜキリストの体と血なのか」を説明した部分。左側が古英語、右がパーカーの訳。

宗教の正統性（あるいは連続性）を証明し、英国国教会の最終的な確立を目指した努力が、結果的には国学（アングロ・サクソン研究）に対する意識を生み出すことになりました。パーカーの古英語研究グループの一人で、有能なラテン学者のジョン・ジョスリン（John Jocelyn, 1529–1603）の協

力を得て、パーカーはアングロ・サクソンの文献を次々に公刊しましたが、その中には1574年に出版されたアッサー (Asser, 909没) の『アルフレッド大王伝 (*Ælfredi Regis Res Gestae*)』も含まれています。

　ほかにこの時代アングロ・サクソン研究に情熱を注いだ好古家の中には、『古代法 (*Archaionomia*)』を著したランバード (William Lambarde, 1536-1601)、古英語の福音書などの編纂をおこなったジョン・フォックス (John Foxe, 1516-87) を挙げることができますが、詳しくは別の機会に譲ります。[19]

VI

　時代は前後しますが、テューダー朝が求めたもう一つのアイデンティティ「王室の正統性」へ話題を転じてみたいと思います。ボズワースの戦いに勝って、王位を手に入れたヘンリー7世にとって、根本的な関心事はテューダー王朝の系譜的正統性を創り上げることでした。長男の名前がアーサー王伝説のブリトン王アーサーと同じであることからもわかるように、ウェールズに系譜的ルーツをもつテューダー家においては、（伝説的）アーサー王とのつながりを何らかの形で示すことは政治的な保障として必要なものでした（逆に言えば、大陸から侵入してきたアングロ・サクソンの王室と系譜的に同調することは矛盾することであったとも言えます）。レーラーはこの点に関して次のように述べています。

> 1486年に王子アーサーが誕生したことで、ヘンリー7世の治世の正統性をさらに揺るぎないものにすることに政治的エネルギーや詩的エネルギーが費やされることになった。王子の誕生を祝福するため、また血統よりも武力で築き上げた王朝の後継を正当化するために、ヘンリー7世は桂冠詩人にアーサー王子を賞賛する詩を作らせた。アーサー王子の誕生は、歴史に残るアーサー王の栄光とテューダー家が古代ブリトンの流れにつながりをもつとするヘンリーの主張と整合する中で、ブリトン起源の神話形成というよりはイデオロギーの古典化という役割に使われることになった。[20]

---

19) 小野 (2003) p. 184.
20) Lerer in Wallace (1999) p. 736.

しかし、期待された長男アーサーはアラゴンのキャサリン（Katherine of Aragon, 1485-1536）と結婚後まもなく 16 歳という若さで夭折し、弟のヘンリーが兄嫁のキャサリンと結婚することになります。こうしてヘンリー 8 世はアーサーに代わってテューダー家を継いだわけですが、後に彼自身の世継ぎの問題からキャサリン王妃との離婚問題が発生します。そしてそれがテューダー朝イングランドにおける宗教改革の引き金となってゆくのです。

このように公的にも私的にも混乱した状況にある中で、ヘンリー 8 世は政治的な動機から修道院を解散することになります。このとき、その文化遺産の保護をにらんで、彼はジョン・リーランド（John Leland）を「国王付き好古家（King's Antiquary）」に任命し、全国の修道院、学寮の書庫・図書館の調査を命ずるのですが、その背後にはテューダー家の系譜を史料的に裏づけ、王家としてのテューダー家の正統性を内外に知らしめようとする目的がありました。

ジョン・リーランドはセント・ポールズ校（St. Paul's School）で教育を受け、わずか 16 歳でケンブリッジ大学のクライスト・コレッジ（Christ's College）で学士号をとりました。その後、オックスフォード大学のオール・ソウルズ・コレッジ（All Souls College）で学んでから、さらにパリ大学で勉学を続けた後、ラテン語、ギリシャ語はもちろんのこと、フランス語、スペイン語、イタリア語、その他数多くのゲルマン語を習得して帰国しています。[21] その直後の 1533 年に前述の「国王付き好古家」に任命されたのです。そのときの様子を、ジョン・ベイル（John Bale, 1495-1563）は次のように述べています。

▲ ジョン・リーランド

21）　Leslie and Lee (1908-09)

ヘンリー8世はリーランドの天性の好みを見抜いていただけではなく、どの国においてももっともすばらしい美点である国家の旧事古書を保存するために、実際その天賦の才能をとことん追求するよう挑発したのである。そして、1533年、ヘンリーは、邪悪な営みのために神が定めた解散によりすべてが失われる前に、王国の修道院、尼僧院、コレッジの図書館を調査する全権をリーランドに与えたのである。[22]

リーランドは政治的な人間ではなく、古典古代の学問に対して純粋な情熱と並外れた能力をもつ学徒であることをヘンリー8世は見抜いていました。そして調査の権限と職権をみずから彼に与えたのでした。事実、翌年の1534年から1543年までのおよそ9年間、彼は全国の修道院やコレッジの図書館をくまなく調査して回り、克明な記録にまとめています。

調査の旅から戻った翌年の1544年に、リーランドは『もっとも有名なブリテン王アーサーの主張 (*Assertio Inclytissimi Arturii, regis Britanniae*)』を著していますが、これはまさしくイングランドの王家の起源が、ギルダス (Gildas, ?516–?70) やベーダ (Bede, 673ごろ–735) の歴史記述からもれた、アングロ・サクソン人侵入以前のブリトンにまで遡ることを示そうとするものでした。小林 (2001) によれば、それは「主権国家としてのイングランドの威信を高めるような過去の再構築を目指したもの」[23] ということになりますが、もっと直接的に言えばテューダー王家にふさわしい王室のアイデンティティを主張し確立するための努力にほかなりません。熱烈にヘンリー8世を慕うリーランドにとって、イングランドの原初、すなわち、ブリトンのアーサー王まで王室の歴史を遡って証明することは最大の関心事でした。その情報を彼はジェフリー・オブ・モンマスの『ブリテン王列伝』に求めたのでした。[24] そして、スティーヴン王 (1097ごろ–1154) の後を襲ったヘンリー2世 (1133–89) がアーサー王の実在を信じて系譜をたどろうとしたように、リーランドもヘンリー8世に同じような姿を重ね合わせていたのでした。ヘンリー2世が酒宴の席で吟遊詩人か

---

22) Leland (1549)
23) 小林 (2001) p. 85.
24) Middleton (1925) p. 17.

らアーサー王の墓がグラストンベリー修道院に存在していることを耳にするくだりを、リーランドは次のように記述するのです。

> そのとき、ヘンリー2世はアーサーがアヴァロン(グラストンベリーと同定される)の修道院に埋葬されていることを詩人の話から知るのである。[25]

　1544年に『もっとも有名なブリテン王アーサーの主張』を著してからさらに2年後の1546年には、リーランドはほぼ9年間にわたって全国を調査旅行して集めた資料をもとにしてまとめた論文「ニュー・イヤーズ・ギフト (New Yeares Gyfte)」をヘンリー8世に献呈しています。その冒頭で彼は調査旅行を命じられたときの様子にふれ、その目的を次のように述べています。

> 自国はもちろん、他国のものも含めて、古典古代作家の作品を闇の中から生きた光の中に取り戻すこと。[26]

　これを読むと、リーランドが全国各地の修道院やコレッジで見向きもされずに埃をかぶっているだけの古代の偉大なる文化遺産を掘り起こし、もう一度国家のために光を当てなければならないという使命感に満ち満ちていたことがわかります。献呈した「ニュー・イヤーズ・ギフト」それ自体は「全国各地の修道院やコレッジに眠る古典古代の史料や作家を発見し記録したこと、その克明な内容を膨大な数の本にまとめ上げる計画であること」などが書かれていますが、結果的にはリーランドの計画は実現されることはありませんでした。ヘンリー8世が世を去った1547年の翌年、リーランドは発狂し、5年後の1552年に世を去ってしまったからです。この記録の全体はリーランドの存命中に刊行されることはありませんでしたが、『ブリテンの事物集成 (*De Rebus Britannia Collectanea*)』6巻として1776年に公刊されました。

---

25)　*ibid*. p. 67.
26)　Leland (1549)

この間、本論のテーマであるジョン・リーランドとマシュー・パーカーをつなぐ人物が登場します。ジョン・ベイルです。彼はもともとカルメル会の修道士でしたが、1533年にプロテスタントに改宗した人物で、急進的な宗教改革論者でした。[27)] リーランド発狂後の1549年に、ベイルはリーランドの「ニュー・イヤーズ・ギフト」に序文や本文解説を加えて本として出版しました。それが『イングランドの旧事古書を捜し求めるジョン・リーランドの刻苦精励の旅 (*The Laboryouse Journey and Serche of Johan Leylande for Englandes Antiquitees*)』なのです。ベイルはリーランドが全国をくまなく歩いて調べ上げた古代の遺産や作家名を巻末にまとめ(ベイル自身も後に別刷本として古典古代の作家目録を出版しています)、プロテスタント改革を進める英国国教会のプロパガンダとして利用したのでした。

　こうして、本来、王家の系譜上の正統性を史料的に裏づけようと努力したジョン・リーランドの精神は、急進的プロテスタント改革者のジョン・ベイルによって英国国教会の正統性を求める運動に利用されることになります。ただリーランドもベイルもイングランドの文化遺産を保護しなければならないという点では一致していました。そして彼らの精神はやがてイングランドに関わる古典古代の史料とともにマシュー・パーカーに受け継がれていくことになります。こうして、これら3者のそれぞれの活動が結果的にはイングランドにおける国学 (the Anglo-Saxon Studies) の発達を促す端緒となったのです。次章ではその契機になった修道院解散の問題をもう少し詳しく考えてみたいと思います。

▲『リーランドの刻苦精励の旅』

---

27) Takeuchi (2002) pp. 1–2; (2003) pp. 1–3.

第9章

英語文化史から見た修道院解散: 写本散逸の問題

I

　1549年に出版された『イングランドの旧事古書を捜し求めるジョン・リーランドの刻苦精励の旅』という本の中で、編著者のジョン・ベイルは修道院解散の結果、多くの貴重な写本が失われたとして次のように述べています。

> これら迷信の館を払い受けた者たちの中の実に多くが、その図書館に所蔵されていた本の中から一部をトイレ用に、一部を燭台磨き用に、また一部を自分の長靴磨き用に取っておいた。また、一部は食料雑貨商や石鹸売りに売ってしまったり、外国の製本業者に売り払ってしまったものもある。しかもわずかな量ではなく、時には諸外国も驚くような船いっぱいの量の本を売却したのである。

　中世以来600年にも及ぶ長い伝統をもつカトリックの修道院が、時のイングランド王ヘンリー8世の政策によって強制的に解散させられました。そして、連綿と受け継がれてきた過去の文化遺産を含むすべての修道院資産が王家に没収され、その後換金目的で民間に払い下げられた結果、修道院図書館の貴重な本がごみ同然に処分されてしまったとベイルは嘆いているのです。[1] 聖パコミウスが323年に共住修道制を始めて以来、修道院は中

---

[1] 1540年代までには王家が手にした修道院資産の3分の2が民間に払い下げられた。

世的知性と学問の中心として重要な役割を果たしていました。なかでも、知識の伝達手段としての写本 (manuscripts) の制作は印刷術が導入されるまでほとんど独占的に修道院によっておこなわれていました。このようにして受け継がれてきた過去の文化遺産(写本)が無残にもトイレ用や靴磨き用の皮あるいは製本用の裏張りとして大量に売却処分されてしまったというわけです。金に目がくらんだ大学人やカトリック教徒 (papists) という売国奴の仕業であるともベイルは本の後半で述べています。[2]

はたしてこのようなことは本当にあったのでしょうか。本章では、この修道院解散が具体的にどのような出来事であったのか、またその目的は何であったのかを概観したうえで、修道院解散が英語文化史上どのような意味をもつ出来事だったのかということを考察してみたいと思います。

II

イングランドとウェールズには、1536年の時点で、さまざまな形態の大小修道院があわせて800以上存在しており、約1万人が観想の生活をしていました。しかし、そのわずか4年後の1540年にはすべての修道院が姿を消していました。およそ600年にわたるブリテン島の修道院の歴史がたった4年で消えてしまったのです。表面的には、この間に成立した小修道院解散法 (Act for the Dissolution of the Lesser Monasteries, 1536年) と大修道院解散法 (Act for the Dissolution of the Greater Monasteries, 1539年) のために強制的に解散に追い込まれたという理由はあるのですが、実際は一部の修道院を除きほとんどが自主的解散でした。イングランドとウェールズにあった600以上の修道院が小修道院解散法の対象となる年収200ポンド以下の小修道院でしたが、実際に解散したのは243の修道院にすぎませんでした。これは全体で見ると10分の3にすぎません。また、残りの大修道院も1539年に大修道院解散法が成立する前に実質的な明け渡しをしていますから、この法律は明け渡しを合法化するための事後的法律とも言われています。[3] こうして1540年3月のウォールサム大修道院 (Waltham Abbey) の解散をもってすべての修道院が姿を消すことに

---

2) Leland (1549)
3) Woodward (1972) p. 22.

なったのです。たとえ一国の王といえども、思いつきや気まぐれで修道院を解散させてしまうことはできません。なぜヘンリー8世の時代に修道院が解散することになったのか、その道筋を探るために、解散前夜の修道院を取り巻く状況を次に検討してみたいと思います。

1536年の小修道院解散法の前文は、年収200ポンド以下の小修道院が解散の対象となる理由を次のように述べています。

> Forasmuch as *manifest sin, vicious carnal and abominable living, is daily used and committed amongst the little and small abbeys priories and other religious houses of monks canons and nuns*, where the congregation of such religious persons is under the number of twelve persons, whereby the governors of such religious houses and their convents spoil destroy consume and utterly waste, as well their churches monasteries priories principal houses farms granges lands tenements and hereditaments, as the ornaments of their churches and their goods and chattels, to the high displeasure of Almighty God, slander of good religion and to the great infamy of the King's Highness and the realm if redress should not be had thereof; . . . so that *without such small houses be utterly suppressed and the religious persons therein committed to great and honourable monasteries of religion in this realm*, where they may be compelled to live religiously for reformation of their lives, *there can else be no reformation in this behalf . . .* [4] （修道士、聖堂参事会員、修道女の数が全体で12人以下の大小の修道院や尼僧院では、明らかに罪と呼ぶべき邪悪で肉欲にまみれた忌まわしい営みが日々おこなわれている。これらの修道院や尼僧院の院長たちは教会の装飾品、所有資産、および動産は言うに及ばず、みずからの修道院や尼僧院の建物、農地、穀倉、土地、建物や他の不動産までも私物化し、破壊し、消費し、完全に浪費している。したがって、それらを本来のあるべき姿に改めなければ、このような実態は全能の神の怒りを招き、正しき宗教を冒瀆し、国王とその王国とに不名誉をもたらすことになる。然り而して、このような小規模修道院を完全に取り潰し、そこに暮らす出家人たちをわが王国の偉大で名誉ある大修道院に移籍させ、そこでの敬虔な営みを通して彼らの生き方を改めさせる以外には改革の道なしと言わねばならない）

一言で言えば、小修道院は世俗的物欲、肉欲に汚されてしまっていて、と

---

[4] Douglas (1967) pp. 771–72.（なお、本文は現代綴りにしてある）

ても神を畏れる聖なる観想の生活など不可能だから、いっそのこと取り潰しをして、大修道院に移して霊的に更正させようという趣旨なのです。これが真実であるとすれば、まことに結構なことです。しかし、現実はどうだったのでしょうか。

中世後期から近代初期にかけてヨーロッパでは黒死病（ペスト）が繰り返し流行していました。中央アジアに始まったと言われるペストは、1348年にはイングランドにも広がり、膨大な数の人々が犠牲になりました。[5] 以後ヨーロッパではほぼ11年間隔で流行が繰り返され、1665年のイングランドでの大流行まで頻繁に発生することになります。この結果、イングランドでも国土全体の人口が激減しました。もちろん修道院も例外ではなく、修道士の数も激減し、この影響で、修道士たちの活動そのものが低下するという事態が出現していました。その結果、修道士の数に対して修道院の数が過剰になるという現象が起きていたのです。

こうして、人口的・経済的影響をまともに受けて、修道院の活動は中世盛期に比べれば格段に活気を失ってはいたのですが、小修道院では霊的生活が細々とながらも続けられ、日々の祈りもきちんとおこなわれていました。これとは対照的に、修道士の数も多く資産的にも富裕な大修道院では世俗的資産管理に関心が移り、本来の修道生活の大義が失われることも多くなっていました。特に修道院長や長老たちの生活は地域のジェントリー階級の生活となんら変わらないものになっていたようです。なかには政治的にも力をもつようになった修道院長もおり、修道院解散直前の時代には30人ほどが議会に議席をもつまでになっていました。[6] このように見てくると、さきの小修道院解散法の前文に謳われていた「肉欲にまみれ、汚れた生活を日々送っている」のは小修道院ではなく、むしろ大修道院ではなかったのかと疑いたくなります。にもかかわらず、小修道院が解散の槍玉にあがってしまったのはなぜだったのでしょうか。

---

5) イングランドの全人口の10分の1が死亡したと言われる。詳しくは、村上(1983)参照。
6) 権力・財力を持つようになったこのような大修道院では、修道院長は特別な建物に居住し、狩猟や鷹狩りを趣味とするなど、王侯貴族の生活となんら変わらない特別待遇の生活をするようになっていた。Woodward (1972) pp. 4–5.

III

　小修道院の解散には参考となる前例が存在していたのです。中世末期の1497年、イーリー司教ジョン・オールコック (John Alcock)[7] は時代の影響を受けて凋落し活力を失っていたケンブリッジ (Cambridge) の聖ラドガンド女子修道院 (St. Radegund's Nunnery) を教皇の許可を得て解散させ、[8] その建物と資産をジーザス・コレッジ (Jesus College) の創設に転用しました。

　その後、ロチェスター司教であったジョン・フィッシャー (John Fisher)[9] も2つの女子小修道院を同様のやり方で解散させ、その資産と収入をみずから創設したセント・ジョンズ・コレッジ (St. John's College) の資金に投入しました。さらに1520年代になると、ヘンリー8世の側近であり大法官 (Lord Chancellor) でもあったトマス・ウルジー (Thomas Wolsey, 1475–1530) もこれらの前例を踏襲して、27の凋落した小修道院を解散させ、故郷のイプスウィッチ (Ipswich) にグラマースクールを創設したうえに、オックスフォードにもコレッジを創設しているのです。[10] 凋落した修道院を解散し、その収入や資産を大学の創設に転用するということがすでにおこなわれていたわけです。

▲ トマス・ウルジー

　しかし、これら3者の解散劇とヘンリー8世の修道院解散との間には本質的な違いがありました。前者が関わった解散にはコレッジやグラマースクールを創設するという、それなりに正当な理由がありました。くわえて、解散させられた修道院は、霊的にも世俗的にも、ほとんど自力で運営する力をなくした修道院であったためにローマ

---

7) Woodward (1966) pp. 48–49.
8) 修道院を解散するにはローマ教皇の許可が必要であった。
9) Woodward (1966) pp. 48–49.
10) *ibid*.

教皇から解散の許可が下りていたのです。しかし後者は初めから解散によって得られる金銭的収入が目的でした。

　もともと正当な理由のない修道院解散には理由をつくる必要がありました。ちょうどそのような状況下、1527年にヘンリー8世と妻キャサリンとの間に離婚問題が発生しました。それ以来、次第にローマとの関係に亀裂が入り、1533年に「上告禁止法 (The Restraint of Appeals)」[11] が成立するにいたってローマとの絶縁が決定的になっていきます。[12] ここに、「腐敗したカトリック」の巣窟である修道院 (Superstitious Mansions) を解散させるための正当な理由をつくる余地が生まれることになったわけです。

　その計画は、ウルジーなきあと国王秘書 (King's Secretary) となり、ヘンリー8世の右腕と言われたトマス・クロムウェル (Thomas Cromwell, 1485–1540) が立案し実行することになります。実は、1520年代にウルジーが大学を創設するために27もの修道院を解散したとき、ウルジーの手先として中心的に動いていた人物がクロムウェルだったのです。こうして、クロムウェルはそのときのノウハウを活かして解散を正当化するための理由を作り上げていきます。

　過去にローマ・カトリック教会がおこなった調査で見落とされた「汚れた生活ぶりを清めるため」と称して、クロム

▲ トマス・クロムウェル

ウェルは1535年に修道院の実態調査をする視察隊 (Visitation Commissioner) を任命し、全国のすべての修道院の視察をおこないます。しかし、結果的にはほんの一部しか調査できませんでした。1535年春から1536年の冬にかけて、たった4人の視察官で南から北へと巡行してゆくのですから、初めから不可能な話です。調査することが目的ではなく、修道院を解散させるための口実を作るための視察ですから、これで十分だったのかも

---

11) これによって教皇の最高司法権が否定され、教会問題に関しても国王に最高決定権があることが定められた。

12) 浜林 (1987) p. 97.

しれません。こうして視察隊は、すべての修道院があたかも肉欲と物欲にまみれた悪の集団でもあるかのごとく、クロムウェルに対して都合の良い報告をしてゆきます。そして、これを下敷きにして、クロムウェルはさきにあげた小修道院解散法を成立させることになるわけです。その前文にもあるように、彼は年収200ポンド以下の小修道院すべてが世俗的に腐敗しきった状態にあるかのようなフィクションを捏造し、解散の理由としてすげ替えてしまうのです。

そのためには、小修道院解散法に盛られたこの理由を広く民衆に受け入れさせる必要がありました。クロムウェルはもう一つ重要な根回しをしていたのでした。すなわち、民衆の意見を反カトリックに向けるための操作をしていたのです。この点に関して G. H. クック (G. H. Cook) は次のように述べています。

> 国民に反修道院感情を醸し出すのがクロムウェルの策略であった。そのために彼は国じゅうに説教者を送り、修道士たちは偽善者であり、邪術士であり、のらくら者であるとして否定させたうえに、「修道院が解散すれば、国王は二度と税金を必要とすることはなくなる」と言明させたのである。[13]

▲ ジョン・ベイル

邪悪の巣窟である修道院を解散させてしまえば、国王は民衆から税金を取る必要がなくなると公言させて、民意を反カトリック、反修道院に染めようとしたわけです。そのようなプロパガンディストの筆頭に上がったのがジョン・ベイルでした。[14] 実は、急進的プロテスタントで過激にカトリックを批判する立場に転向していたジョン・ベイルは、その過激さのゆえに身の危険を招いたことがありました。[15] 幸いベイルの友人ジョン・リーラン

---

13) Cook (1965) p. 6.
14) 第8章、p. 113 参照。
15) Bale (1990) p. 3; Happé (1996) p. 8.

ドがクロムウェルに執り成しをしてくれるよう手紙を書いたことにくわえて、クロムウェル自身がベイルの書いたプロテスタント擁護のインタールード[16]を読んでいたこともあって、クロムウェルの計らいが成功し事なきを得たのですが、それがきっかけとなりベイルはクロムウェルのためにプロパガンディストとして協力するようになります。ですからベイルは強引に修道院解散を進めようとするクロムウェルにとっては好都合な存在であったということができます。

こうして、最終的に1540年にはすべての修道院がイングランドの地から姿を消すことになります。そして、この修道院解散により王室は莫大な金額を手にすることになるのですが、まさにこれこそが解散劇のシナリオを書いたトマス・クロムウェルの狙いでありました。すべての修道院を解散させることで得られる収入によって、深刻さを増す国内の経済インフレと大陸政策に起因する王室の財政危機を乗り切ろうとしたのです。没収した修道院資産の大半は1540年代には民間に払い下げられてしまいました。[17] 払い下げの規模は、金額にして30万ポンド、土地面積にして全国土の4分の1とも3分の1とも言われています。さらに、1534年の首長令（Act of Supremacy）によってローマと断絶し英国国教会を設立することで、10分の1税や上納金などを含めて年5万ポンドの増収になったとも言われています。[18]

IV

民間に払い下げられた修道院には中世以来受け継がれてきた文化遺産がたくさんありました。その中でももっとも重要なものが図書館の蔵書（写本）です。ジョン・ベイルはアンチ・カトリックのプロパガンディストとして精力的に活動しますが、本質的にはみずからの宗教的大義に純粋でした。ですから、修道院解散の結果、散逸の危機にあった文化遺産（特に修道院の書庫で埃をかぶっている写本）にはもっとも強い関心を抱いている一人でもありました。修道院の払い下げを受けた人間たちによってその文

---

16) Happé (1996) p. 8.
17) 残った土地や資産もエリザベス1世が亡くなるころまでにはほとんど売却されていたという。この点に関してはKnowles (1976) p. 287.
18) 浜林 (1987) pp. 102-3.

化遺産が破壊されているのではないかという危機感をベイルが抱いたとしても不思議ではありません。この点は冒頭の引用文にもはっきりと表れています。以下では、修道院解散によって王室に没収された後、民間に払い下げられた修道院図書館の本や写本が、ジョン・ベイルの言うように、ごみ同然に扱われたという記述に信憑性があるかどうか考えてみたいと思います。

　R. ハウレット (R. Howlett) は「修道院解散後の歴史的写本の大量消失説に関する考察 ('Observations on the Alleged Extensive Loss of Historical MSS. after the Dissolution of the Monasteries')」(1886) という論文の中で、本稿冒頭に示したジョン・ベイルの記述に関して次のように述べています。

> 修道院解散後に貴重な写本が海外の製本業者に大量に売却されたり、国内で仕立て屋のメジャー用に切り刻まれたり、破壊されたという話はベイルが震源地である。...歴史学者たちはベイルの記述にある写本消失を嘆き、あたかもアレクサンドリアの図書館焼失に次ぐ歴史上2番目に大規模な写本破壊事件でもあるかのごとくこれまで扱ってきた。[19]

しかし、ハウレットは過去の年代記に書かれている作家名やその作品を検証したり、リーランドの『ブリテン著作者列伝 (*De Scriptoribus Britannicis*)』などを緻密に検証した結果、記録上確認されている写本はほとんどすべてが現存しているとして、ベイルの記述は「間違い」「誇張」あるいは「故意の歪曲」のいずれかであると断定します。[20] 反カトリック的感情のためにやや偏向したベイルの記述は、歴史の中で時間の経過とともに次第に誇張の度合いが増え、あたかも稀有で貴重な古典古代の写本が大量に消失し、破壊されたかのように解釈されるようになったとハウレットは言うわけです。さらに修道院解散時に国外に流出したとされる写本の断片が19世紀末に発見されたという報告についても、それは英語の写本のも

---

19) Douglas (1967) p. 161.
20) Howlett (1886) p. 264.

のではなく、外国の本の表紙の断片であり、古典古代の作家の名前を記したものは一つもないというのです。[21] そして、もし写本が実際に失われたとすれば、修道院解散が直接の原因ではなく、所有者の不注意や火事や水害などの事故や災害によるものであると結論しています。[22] ハウレットは論理的に推論して見解を述べていますが、このテーマに関する研究は残念ながら、ほとんどありません。その意味ではハウレットの一方的な解釈でもありうるわけですので、直接ベイルが書いた史料を確認することでもう少しこの点を考えてみたいと思います。

V

エリザベス1世 (在位 1558–1603) のもとでカンタベリー大主教を務め、のちにイングランドにおけるアングロ・サクソン学発達の礎を築いたマシュー・パーカー[23]に宛てた手紙で、ベイルは修道院解散に絡む写本散逸の様子を次のように述べています。

> 昔の写本に関して申し上げれば、アイルランドに赴任中に私はたくさんの写本を所有していました。悲しむべき修道院解散のときに友人から買い求めたり、いろいろと苦労してみずから買い求めたものです。書籍商や製本業者の倉庫で見つけたもの、食料雑貨商や石鹸売り、仕立て屋や他の商人の店で見つけたもの、フランドルに向けてまさに出航しようとしている船で見つけたものもあります。不用意で軽率な当時は、図書館の本ほどすぐに商品になるものはなかったのです。... その後どうなったか閣下はご存知です。あのとき以来、メアリー女王の手下のカトリック教徒どもからすべての本を剥奪されたまま、私はアイルランドにおりました。[24]

これはベイルが『イングランドの旧事古書を捜し求めるジョン・リーラン

---

21) ハウレットの論文は英国考古学協会で 1886 年 9 月におこなった講演に基づくものである。
22) Howlett (1886) p. 268.
23) 第 8 章参照。
24) Bale (1990) p. 8.

ドの刻苦精励の旅』で述べている状況とほぼ同じです。ハウレットの言うように誇張されているかどうかは別として、ベイルがたいへん苦労して写本を入手している様子が伝わってきます。いろいろな場所を探し歩き、貴重な写本を見つけ出している件(くだり)はベイルの実際の行動なのでしょう。また、中身はともかく、たくさんの写本が船に積まれフランドルに搬出される様子も、実際に彼が目の当たりにしたことであり、このような形で本や写本がかなりたくさん売り払われていたことも事実だと思います。しかし、ベイルが所有していた写本は馬車で2台分ぐらいあったと言われていますが、すべて修道院解散がらみの流出写本を短時間で集めたものではありません。むしろ、ずっと以前から長い時間をかけて収集したものなのです。このように考えると、ベイルが上で描いている写本の消失状況は事実ではあっても、実際に処分されて流出していたものは好古家的な価値のない、本当にごみ同然の写本だったのではないかと考えられます。このことはハウレットの言うように現存する写本のカタログを確認すればだいたい裏づけることができます。すなわち、ベイルの記述が歴史という時間の中で独り歩きし、曲解と誇大解釈がされるようになったというのが真実のようです。

VI

　マシュー・パーカーにあてた手紙でベイルが嘆いていた彼自身の写本は存命中に彼のもとに還ることはありませんでした。エリザベス1世は保管していたアイルランドのセントレジャー一族に返還するように命ずるのですが、返還を待たずにベイルは63歳で亡くなります。死の数年前からカンタベリー大主教のパーカーの元で聖堂参事会員として好古家の仕事をしていたこともあり、最終的にベイルの蔵書の一部はパーカーが買い取ることになります。

　こうして、カクストン以来高まりつつあったイングランドの過去を振り返り保存しようとする意識は、修道院解散によってさらに高まりを見せることになります。G. R. エルトン（G. R. Elton）はこのような文化事件としての修道院解散を次のように総括しています。

　　　作品によっては消失してしまったものも確かにある。しかし、幸運に

も 16 世紀初頭はイングランドの過去に対する関心が高まりを見せた時代である。つまり、この関心は、王室が写本の主要な保管者である修道院やコレッジを攻撃したことが引き金となって突如湧き上がった古代の文物破壊に対する危機感から生まれたものである。[25]

時代は修道院解散へと発展し、結果的にはエルトンの言うように、ヘンリー 8 世の離婚問題はローマ・カトリック教会との断絶、英国国教会の設立へと進みました。その歴史的な流れの中で、ジョン・リーランド、ジョン・ベイル、マシュー・パーカーといった好古家たちがアングロ・サクソン(古英語)研究の発達に大きな足跡を残したことは間違いありません。英語文化史研究が始まる間接的な動機は修道院解散にあったと言えるのです。

---

25) Elton (1969) p. 191.

第 10 章

アーサー王伝説 (II)：その歴史と受容

> 今日マロリーは目を見張るような名声を享受している。
> ——ジョン・ベイル『ブリテンの主要著名作家大全』

I

ウィリアム・カクストンがトマス・マロリーの集大成した本を『アーサー王の死』として 1485 年に印刷出版したことは第 6 章ですでに述べたとおりです。ちょうど印刷術がイングランドに導入された時代ということもあり、識字率の向上に伴って新興のジェントリー階級を中心にかなりの人気を博したようです。現にカクストンが亡くなった後、弟子のウィンキン・デ・ウォード (Wynkin de Worde, ?1534 没) は 1498 年にカクストンの版に基づいて『アーサー王の死』を出版していますし、亡くなる少し前の 1529 年にも新たな版で出版しています。また、ウォードと同じ時代の印刷屋ウィリアム・コップランド (William Copland, ?1569 没) もウォードの版に基づいて『アーサー王の死』を印刷出版しています。さらにその少し後にはトマス・イースト (Thomas East, ?1540–1608) もウォードの 1529 年の版とコップランドの版に基づいて新たに『アーサー王の死』を出版していますから、16 世紀はまさに『アーサー王の死』が絶大な人気を誇った時代ということができそうです。冒頭に引用したジョン・ベイルの言葉がこのことを裏打ちしていると言えるでしょう。エリザベス 1 世の家庭教師を務めたロジャー・アスカム (Roger Ascham, 1515–68) も、死後に出版された『スクール・マスター (*The Scholemaster*)』(1570) で「『アーサー王の死』の面白みは 2 つの特異性にある。むき出しの殺戮描写と大胆な卑猥性である」と述べ、殺人と姦淫に満ちた猥褻本にすぎないと批判

し、ジェントリー階層の若い男女が競って読みふけっている様子を嘆いています。逆に言えば、いかにテューダー朝時代にマロリーが読まれたかがわかります。

その後 17 世紀に入っても、ウィリアム・スタンズビー (William Stansby, 1638 没) がイーストの版に基づいて『アーサー王の死』を出版しています。この版に「まえがき」を書いたジェイコブ・ブルーム (Jacob Bloom) は「マロリーの文章は最高の文体である」と絶賛しています。ところがスタンズビーの出版を最後に『アーサー王の死』の出版は途絶え新たに出版されるのは 19 世紀になってしまいます。1816 年にウォーカー (Walker) がスタンズビーが出版した版をもとに『アーサー王の死』を出版すると、同じ年にウィルクス (Wilkes) も新しい版を出版してアーサー王物語の人気を復活させることになります。ちなみにこれらのエディションはキーツ (John Keats)、ワーズワース (William Wordsworth)、テニソン (Alfred Tennyson)、日本の夏目漱石といった詩人や作家たちに大きな影響を与えることになりますが、この点については後半で述べたいと思います。

II

16 世紀から 17 世紀前半にかけて「マロリー」が次々に出版された背後にはどのような理由があったのでしょうか。単に金と暇をもてあましていた有産階級の趣味的活動の結果だったのでしょうか。

カクストンが『アーサー王の死』を出版した 1485 年は偶然にもヘンリー・テューダー(ヘンリー 7 世)がボズワースの戦いでリチャード 3 世を破り、王位についた年でもありました。こうして 30 年に及ぶ薔薇戦争は一応終結し、[1] ヘンリー 7 世を始祖とするテューダー王朝が始まることになります。

ヘンリー 7 世はランカスター家のマーガレット・ボーフォート (Margaret Beaufort) を母とすることから王位継承権は主張できたのですが、父方の系譜はウェールズにありました。すなわち、王位継承に関しては女系

---

1) その後ヨーク派からの武装蜂起や反乱などがしばらく続き、最終的に薔薇戦争の終結を見るのはプランタジネット家の正統な男子継承者であるクラレンスのエドワードが反逆罪で処刑される 1499 年のことである。

の系譜上にあったわけです。ですから、テューダー家の王位の正統性に関しては不安が付きまとっていたことになります。ランカスター家とヨーク家の和合を実現してみずからの王権の安定を図りたいヘンリー7世が、いかにこの正統性の問題に神経を使っていたかは、彼がすぐにヨーク家のエリザベスを妻に迎えていることからも窺い知ることができます。このような時代状況でカクストンが『アーサー王の死』を出版したわけです。

　父方の系譜がウェールズであるということはヘンリー・テューダーがブリトン人の血を引く家系の出であるということです。そこで彼はアーサー王物語に基づいて、自分がブリトンの王であるアーサー王の末裔であることを主張し、テューダー家の正統性を確定しようと努力することになります。

　マロリーが集大成し、カクストンが出版した『アーサー王の死』は、構造的には、ブリトン王の歴史を扱った年代記の要素とクレティアン・ド・トロワの描いた円卓の騎士にまつわる宮廷風恋愛や冒険の要素が融合した物語群です。このことは第6章の「アーサー王伝説(I)：その歴史と受容」で述べたとおりですが、ヘンリー7世が着目したのはアーサー王にまつわる年代記的記述の部分でした。

　アーサー王の物語を実質的に創りあげたジェフリー・オブ・モンマスの『ブリテン王列伝』ではアーサー王がモードレッドと戦い、瀕死の傷を負ってアヴァロンの島に去るところを「アーサー自身致命傷を負い、傷の手当てを受けるためにアヴァロンの島へと運ばれていった」としか書いてありませんが、カクストン版では小船に乗って現れた3人の王妃たち──アーサー王の姉のモルガン・ルフェ、ノース・ガリスの王妃、ウェスト・ランドの王妃──に運ばれてアヴァロンの島に傷を癒しに赴くところが描かれ、その後に次のような記述が加えられています。

> それでもイングランドのいろいろな所で「アーサー王は死んでおらず、主イエス・キリストのご意志で場所を移されただけだ」と言う者がいる。また「アーサー王は再び戻ってきて、すべてのキリスト教圏を支配する」と言う者もいる。

「アーサー王は再び戻ってくる」という部分はワースにも、ラハモンにも

書かれているのですが、表現は微妙に異なっています (84 頁参照)。ラハモンではアーサー王は妖精の国、すなわち異界に戻って傷を癒しているが、危急存亡のときは再びアーサー王のような王 (an Arthur) がブリテンの島に復活し、民の助けになるというわけです。しかし、マロリーはアーサーが実在の王であることを信じ、この世で死んだということを強調して、さきの引用文面に続けて次のように述べるのです。

> しかし私はアーサーはこの世で自分の命を変えたのだと言いたい。[2] 彼の墓には「過去の王にして未来の王アーサーここに眠る」という墓碑銘が刻まれていると多くの人が語っているのだから。

「アーサー王は必ずいつか戻って来てブリテンの民を統治してくれる」という過去の作家たちの記述に「過去の王にして未来の王」という墓碑銘を加えることで、マロリーはアーサー王の実在を強調し、墓石にある文言のように未来永劫にブリテン王として君臨することを願っていたのではないでしょうか。では、アーサー王はいつブリテンの島に戻ってくるのでしょうか。その前に、もう一つの「ブリテン王復活神話」を見ておきましょう。

アーサー王がアヴァロンに去るときに、彼は後継をコンスタンティンに委ねました。しかし、その後アングロ・サクソンの侵略が続きブリテン王の統治はついに終焉を迎えます。その最後の王となったのがカドワラダー (Cadwallader) です。

『英国教会史』を書いたベーダによれば、カドワラダー王はテムズ川以南の大部分を支配する大君主 (overlord) でしたが、キリスト教の洗礼を受けるために 688 年に王位を放棄してローマに向かいます。[3] 彼に何があったのか本当のところはわかりませんが、ジェフリー・オブ・モンマスは『ブリテン王列伝』の中で、カドワラダー王のことについて次のように記述しています。

---

2) 原典では 'in this world he chaunged hys liff' となっており、厳密には、この部分に関しては意味不明である。
3) Bede (1969) pp. 468-70.

カドワラダー王が出陣の準備をしていると、天使の声が雷鳴とともに彼に話しかけ、出陣を取りやめるようにと告げたのである。神は、マーリンがアーサーに予言したときが来るまで、ブリトン人がブリテン島を支配することをもはや好まれなかったからである。

大陸からの援軍を得て本格的に占領政策をとり始めたサクソン人に対して、戦いの準備を始めようとしているカドワラダー王に天使が訪れて神の啓示を伝えたのです。カドワラダーはこの啓示に従って王位を放棄し、ローマに向かうことになります。ジェフリーはさらに続けてブリトン人の未来についてこう述べています。

　　ローマでカドワラダーは贖罪をすることで、福者の仲間に入ることになるだろう。そう言って、さらに天使の声はこう加えた、「その忠誠心に対する褒美として、ひとたび予定の時が来れば、ブリトン人はいつか未来に再び島を支配することになる」と。

一度は異民族に支配されるようになるが、ブリトン人の深い信仰心が報われて、やがて定められたときが来れば再びブリトン人が王国を支配することになると神は告げます。このことから、カドワラダー王に関するジェフリーの記述は、アーサー王がこの世を去るときに「再び戻ってきてブリテンの島を統治する」というブリトン王の復活と同じような内容をさしていることがわかります。ジェフリーの記述では、この後カドワラダーは神の命に従ってローマに向かい、教皇セルギウスに洗礼を受けますが、689年に病を得て亡くなってしまいます。[4] こうしてカドワラダーは最後のブリトン王となり、以後アングロ・サクソン、ノルマンの王がブリテン島を支配することになります。

　もちろん、マロリーの『アーサー王の死』にはこの部分の記述はありませんが、ウェールズにルーツをもつテューダー家にとっては王家の正統性という問題を考えればきわめて重要で、なおかつ利用できる「史実」とい

---

4) ベーダにも、『アングロ・サクソン年代記』の688年の記述にも、カドワラダー王に対する神のお告げのことは書かれていない。おそらくジェフリーの創作であろう。

うことになります。「アーサー王は再び戻ってきて、ブリテンの王となる」という記述はテューダー家、とりわけ始祖のヘンリー7世にとっては決定的な意味をもっていたのです。社会的に大人気を博し、[5] ジェントリー階級を中心に盛んに読まれていた『アーサー王の死』ですが、テューダー王家にとっては「殺人と姦淫」の物語に関心があったのではなく、アーサー王復活という点に関心があったのです。

III

　ヘンリー7世は「アーサー王が再び戻ってくる」という記述をみずからに当てはめ、ブリテン王復活の予言は「アーサー王の末裔に当たる自分がイングランド王につくこと」を指していると考えるのです。ですから、アングロ・サクソン人、ノルマン人による支配が続いた後で、予言どおりにブリテン王の系譜に当たるヘンリー・テューダーが薔薇戦争を制して覇権を握り、王国を統治することになったのは「アーサー王が戻ってきた」のであり、「カドワラダー王に下された神の啓示を実現するもの」そのものでありました。神から選ばれた王として確たる正統性があることを主張する絶好の機会だったわけです。このことは妻エリザベスとの間にできた長男にアーサーという名を付けていることからも察することができます。こうして「アーサー王伝説」はまずヘンリー7世によって王家の正統性を裏づけるために政治的に利用されることになりました。

　ここではアーサー王の出自だけが問題にされ、マロリーの描くストーリーは背景化されてしまいます。アーサー王の歴史的事実性だけが問題となるからです。冒頭に引用したジョン・ベイルが同じ本で「マロリーのアーサー王の話は老婆の語る民話・伝説にたくさん出てくる。そのような話は歴史の真実が危うくならないうちに排除してしまう必要がある」と述べているのと同じように、明らかに神話・伝説と思われるところは排除して、自己の主張の裏打ちとして利用できそうな部分だけを利用しようという態度が理解できると思います。

---

5) pp. 126–27 参照。

IV

　後継者の長男アーサーは政略結婚でスペイン王朝アラゴン家のキャサリンと結婚しますが、16歳で亡くなってしまいます。その結果、次男のヘンリー8世がこのキャサリンと結婚をすることになるのですが、これがテューダー・イングランドにとって末代まで続く苦難の始まりとなります。[6]

　ヘンリー8世はキャサリンとの間にたくさんの子供をもうけますが、成人まで生き延びたのはメアリー(のちの女王メアリー1世)だけでした。彼はイングランドの独立を守り、大陸の列強と健全な関係を継続しながら権益を対等に主張してゆくためには、父王ヘンリー7世の政策を踏襲することが重要であることを認識していました。そこでキャサリンの甥で神聖ローマ皇帝カール5世 (Karl V, 1500-58) と娘のメアリーを政略的に結婚させることで、男子後継者のいない先行き不安定な基盤を安定させようとします。これによって男子の跡継ぎがいないテューダー王家の基盤を強化し、大陸に対する発言権を強めようとしたわけです。実際、ヘンリー8世もまた自分がモナ島 (Mona)[7] で生まれた事実を根拠として、アーサー王の末裔であり正統な王位継承者であることを主張すると同時に、アーサー王が大陸遠征で征服したとされる領土の主権をも主張しているのです。対外政策においても「アーサー王伝説」が政治的に利用されていることがわかると思います。

　メアリーとカール5世を結婚させることに失敗したヘンリー8世は、次の手段として、別の女性を王妃に迎えて男子の跡継ぎをもうけようとしたのです。そのためにはまず現王妃であるキャサリンと離婚しなくてはなりません。当時カトリック教会では離婚はできないことになっていましたが、慣例的に国王の離婚は暗黙に了解されることが多く、特別のことがないかぎりヘンリーの離婚は認められるはずでした。ローマ教皇クレメンス7世に許可を求めるだけで事が済むかに思われました。

　ところが、神聖ローマ皇帝カール5世はスペイン国王カルロス1世

---

6) 詳しくは第8章を参照。
7) Anglesey (アングルシー) の古代名。ウェールズ北西部の島。

(Carlos I) でもあり、離婚しようとしているキャサリンの甥に当たる人物で、ローマ教皇を軍事力で押さえつけるほどの強権をもっている存在だったのです。これだけ大陸の権力関係が複雑な状況で、しかもその権力の頂点にいるカール5世がヘンリーの離婚相手であるキャサリンと血縁関係にあるとなれば、ローマ教皇クレメンス7世は離婚を許可するはずがありません。

ヘンリー8世のテューダー・イングランドにとっては出口なしです。その結果、ローマ・カトリック教会との断絶となり、そのまま宗教改革のごたごたを繰り返す時代へと突入してしまうことになるのです。

V

宗教改革の時代に突入したテューダー朝は、ヘンリー8世亡き後エドワード6世 (Edward VI, 1537-53) による急進的なプロテスタント政策が進められますが、結核のためエドワードは16歳で亡くなります。その後を受けたメアリー1世 (1516-58) は反動的にローマ・カトリック教会と復縁し、強烈なプロテスタント弾圧をおこなった結果、200人以上を処刑するという恐怖の時代を招いてしまいます。ヘンリー8世の後継問題に始まりメアリー1世の反動的カトリック復帰政策にいたるテューダー朝最悪の社会的混乱の中で王位についたのがエリザベス1世 (Elizabeth I, 1533-1603) でした。

エリザベスは国と王家に混乱をもたらした先王たちの轍を踏まないために、再びアーサー王とテューダー家の系譜的連続性を主張することになります。エリザベスがメアリーの後を継いで女王につくときには、特にアーサー王とのつながりが強調されました。また、この時代にはアーサー王をテーマにした野外劇や文学作品がたくさんつくられ、アーサー王とテューダー家のつながりがとりわけ強調された時代ということができます。例えば、エドマンド・スペンサー (Edmund Spenser, 1552-99) が『妖精の女王 (*The Faerie Queene*)』(1590-96) という「妖精の女王(エリザベス)と彼女を取り巻く12人の騎士(12の美徳)の冒険を描く中世風物語詩」を書き、アーサー王伝説とエリザベスを重ね合わせてテューダー王朝の正統性を賞賛しています。ここでもアーサー王伝説が政治的に利用されていることがわかります。

エリザベスは生涯独身を通しました。世継ぎがいませんでしたから、過去に繰り返されたような王家を揺るがすような大きな混乱が生ずる可能性がありました。エリザベスの後継に関してもっとも正統性のある人物がリストアップされてゆき、さまざまな筋からこのときとばかりに候補者が上がってきます。こうして最終的に有力候補として名前の挙がったのが、時のスコットランド王ジェームズ6世 (James VI, 1566-1625) でした。ジェームズはテューダー朝の始祖ヘンリー7世の娘マーガレット・テューダーのひ孫にあたり、テューダー王朝の王位継承権がありました。ところがヘンリー8世は遺書でステュアート家がテューダー王家を継ぐことを禁じていましたから、ジェームズは自分がイングランドの王位を継ぐことはアーサー王伝説にあるマーリンの予言を実現するものであるとしてこの難局を切り抜けることになります。アーサー王の末裔を主張してきたテューダー家の血筋にあるもの同士がアーサー王を引き合いに出して権利を主張するのですから歴史とは皮肉なものです。以下にジェフリーから引用してみましょう。

> アルモニカの山は噴火し、アルモニカそのものがブリトンの王冠をいただくことになるだろう。カンブリアは喜びに満ち溢れ、コーニッシュ・オークが繁茂する。そして島はブリトンという名で呼ばれ、異邦人たちがつけた呼び名は捨て去られるであろう。

ジェームズにとってイングランド王に即位することはこの予言を完成することになることだったのです。

　アーサー王の末裔に当たり、「過去の王にして未来の王」という予言を実現するアーサー王の再来がまさにジェームズでした。こうして彼はスコットランド国王としてジェームズ6世であると同時に、イングランド王ジェームズ1世として連合王国を統治することになります。長老制 (Presbyterianism) を中心とするスコットランド教会の国王がイングランドに来るわけですから、当然イングランドの教会も改革がおこなわれるものと期待されたのですが、ジェームズ1世は逆にアーサー王の再来神話に基づいて王権神授説を掲げ、これまでの「イングランド王＝英国国教会の首長」を踏襲してしまいます。期待を寄せていたピューリタン (Puritans)

たちは国王に直訴し、1604年にいわゆる「ハンプトン・コート会議 (Hampton Court Conference)」を開くのですが、国教会側の主張に押され、実質的に何も得ることなく終わってしまいます。「主教なくして国王なし (No Bishop, No King)」という言葉はこのときのジェームズの発言であると言われています。唯一、会談の結果として得られたものといえば1611年に出版されることになる、いわゆる『欽定訳聖書』の出版が許可されたことだけでした。アーサーの再来を自認するジェームズに対するピューリタンたちの期待は外れ、やがて議会に対する期待が高まることになりますが、その結果「アーサー王」対「アルフレッド大王」の決闘が起こることになります。その前に、少し状況を整理しておきましょう。

VI

　時代はエリザベス女王のイングランドに戻ります。常に王家の正統性という点に関してはアーサー王伝説を引き合いに出してきたテューダー朝でしたが、ヘンリー8世がローマ・カトリック教会と断絶したあと、自国の教会(英国国教会)の正統性をどのように証明するかという問題がエリザベスの時代になってもまだ残っていました。この問題に終止符を打ったのがカンタベリー大主教マシュー・パーカーでした。[8] 彼はイングランドの過去の歴史を詳しく調査・研究し、英国国教会の教義を裏づける史料がノルマン人の征服以前のアングロ・サクソン時代のイングランドに存在していることを発見するのです。そして、当時の英語(古英語)を研究し、国教会の立場が一貫して正統的教義を持ち続けてきたことを証明するために『古代の証言』(1566年ごろ)という本を古英語と当時の英語翻訳のパラレル版で出版します。

　エリザベスは王家の正統性をアーサー王伝説に求める一方で、国教会の正統性をアングロ・サクソンの説教集に求めるという矛盾した行動をとったわけです。これで一応は解決したかに見えたのですが、この矛盾はさきほど述べたジェームズのステュアート朝になって噴出することになるのです。

　17世紀になるとアーサー王伝説は王党派によって支持されますが、王

---

[8] 第1章、第8章参照。

権神授説を唱えるジェームズ1世に反発する議会派はそれを拒絶します。すなわち、ブリテン王起源説ではなく、アングロ・サクソンのイングランドに関心が向く時代になったということです。その結果、国王と臣民の関係がどのような状態にあったかを調べるために、アングロ・サクソンの言語、法律、税制などの研究がおこなわれ、国王は神によって選ばれるのではなく、臣民に信託を受けて統治するものであることを主張するようになるのです。こうして歴史の事実性に対する興味が議会派の側から高まりを見せ、アーサー王伝説を最初に書いたジェフリー自身の事実認識を疑うという状況まで出現します。これはこれまでアーサー王伝説に依拠してきたテューダー、ステュアート両王朝の正統性を否定し、議会制を後押しするためにアングロ・サクソン人の制度を援用する態度です。例えば、好古家協会 (The Society of Antiquaries) を設立した好古家・歴史家のウィリアム・カムデン (William Camden, 1551-1623) は、アーサー王の話はジェフリーの捏造であるとして否定しています。[9] さきに見たように、ちょうどこの時期に『アーサー王の死』の出版が途絶えてしまうわけですが、この時代の背後には、あたかもブリトン王アーサーとアングロ・サクソン王アルフレッドが戦っているかのような状況があったわけです。

VII

アーサー王の物語が再び出版されたとき、時代はすでに19世紀になっていました。ではその間の約200年のあいだアーサー王はどうしていたのでしょうか。17世紀のピューリタン革命、王政復古期を経てようやく政治的イデオロギーから解放されたアーサー王伝説は王室から民衆へと受けつがれ、読み継がれて、18世紀ごろまでには大衆文学的読み物として定着していたようです。17世紀末頃は俗謡詩人 (Ballad-singers) たちによって都市部のみならず、いろいろな地域で「軽い低俗好みの読者たち」に本が売られていました。[10] 他にもチョーサーやシェイクスピアが俗受けする

---

9) カムデンは『史料集 (*Collections of Histories*)』(1603) を著し、アルフレッドの「序文」を印刷している。リチャード・ヴァースティガン (Richard Verstigan, 1548-1640) も『衰退した知性の回復 (*A Restitution of Decayed Intelligence*)』(1605) を書き、アングロ・サクソンの言語、習慣、法律を詳しく論じている。

10) Shepherd (2004) p. xxx.

形に改作 (transmutation) されて読まれたり、舞台で上演されたりするなど、この時代はエンターテインメントを求める中流階級が読者層を占めるようになっていたようです。[11]

18世紀から19世紀になるとサミュエル・ジョンソン (Samuel Johnson, 1709-84) や『アイヴァンホー』で有名なサー・ウォルター・スコット (Sir Walter Scott, 1771-1832) らが批評家的立場で『アーサー王の死』を捉えなおします。ジョンソンは「過去のさまざまな時代でアーサー王の物語に求めるものは違っていたが、時代を通じて好まれた書物であった」と述べています。またジョンソンと同じころ、文学史家で桂冠詩人のトマス・ウォートン (Thomas Warton, 1728-90) も『アーサー王の死』を初めて学問的に研究し、文学的評価を与えています。スコットは『ブリタニカ百科事典』に寄せた一文で『アーサー王の死』は英語散文ロマンス作品としては最高の傑作であると述べています。

VIII

これまで見てきたように、初期近代期に入ってからは政治的イデオロギーに利用されてきた『アーサー王の死』でしたが、こうして一般大衆の読み物という時代を経て、19世紀以降は学問的に評価されるようになってゆきます。そのような知的・社会的環境の中で、1816年に『アーサー王の死』が改めて出版されることになります。実に200年が経過していたことになります。この時代にはキーツ、ワーズワース、そしてテニソンらが活躍しており、『アーサー王の死』は少なからぬ影響を彼らの作品に与えたと言われています。とりわけ影響を受けた人物はヴィクトリア朝最大の詩人アルフレッド・テニソンでした。彼はアーサー王伝説をもとにして全12巻にも及ぶ長大な物語詩『国王牧歌 (*Idylls of the King*)』(1859-85) を著し、国民詩人と評されました。ちょうどヴィクトリア朝末期に英国留学をしていた夏目漱石も『アーサー王の死』の影響を受けています。彼は「幻影の盾」や「薤露行」という短編を著していますが、アーサー王伝説

---

11) ウィリアム・ダヴェナント (William D'Avenant, 1606-68) はシェイクスピアの作品を平易な英語で改作し、ジョン・ドライデン (John Dryden, 1631-1700) もチョーサーの『カンタベリー物語』を改作している。

に基づいていることをはっきりと作品の中で述べています。[12]

　20世紀にはいると中世英文学研究はイングランドにおいて本格的に開始されることになりますが、そのような中で、フランスの学者ヴィナーヴァ(Eugène Vinaver)が、1934年にウィンチェスター・コレッジで発見されたマロリーの写本を校訂し、『トマス・マロリー作品集(*The Works of Sir Thomas Malory*)』として1947年に公刊することになります。カクストンが印刷した『アーサー王の死』は別の写本に基づいており、ウィンチェスター写本のほうがマロリーの原作をはるかに忠実に保存していることが明らかとなりました。[13] 現在ではカクストン版とウィンチェスター版のマロリーがさまざまなエディションで出版され、世界中で読まれ、研究されているアーサー王伝説ですが、これまで見てきたように複雑な歴史を辿ってきたストーリーであり、国家の運命をも左右するほどの作品であったことに改めて驚きと感銘をおぼえます。

---

12)　岩波文庫『倫敦塔・幻影の盾』に所収。
13)　厨川文夫・圭子(訳)『アーサー王の死』(1986)はウィンチェスター写本に基づいたものである。

第 11 章

ジェームズ1世の『タバコ反対論』：魔女学の時代

I

　ジェームズ1世といえば英語訳聖書の決定版とも言うべき『欽定訳聖書』(1611) の翻訳出版を命じた国王として特に有名ですが、国王としてばかりではなく悪魔学者としても、また世界で最初の禁煙論者としても影響力のあった人物であることはほとんど知られていないようです。実際、イングランド王に即位する前のスコットランド王ジェームズ6世時代には、当時流行していた悪魔学の権威として『スコットランドの事件 (*News from Scotland*)』(1591) や『悪魔学 (*Daemonology*)』(1597)[1] を著していますし、当時イングランドで爆発的に流行していた「万能薬としてのタバコ信仰」に対して国王として初めて『タバコ反対論 (*A covnterblaste to Tobacco*)』(1604)[2] を出版し、タバコは「地獄の煙」であるとして批判しています。本章では特に『反対論』の内容を吟味することにより、国王であり悪魔学者でもあったジェームズ1世がタバコと当時のイングランド社会との関係をどのように見ていたのか考えてみたいと思います。

　世継を残さずに亡くなったエリザベス1世の後を継いでスコットランド

---

1) 正式なタイトルはそれぞれ、*News from Scotland, Declaring the Damnable life and death of Doctor Fian, a notable Sorcerer, who was burned at Edenbrough in Ianuary last* (1591), *Daemonologie, in Forme of a Dialogue, Diuided into three Bookes* (1597) である。
2) 以下『反対論』と略記（本文中の引用は断りがないかぎり『反対論』からのものである。なお、原本にはページ番号がなく、引用に際してはページの付記がないことをお断りする）。

王ジェームズ6世がイングランド王ジェームズ1世に即位したころ、イングランドの社会はエリザベス朝以来の経済的繁栄は衰退に転じ、経済・財政問題や国教会に関わる問題に起因する社会不安を招き、さまざまな退廃的傾向を示すようになっていました。「聖職者たちは無頓着で怠惰、貴族やジェントリーは放蕩三昧の生活に耽り、個人的な目的にしか関心を向けずに国家のことを忘れている」とジェームズ1世は序文の中で述べ、その元凶を「確かに私の考えでは、この王国に見られる喫煙という恥ずべき慣習ほど低俗で有害な国家的腐敗はありえない」と指摘しています。

▲ ジェームズ1世

このように喫煙の習慣が宮廷を中心として貴族階級、ジェントリー階級、その他あらゆる社会階層にまで蔓延していることをジェームズ1世は社会的危機という意識で捉えているわけです。そして「人体に怪我や病気が付き物のように、国家や政治にも間違いや腐敗は常に付きまとうものであるから、このような喫煙という国家の病を治すのは国王の役割である」と述べ、『反対論』執筆の目的を明らかにします。

タバコは15世紀末にコロンブスによってヨーロッパに伝えられたと言われています。その真偽のほどはともかく、確かに16世紀半ばまでにはヨーロッパにかなり広く伝わっていたようです。タバコが最初に登場するのはポルトガル王国の宮廷だったようですが、[3] 1570年ごろまでにはベルギー、スペイン、イタリア、スイス、イギリスでも栽培されるようになっていました。17世紀ごろには日本や中国でも作られるようになっていたようです。[4] すなわち、コロンブスの探検から計算すると、わずか1世紀後には世界中のほとんどの地域にタバコが伝えられていたことになります。ですからスコットランド王ジェームズ6世がイングランド王ジェーム

---

3) グッドマン (1996) p. 55.
4) *ibid*. pp. 55–56.

ズ1世として連合王国の王座についた1603年ごろは、タバコが宮廷を中心に貴族やジェントリー階層まで広く膾炙していたのかもしれません。

このようにイングランドの社会に短時間で広まってしまったタバコですが、もともとはインディアンと呼ばれた北アメリカ大陸の原住民たちが保存料として、また彼らの風土病である疱瘡（Pox）[5]の治療薬として使っていたものでした。「この病気がキリスト教圏に持ち込まれたのと同じように、タバコもインディアンたちのもとから持ち込まれたのである」とジェームズ1世は述べていますが、その背後にはなぜ野蛮なインディアンの慣習を真似なければならないのかという批判が込められています。どうせ真似るのならば「インディアンたちのように裸で歩くことまで真似をしたり、彼らのように神を否定し悪魔を崇拝すればよいではないか」とまで述べています。そしてイングランドにどのような経緯でタバコが入ってきたかに関して彼は次のように述べるのです。

> 入植地発見の偉大な知らせとともに2〜3人の野蛮人が連れてこられた、この野蛮な慣習と一緒に。しかし残念なことに哀れな野蛮人たちは死に、低俗で野蛮な慣習だけが生き残った。野蛮な地に起源を持ち、かくも広く忌み嫌われているカトリックの神父によって持ち込まれた慣習が何の確たる理由もなく受け入れられてしまうことは私にはまったくの驚異としか思われない。

この記述からもわかるように、国王の危惧にもかかわらず、タバコはある意味でカルトのようにイングランドの社会に根づいてしまったようです。ジェームズ1世はもともとインディアンたちが風土病を治すために用いていたタバコをあたかも流行のファッションに飛びつくかのように受け入れてしまうおろかな行為は「神に対する冒瀆」であると批判しています。しかし、タバコが広まってしまった背景には外国からもたらされた新しい嗜好品に対する単なる興味だけではなく、当時の医学知識に基づくそれなりの根拠があったのです。すなわち、病気に対する「万能薬」としてタバコが認識されたからなのです。

---

5) あるいは梅毒?

II

　中世から初期近代にかけてヨーロッパの医学は「4体液説」という理論に基づいていました。これはギリシャの医者ガレノス (Galen, ?130-?200) がヒポクラテスを初めとする古典古代の医学者、哲学者たちの知識をまとめ上げたもので、実に17世紀まで支配的な影響力をもった医学理論でした。

　この理論によれば、宇宙(世界)は「冷たく湿度のある水」、「冷たくて乾いている土」、「熱くて湿度のある空気」、「熱くて乾いている火」という4つの根源的要素でできていると言います。また、人体というミクロの宇宙にも同じように「冷たく湿度のある粘液 (phlegm)」、「冷たくて乾いている黒胆汁 (black bile)」、「熱くて湿度のある血液 (blood)」、「熱くて乾いている胆汁 (yellow bile)」の4つの体液があります。さらに、肝臓は「自然な魂」、すなわち食欲の中枢であり、心臓は「命の魂」すなわち感情(特に怒り)の中枢、そして脳は「理性の魂」すなわち思考の中枢であると解釈されています。

　このような自然界と人間における4つの要素の関わりにおいて健康・病気が解釈されていたわけです。すなわち、これら4つの体液がそれぞれの人間の個体にほどよくバランスのとれた状態で存在するとき、人は健康であるというのです。ですから、このバランスが崩れた場合は元に戻すような自然界の要素を取り入れることによって健康になるということになります。そしてこのバランスを調整するのに4つの根源的要素をもつ薬草が重要な役割を果たすことになるのです。中世の本草学から具体的な例を述べておきましょう。

> セージ(薬草)は温・乾である。粘液(冷・湿)が過剰で口臭がひどい者は、セージをワインで煎じてから布で濾して飲用する。セージワインは定期的に飲用すると、病人の粘液とほかの有害な体液を減ずる。[6]

　人体内部の4体液のバランスが乱れることによって病気になった場合は、その乱れの原因になっている体液を診断し、その反対の要素をもつ薬

---

6) ミリス (2002) p. 232.

草を処方して体を正常に戻すことが「4体液論」に基づく医学だったのです。こうして、大ブームを巻き起こしたタバコは「4体液論」に基づいて「熱くて乾いた (hot and dry)」薬草と認識されました。インディアンたちが宗教的儀式や疱瘡(冷・湿)に対して用いていたタバコ(熱・乾)はこの点からもまさに中世的医学では最良の薬草であったわけです。やがてタバコはあらゆる病に効果を発揮する「万能薬」として当時のヨーロッパで評判になっていきます。

　喫煙の習慣が急速に広まった背後にはこのような医学的な根拠(?)があったのですが、ジェームズ1世は中世的「4体液説」に基づいたタバコ有益論を次のように反駁します。「脳は『冷・湿』だから『乾・熱』なタバコはすべて脳のためによいはずであるとする考え方は間違いである。. . .人体は4つの体液 (complexions) でできているが、人体の中ではそれらがもっと複雑かつ微妙に反応し合っている。だから脳に対してタバコのような反対の性質をもつ物質を処方することは、脳の本来の機能を阻害することになり有害である」というわけです。そして、「脳が『冷・湿』だからといって直接・間接に『熱・乾』の性質をもつ物質を使えば、発狂する危険性を高めるだけである。脳は『冷・湿』にある状態が健全な状態だからである」と付け加えています。これはタバコが万能薬という名の下に社会的に乱用されて、健康な人々が喫煙の習慣に染まってしまっていることを物語っています。

III

　ジェームズ1世はみずから悪魔学者としてスコットランド王時代に魔女を弾劾したことがありました。このときの様子は前述の『悪魔学』に詳しく述べられていますが、現代的な視点で見れば、彼の考え方はきわめて迷信的で中世的と言わねばなりません。ところが、タバコに関してはきわめて科学的とも言える論理を展開して中世的な認識に対して反駁

▲ 魔女学の大家ジェームズ1世

を試みているのです。すでに広く受け入れられてしまっている万能薬としてのタバコに対して彼は次のように反論しています。

> １つの治療薬がいろいろな、いや、正反対の病気に効果があるなどと言うことほど愚かなことがほかにあろうか。食べ物でも薬でも体の部位によっては害にならないものはないというのが医者の間の定説になっている、それぞれの部位の性質がみな違っており、古いことわざにもあるように、頭にとってよいものは首や肩には害になることがあるのだから。

要するに万能薬などないというわけです。そして「敵を攻撃する場合は守りのもっとも弱いところを攻めるように、病気は体のもっとも弱い部分を攻撃するものである。有能な医者は特定の部分だけに有効な治療薬を患部に適用するもの。その薬を性質の異なるほかの病気に使えば害を与えるだけのものとなる」とも述べ、論理を積み重ねてタバコが万能薬であることを徹底的に否定します。タバコが本当に万能薬であるならば「悪魔を追い払うことができる。カトリックの司祭やピューリタンたちも追放できる」とまで放言してしまいます。

　タバコの効用は部分的に認めるとしても、すべての病気に対して用いてもよいものか否かと彼は自問します。「薬というものを服用すれば何らかの変化が生ずる。病人が服用すれば健常になるが、健常な人間が服用すれば逆に病気になる」から、薬であるタバコを時と場所をわきまえずに常用すれば「肉体は弱り、精神は鈍化する」と考えているのです。ところがイングランドの社会の状況を見ると、人々はタバコを薬としての認識を超えて常用するようになっている。言い換えれば、「喫煙はもう一つの本性 (altera natura) になってしまっており、健康的な食事が反対に毒になってしまっている」とジェームズ１世の目には映るわけです。どれほどタバコが社会生活の中に蔓延してしまったかは「喫煙は神に対する罪である」と彼が述べていることからも容易に窺い知ることができます。食事のときもタバコがなければ何も始まらない状態にまでなっていたようです。ジェームズ１世はこのように述べています。

時と場所を選ばず人々が喫煙するという慣習が広く定着してしまったので、判断力も健康状態（4体液のバランスのとれた状態）も良好なさまざまな人々が、自分だけ変わり者に思われないように、また仲間の吐く息のにんにくの臭いに悩まされないように自分でもにんにくを食べる者のように、しまいにはタバコをいやいや吸うようになってしまっている。

実際タバコの問題は深刻な状態にあったようで、特に食事の時などは居合わせた人すべてが煙に燻された様態になったようです。ですから、今でこそ当たり前の知識ですが、「ヘビー・スモーカーが死後に解剖されたとき肺の中は油状の煤で真っ黒になっていた」とジェームズ1世は驚きを表しています。

こうして彼は「タバコは単に無益であるばかりか神が与えてくれた贈り物に対する大いなる侮辱である。喫煙は神の贈り物である人間の甘い息を意図的に汚すものである」と断言し、『反対論』をこう結んでいます。

　　タバコは目には忌まわしく、鼻には憎らしく、脳には有害で、肺には危険である。その黒くひどい臭いの煙は無間の奈落から立ち上る恐ろしい地獄の煙のごとし。

タバコは人々の心を惑わし、肉体を滅ぼし、社会を混乱に陥れるまさに悪魔の煙だったのです。

以上ジェームズ1世が1604年に著した『反対論』を論旨の流れに沿って簡単にまとめてみましたが、なぜ彼はこの時期に喫煙という問題を扱ったのでしょうか。最後に当時のイングランドおよびスコットランドを取り巻く社会的背景について簡単に触れておきたいと思います。

IV

ジェームズ1世がイングランド王に即位する前は、ジェームズ6世としてスコットランドの王位にあったことはすでに述べたとおりです。スコットランド王ジェームズ6世がジェームズ1世としてイングランド王になったことで政治的には王位合同の連合王国が成立したのですが、このことが

可能になったのはエリザベス 1 世の治世にスコットランドとの関係が改善されたからにほかなりません。[7] ところが、ステュアート朝スコットランド王国では長老制 (Presbyterianism) を是とする派と主教制を是とする派が時の勢力に応じて交互に支配しており、1592 年から 1610 年までは長老派が支配していました。ちょうどこのような時代の 1603 年にジェームズ 6 世がエリザベスの死に伴ってイングランド王に即位するわけですが、イングランドではエリザベス 1 世の時代に最終的に国王を首長とする主教制を確立していました。そのような政治・宗教的な環境の中で、「古代キリスト教会の純粋さと簡素さにしたがって聖餐と洗礼のサクラメントをつかさどり、厳密に聖書に則り、そして説教を重視する改革」[8] を主張していたピューリタンと呼ばれる一派がジェームズ 1 世に大きな期待をかけることになります。しかし、彼はイングランド王になるとアングリカニズム（英国国教会派）に転向してしまいます。宗教改革以来、安定を失った社会に対していかにして秩序を回復するかが国王としての関心事であったジェームズ 1 世は、「自由なる王と自然的臣民」の理論[9]を盾に、国王廃止論につながるピューリタンたちの主張を退けてしまいます。[10] 国教会派とピューリタン派との調整を目的とした、いわゆる「ハンプトン・コート会議」(1604) でジェームズ 1 世は「長老制と君主制は神と悪魔のように一致することのないもの」としてピューリタン派の主張を無視し、「主教なくして国王なし (No Bishop, No King)」[11] という有名な言葉を残すことになるわけです。

　このように祖国スコットランドではスコットランド教会の勢力を牽制しようとしていたにもかかわらず長老派が支配し、イングランドでは主教制に基づく国教会が支配していたわけですから、社会不安の要素は絶えず存在していました。1605 年にはカトリック教徒によるジェームズ 1 世暗殺計画、いわゆる「火薬陰謀事件 (Gunpowder Plot)」が起こり、大きな不

---

7) トレヴェリアン (1971) pp. 132-33.
8) 浜林 (1987) p. 120.
9) 王権神授説 (Divine right of Kings) の理論。第 10 章、pp. 134-35 参照。
10) 広義の「改革派」という点では長老会派もピューリタンも反国教会派であるので、ここでは国王を教会と国家の首長とする主教制をめぐる 2 者の対立と考えられよう。
11) 浜林 (1987) pp. 133-35.

安要素であるピューリタンに加えてさらにカトリックに対しても取締りを強化するようになります。[12] ジェームズ1世がスコットランド王のときに著した『悪魔学』や実際の魔女裁判を記述した『スコットランドの事件』などは、このような不安定な社会情勢を反映して、主要な不安分子であるカトリック信徒に対する牽制として書かれたものと受けとめることもできます。また、『反対論』ももともと政治的権力を制限しようとしていた退廃的で権力志向の貴族階級やジェントリーに対する強烈な批判の書と解釈することができます。

ヘンリー8世の治世以来さまざまに翻訳され続けてきた英語聖書の世界においても、ジェームズ1世の時代には、英国国教会はエリザベス1世の時代に翻訳された『主教たちの聖書』を使っていたのですが、ピューリタンたちは『ジュネーヴ聖書』を使い、カトリックはラテン語の『ウルガータ聖書』から英語に重訳された『ランス・ドゥエイ聖書』を使うという状態でした。国教会が確立されたとはいえ、ジェームズ1世の時代は聖書の問題を含めてさまざまな社会問題を抱えた微妙な時代であったことがわかります。

このような状況のなかで、彼は王権神授説を信奉し、強力な王権を確立することでカトリックとピューリタンの問題を解決しようとしたのです。その象徴が彼の命令によって1611年に翻訳出版された『欽定訳聖書』であると言うことができます。さきに述べたハンプトン・コート会議はイングランド王に即位するためにエディンバラからロンドンに向かう途中でピューリタンたちから受けた「千人請願」という直訴がきっかけとなって開かれましたが、結果的には国教会側の保守派とピューリタン側の確執を調停することはできず、新しい聖書翻訳をおこなうという決議をしただけにとどまったことは前章で述べたとおりです。その会議の場で国王公認の英語訳聖書の出版を求めたピューリタン派に対してジェームズ1世はピューリタン訳の『ジュネーヴ聖書』が最悪の訳であると言ったといわれています。[13] ステュアート朝イングランドの社会に蔓延していたタバコの煙の向こう側には複雑に絡み合う政治・宗教という現実があったのです。

---

12) *ibid*. p. 136.
13) 寺澤 (1985) p. 7.

第 **12** 章

シェイクスピアの英語:『マクベス』に見る言葉の妙

I

　これまで、英語史の主要なテーマに関わりのある作家や文学作品を取り上げて英語文化の変遷を述べてきましたが、英語文化史を論ずる場合にウィリアム・シェイクスピア (William Shakespeare, 1564-1616) だけはどうしても避けて通ることができません。シェイクスピアといえば『リア王 (*King Lear*)』『ロミオとジュリエット (*Romeo and Juliet*)』『オセロー (*Othello*)』『ハムレット (*Hamlet*)』などの作品が有名ですが、ほかにも史劇、喜劇、ロマンス劇など彼の天才的表現力を感じさせるすばらしい作品をたくさん残しました。シェイクスピアの本質は人間に対する鋭い洞察とそれを描写する筆力にあります。彼につけられた「言葉の魔術師」や「エイヴォンの白鳥」という愛称(エピセット Epithet) が示しているように、彼は英語という言葉のもつ力と美しさを最大限に駆使して人間社会のあらゆる側面を作品に書き上げた作家なのです。

▲ ウィリアム・シェイクスピア

　しかし、彼が亡くなり、17世紀も後半になるとシェイクスピアのオリジナルな作品は無視されるようになる一方で、[1] ウィリアム・ダヴェナン

---

1) 言葉が乱れる原因は「曖昧さ」にあるとしてシェイクスピアを槍玉に挙げたの

トやジョン・ドライデンなどの作家が時代の好みを反映してシェイクスピアの作品を書き換えた改作が受け入れられるようになります。そこで本章の前半ではシェイクスピアの四大悲劇の1つであり、もっとも短い作品の1つとされる[2]『マクベス (*Macbeth*)』から特に感動的な言葉使いや表現を取り上げ、ダヴェナントの改作と比較して違いを観察してみたいと思います。シェイクスピアの表現力がいかに並外れてすぐれているかが理解できると思います。

後半では『マクベス』の3幕4場のセリフで特に問題となる人称代名詞 'you' の解釈に関する議論を取り上げ、シェイクスピアの時代の人称代名詞 'you' と 'thou' の揺らぎの問題を考えてみたいと思います。

II

まず冒頭の魔女が談合しているシーンですが、このシーンは『マクベス』という作品全体に影響を与える重要なところですので、確認しておきましょう。

シェイクスピア (1606)
(1幕1場)
1w.　When shall we three meet again?
　　　In thunder, lightning, or in rain?
2w.　When the hurlyburly's done?
　　　When the battle's lost and won.
3w.　That will be ere the set of sun.
1w.　Where the place?
2w.　　　　　　　　　Upon the heath.
3w.　There to meet with Macbeth.
1w.　I come, Graymalkin.
2w.　Paddock calls.
3w.　Anon!

が1660年に科学者が中心となって設立された王立学士院 (Royal Society) である。ドライデンもそのメンバーの1人で、チョーサーの翻訳 (改作?) もおこなっている。

2) 『ハムレット』(4,000語) に較べると『マクベス』(2,000語) は極端に短く、プロットも単線になっているうえにセリフの不整合も見られることなどから、ジェームズ1世の宮廷での御前公演用に短くカットされたとする説がある。

All.　Fair is foul, and foul is fair:
　　　Hover through the fog and filthy air.（下線部筆者。以下同）
（いつまた会おう、3人で？ / 雷、稲妻、雨の中？ / てんやわんやがおさまって / 戦い、負けて勝ったとき。/ ということは、日暮れ前。/ 落ち合う場所は？ / あの荒野。/ そこで会うんだ、マクベスに。/ いま行くよ、お化け猫！ / ヒキガエルも呼んでいる。/ すぐ行くったら！ / きれいは汚い、汚いはきれい。/ 飛んで行こう、よどんだ空気と霧の中）[3]

ダヴェナント (1674)
(1幕1場)
1w.　When shall we three meet again?
　　　In thunder, lightning, and in rain?
2w.　When the hurly-burly's done,
　　　When the battle's lost and won.
3w.　And that will be ere set of sun.
1w.　Where's the place?
2w.　Upon the heath.
3w.　There we resolve to meet Macbeth.
　　　　　　　[*A shriek like an owl.*]
1w.　I come, Gray Malkin.
All.　Paddock calls!
To us fair weather's foul, and foul is fair.
Come hover through the foggy, filthy air.

　シェイクスピアのオリジナルでは、[4] 魔女の語るセリフですから意図的に曖昧 (ambiguous) に書かれていますが、セリフのもつリズムの心地よさという点では比較するまでもなくシェイクスピアがすぐれています。音読してみればすぐにわかります。これは意味の曖昧さをなくすために、ダヴェナントではきわめて説明的なセリフになっているからなのです。シェイクスピアの戯曲作品ではブランク・ヴァース（無韻詩）と言って、韻を踏まずに弱強のリズムが5回繰り返すパターン[5]がセリフのリズムを形成し

---

3) 和訳はシェイクスピアのオリジナルにのみ付し、福田 (1969)、松岡 (1996) を参照した。
4) 以後、シェイクスピアのオリジナル部分はシェイクスピア、ダヴェナントの改作はダヴェナントと略記。
5) 弱強5歩格 (iambic pentameter)。

ますが、『マクベス』の魔女のセリフでは反対の強弱調 (trochee) が使われていて、対照的な効果を醸し出しています。このリズムがダヴェナントでは無視されているのです。

◀ マクベスに会う3人の魔女。ホリンシェッド『年代記』に収録されているもの。

　また、下線部に注意してみると、シェイクスピアの 'There to meet with Macbeth' もダヴェナントでは 'There we resolve to meet Macbeth' と 'we resolve' が補足的に加えられており、当時の観客の誰にでも意味が理解できるように変えられていますが、これではシェイクスピアの言葉の冴えが消えてしまい、品のないセリフと言わざるを得ません。

　極めつきは 'Fair is foul, and foul is fair' という、まさしく曖昧な魔女にふさわしい表現ですが、これも 'To us fair weather's foul, and foul is fair' と天候の表現に限定されてしまい、直截的でまったく余韻のない無残なセリフに変えられています。

　では次に、ダンカン王を殺害したマクベスが手についた血糊を見て、犯した罪の大きさに恐れをなす2幕2場のシーンを見てみましょう。

シェイクスピア
(2幕2場)
Macbeth.　　　　　　　Whence is that knocking?
How is't with me, when every noise appals me?
What hands are here?　Ha! they pluck out mine eyes.
<u>Will all great Neptune's ocean wash this blood</u>
<u>Clean from my hand?　No, this my hand will rather</u>
<u>The multitudinous seas incarnadine,</u>
<u>Making the green one red.</u>
(あの音は、どこから? / どうしたんだ、俺は、音がするたびビクついて? / この手は、何だ?　ああ!　俺の目玉をえぐり出す。/ ネプチューンが司る大海原

の水を一滴残らず使えば / この手から血をきれいに洗い流せるか？　だめだ、逆にこの手が / 7つの海を朱に染め、/ 青い海原を真紅に変えるだろう）

なんとしてでも手についた犯罪の印を洗い流し、殺人者という記憶を消したいマクベスの強烈な願望が 'Will all great Neptune's ocean wash this blood / Clean from my hand?' というまさに劇的な表現を生み出しています。ところがダヴェナントでは以下のようになっています。

ダヴェナント
(2幕2場)
Macbeth.　　　　　　What knocking's that?
How is't with me when every noise affrights me?
What hands are here!　Can the sea afford
Water enough to wash away the stains?
No, they would sooner add a tincture to
The sea, and turn the green into a red.

海をシェイクスピアは 'all great Neptune's ocean' と表現しているのに対して、ダヴェナントは単に 'the sea' としか書いていません。単純明快で誰が聞いても間違えようがありませんね。当時できたばかりの王立学士院 (Royal Society) もさぞかし満足したのではないでしょうか。

　さらにシェイクスピアでは、'this my hand will rather / The multitudinous seas incarnadine, / Making the green one red.' という表現でセリフに重みを加えています。'The multitudinous seas incarnadine' はいわゆる金ぴか英語、日本語で言えば漢語的表現に当たるもので、当時の観客でも相当の知識がなければ理解できなかったでしょう。しかしシェイクスピアはその直後に 'Making the green one red.' という平易な大和言葉による言い換え表現を加えることで観客の誰もが理解できるように工夫しているのです。この点でも、ダヴェナントは 'a tincture (着色料)' という直截的で明瞭な表現を使って「海の色が血という染料で赤くなる」という万人向けの三文オペラ的セリフに変えてしまいます。

　次に、マクベス夫人にも同じように殺人の印としての血のことを口にするセリフがありますので比較してみましょう。

シェイクスピア
(5幕1場)
L. Macbeth.　Here's the smell of the blood still: all
the perfumes of Arabia will not sweeten this little hand.
Oh!　oh!　oh!
(まだここに血のにおいが。この小さな手、アラビア中の香料をふりかけても
いい匂いにはならない。ああ！　ああ！　ああ！)

シェイクスピアはマクベス夫人に対して女性らしさを連想させる「香料」という表現を使い、しかも「アラビア中の」という形容詞を加えることで、血のにおいに対する夫人の恐れの大きさを詩的に表現していますが、ダヴェナントはあくまでもわかりやすい表現に固執しているのが次の例から知ることができます。

ダヴェナント
(5幕1場)
L. Macbeth.　　　　　　　　　. . . yet here's
A smell of blood: not all the perfumes of Arabia
Will sweeten this little hand.　Oh!　oh!　oh!

シェイクスピアでは 'All the perfumes of . . . will not . . .' ですから全否定なのか部分否定なのかわかりません。ダヴェナントでは明らかに部分否定とわかる構文を使い、「アラビア中の香料をふりかけても . . . とはかぎらない」となっているのです。要するに、何が何でも意味のわかりやすい表現を是とした改作ですから、シェイクスピアのもつ重厚さや語彙の豊かさ、響きのすばらしさは後回しという意図が見えてきます。

　最後に、夫人が亡くなったという知らせを受けたマクベスの独白の妙を見てみましょう。

シェイクスピア
(5幕5場)
Macbeth.　She should have died hereafter:
There would have been a time for such a word.—
To-morrow, and to-morrow, and to-morrow,
Creeps in this petty pace from day to day,

To the last syllable of recorded time;
And all our yesterdays have lighted fools
The way to dusty death.　　Out, out brief candle!
Life's but a walking shadow; a poor player,
That struts and frets his hour upon the stage,
And then is heard no more: it is a tale
Told by an idiot, full of sound and fury,
Signifying nothing.
(あすが来、あすが去り、そうして一日一日と小きざみに、時の階を滑り落ちてゆく、この世の終わりにたどり着くまで。いつも、きのうという日が、愚か者の塵にまみれて死ぬ道筋を照らしてきたのだ。消えろ、消えろ、つかの間の灯火！　人生は歩く影法師にすぎぬ。あわれな役者だ、ほんの自分の出場のときだけ、舞台の上で、みえを切ったり、喚いたり、そしてとどのつまりは消えてなくなる。白痴のおしゃべり同然、がやがやわやわや、すさまじいばかり、意味などありはしない)

『マクベス』でもっとも有名な場面です。人生の無常を語るマクベスの独白には、第1章で引用した『平家物語』の「祇園精舎の鐘の声」が響いているような錯覚すら覚えます。このたった10行の中に『平家物語』と同じように、聖書から借用したと思われる表現がたくさん見かけられます。例えば、'dusty death,'[6] 'brief candle,'[7] 'a walking shadow,'[8] 'a tale told by an idiot'[9] などはすべて聖書の中に類似表現があるのです。シェイクスピアの才能はすでにあるものを使い、それを芸術品に仕上げる技術であるとよく指摘されます。その指摘を待つまでもなく、聖書からの借用もシェイクスピアによって一つの描写にまとめられた時、そのインパクトは『平家物語』の冒頭の部分のように強烈なものになるのです。では、ダヴェナントはどうなっているでしょうか。

ダヴェナント
(5幕5場)
Macbeth.　　She should have died hereafter!

---

6) 「詩篇」22:16 'and thou shalt bring me into the dust of death.'
7) 「ヨブ記」18:6 'and his candle shall be put out with him.'
8) 「詩篇」39:7 'For man walketh in a vain shadow.'
9) 「詩篇」90:9 'all our days are passed away in thy wrath: we spend our years as a tale that is told.'

> I brought her here to see my victims, not to die.
> To-morrow, to-morrow, and to-morrow,
> Creeps <u>in a stealing pace</u> from day to day,
> To <u>the last minute</u> of recorded time,
> And all our yesterdays have lighted fools
> <u>To their eternal homes</u>: out, out, <u>that candle</u>!
> Life's but a walking shadow, a poor player
> That struts and frets his hour upon the stage,
> And then is heard no more.　It is a tale
> Told by an idiot, full of sound and fury,
> Signifying nothing.

　ダヴェナントでは 'dusty death' が 'eternal homes' となり、'brief candle' が 'that candle' と換えられたために、聖書からの借用表現もインパクトを失い、また 'dusty death' や 'in a petty pace' のように頭韻を踏んでいる表現も重みを失うことになってしまいました。このように、ダヴェナントは説明的な語に換えて表現しようとしたために、意味はよくわかるのですが、全体のリズムの流れ、表現の重厚さや全体のバランスが失われて、安っぽいスクリプトになってしまったことは否めません。

　シェイクスピアの英語の妙ということで、簡単に考察してみましたが、実は王政復古以降のイングランドではシェイクスピアを楽しむ観客層が変わり、彼の作品は娯楽用に改作されていたのです。その中心的人物がウィリアム・ダヴェナントだったというわけです。反面、1623年に出版された最初のシェイクスピア全集(第1フォリオ [First folio]) 以来、第2フォリオ (1632)、第3フォリオ (1663)、そして1685年の第4フォリオまですべて17世紀に出版されているという事実は、これらの無教養な観客層とは別に、じっくりとシェイクスピアを読むインテリ層も存在していたことを示しています。しかし、残念なことに、本当の意味でシェイクスピアに関心が向けられるようになるのは20世紀になってからのことになります。

III

　後半では、『マクベス』に見る語法上の問題を考えてみます。3幕4場のセリフで使われる人称代名詞 'you' の解釈に関する議論を取り上げ、

シェイクスピアの時代の英語を考える機会にしたいと思います。

マクベスが諸侯の前でバンクォーの亡霊を見たとき、「お前たちを見ていると／自分がわからなくなる。／お前たちもあの光景を見ているのに／頬はいつものように紅い色をしている／おれのは恐怖で蒼ざめているというのに」（3 幕 4 場 109–15 行）という場面で使われている 2 人称代名詞 you の問題を考えてみたいと思います。この場面は原典では

                  Can such things be,
And overcome us like a summer's cloud,
Without our special wonder?　You make me strange
Even to the disposition that I owe,
When now I think you can behold such sights,
And keep the natural ruby of your cheeks,
When mine is blanch'd with fear.

となっていますが、この you は上の訳文のように「お前たち」を指すのでしょうか、それとも「マクベス夫人」を指すのでしょうか。シェイクスピア時代の英語にはこの例のように、2 人称の *you* には単数か複数かという解釈上の問題が存在するのです。

現代英語の 2 人称代名詞 *you* には形態上の単数・複数の区別はありません。といっても初めからなかったというわけではなく、1500 年前にブリテン島に渡った英語（古英語）には単数 *thou* と複数 *ye* という 2 つの区別がありました。これは現代の他の外国語——特にゲルマン語族に属するドイツ語やオランダ語など——を参照してみればすぐに理解することができます。ところがチョーサーが活躍した中英語の後期になると、これまで 2 人称複数専用だった *ye* が単数の意味でも使われるようになります。身分の高い人や尊敬に値する人などに対して敬意を示すために使われた「丁寧さを示す用法」としての *ye* です。[10]

チョーサーのころの *ye* はまだ複数の意味で使われることが主でした。その後、丁寧用法の *ye*（単数）が *thou* を取り込んで単・複両方の意味で用いられるようになり、徐々に本来の単数人称代名詞である *thou* を駆逐す

---

10) 共同統帝時代のローマ皇帝（複数）が用いた 'royal "we"' に対して家臣が使った 'vos'（you）から発達し、フランス語を経由して中英語に取り入れられた。

るようになります。後期近代期にいたって thou はますます衰退し、現代の標準英語では宗教的儀式や偽古体の文書などを除き使われなくなりました。

　初期近代期のシェイクスピアは thou も ye も本来の単数、複数の意味で用いていますが、単数の ye もたくさん使っています。言い換えれば、シェイクスピアでは ye は単数でも複数でもかなりな頻度で用いられているということです。このころになると、本来主格だった ye と同時に対格、与格の you も主格として用いられるようになっていました。すなわち、2人称の人称代名詞の主格形としては thou, ye, you がシェイクスピアの時代には存在していたことになり、ここに解釈上の曖昧さの問題が生ずることになるのです。

IV

　この場面では祝宴の席に招かれた諸侯、家臣たちが同席しているわけですが、そのために下線部のせりふに現れる you の解釈がかえってわかりにくくなってしまいます。歴史的には you は 2 人称複数の代名詞 ye の与格、対格であったことはすでに触れましたが、シェイクスピアの時代では単数・複数どちらの意味でも使われます。さらに単数の意味で使われる場合は丁寧な用法としての機能が含まれているわけです。しかもこの場面は身分の高いゲストを宮廷に招いての公式な晩餐会ですから、複数の意味にも単数で丁寧な意味にも解釈できる条件がそろっているのです。すなわち、マクベスは複数の意味でゲストたちに語りかけているのか、それとも単数の意味で個人的にマクベス夫人に語りかけているのか、この判断が問題になるということなのです。日本では明治のころからさまざまな人たちがシェイクスピアを日本語に翻訳しています。『マクベス』も坪内逍遥を初めとして少なくとも筆者の知るかぎり 10 人以上が翻訳し、ほかにもいくつか解説書が出ています。そこでこの中の主要な翻訳者たちがこの場面をどのように翻訳しているかをまず確認してみたいと思います。

　　坪内逍遥
　　　君たちが彼者(あれ)を見ながら、どうして平気で...わしは恐ろしさに真蒼になっているのに...頬の赤み失わんでをられようかと思ふと。

森　鷗外
己の顔の蒼ざめるやうなあの幻を<u>お前</u>も見ていて、お前の顔の紅が元の儘でいるのかと思ふと、己はお前のお蔭で自分が分からなくなるがなぁ

横山有策
諸君の様子を見れば、わしは自分で勇気ある天分と思っていたのが疑わしくなる。<u>諸君は</u>あんな光景を見てしかも自然のままの頬の赤さを失わずにいる、わしは恐怖で蒼白になっているのに。

福田恆存
だが、<u>みんな</u>平気だったな、そうなると自分で自分が分からなくなる、誰も顔色ひとつ変えず、頬には生き生きと血の気が通って、それなのに自分ひとりが恐怖で真青になっている。

大山俊一
今あんな恐ろしいものを目の当たりにして、しかも<u>君は</u>両の頬はルビー色、平素の顔色一つ変えないようだ、この俺は恐怖で真っ青だというのに。

木下順二
あの同じ姿を皆見ているはずが、<u>皆は</u>いつもの通り血色鮮やか、俺だけ恐怖で真蒼だ。

小田島雄志
だがみんなの顔を見ると、俺に果たして勇気があるのかどうか分からなくなる、<u>みんなも</u>あれを目にしたはずだ、それなのに顔色一つ変えずにいきのいい<u>血色</u>をしている、恐怖に蒼ざめた顔はおれだけだ。

大場建治
諸君を見ていると私の持ち前の勇気さえ本当なのか疑わしくなってくる、<u>諸君に</u>もあれがちゃんと見えていたはずであるのに、美しい赤い頬の色はまるで変わらない、おれの方は恐怖で真っ青だ。

松岡和子
お前の顔を見ていると、自分で自分がわからなくなる。今のを見た

だろう、それなのに、お前の頬はいつもと変わらず血色がいい、恐怖でまっ蒼なのは俺だけだ。[11]

河合祥一郎
　だが、どうも皆の顔を見ていると、自分がわからなくなる。おまえたちもあれを見ただろうに、顔色も変えず、血色のいい頬をしている。恐怖で真っ青なのは俺だけか。

　このように可能なかぎりこれまでの翻訳を比較してみると、この問題の部分に関しては訳者の解釈が分かれていることがはっきりと見えてきます。単数の意味、すなわち、マクベス夫人に話しかけていると解釈しているのは森鷗外、大山俊一、松岡和子の3人だけで、残りの7人はすべて複数の意味、すなわち、祝宴に出席している諸侯全体に話しかけていると解釈しています。だからこれを根拠に、多数決の原理に基づいて複数の意味に解釈するのが正解であると決め付けるのはあまりに軽率で、学問的ではありません。「説明」が必要なのです。

V

　英語の始まりである古英語では、*ge*（＞*ye*）は身分の上下に関係なく常に複数の2人称代名詞として使われていたということは冒頭で簡単に触れました。ここでもう少し具体的に確認しておきたいと思います。以下に挙げる例は11世紀のエインシャム修道院長アルフリッチ[12]がラテン語を教えるために書いたとされる教科書『対話（*Colloquy*）』の一節です。生徒と先生が対話をする形で書かれていますが、もちろん立場的には先生が上で、生徒たちは下になります。この点を念頭において次の例文を読んでみてください。

　　Pupils:　　We cildra biddaþ þe, eala lareow, þæt þu tæce us sprecan, forþam ungelærede we syndon, and gewæmmodlice we sprecaþ.
　　Teacher:　Hwæt wille ge sprecan?

---

11) ここに挙げた訳文は河合（2009）を除き、上野美子（他）（2003）による。
12) 第8章参照。

> Pupils: Hwæt rece we hwæt we sprecan, buton hit riht spræc sy
> and behefe, næs idel oþþe fracod?
> (生徒たち：先生、ラテン語の話し方を教えていただきたいのです、私たちは無知で、正しい話し方を知りません。/ 先生：何を話したいのですか？ / 生徒たち：正しい話し方で、適格であり、愚かで不敬な話し方でなければ中身は問題にしません)[13]

生徒が先生に向かってラテン語の正確な話し方を教えて欲しいとお願いをしています。ここで相手の先生に対して使っている代名詞は単数専用の*þu*（>*thou*）です。これに対して先生が生徒たちに返す言葉は *ge* になっています。このように、古英語の時代は身分の上下に関係なく単数には *thou*, 複数には *ye* が使われていたことがわかります。

それではシェイクスピアは『マクベス』のほかの場面でどのように *thou, ye, you* を使っているのでしょうか。今ここで問題にしているのは *you* が祝宴に出席している諸侯を指すのか、あるいはマクベス夫人個人を指すのかということですから、特にマクベスとマクベス夫人の会話に注目して検討してみます。

VI

マクベスが3人の魔女から告げられた予言に狂喜し、その様子をつたえるべくマクベス夫人に送った手紙には次のような文面が見られます。

> Whiles I stood rapt in the wonder of it, came missives from the King, who all-hail'd me, "Thane of Cawdor"; by which title, before, these Weïrd Sisters saluted me, and referr'd me to the coming on of time, with "Hail, King that shalt be!" This have I thought good to deliver thee (my dearest partner of greatness) that thou might'st not lose the dues of rejoicing, by being ignorant of what greatness is promis'd thee. Lay it to thy heart, and farewell.'
> (驚きのあまり呆然と立ちつくすところに王からの使節が到来、わたしに『コーダーの領主』と呼び掛けるではないか。まさにその直前、かの運命の女どもはその肩書きでわたしに挨拶した。しかもその挨拶はわたしの将来に及んで、『万歳、王になるお方』となった。以上のこと、お前はわたしの大切な

---

13) Barber (1993) p. 123

栄達の伴侶なのだから、まずもって知らせておきたい。これはお前にも約束された栄達のはずである。それを知らぬまま、分かち合うべき喜びの機会をお前に失わせたくない。まずは他言無用のこと。すぐに戻れると思う）[1幕5場5-14行][14]

マクベス夫人を指す下線部の2人称代名詞はすべて thou の変化形で個人的な関係を示す「親称」の単数形が使われています。夫が妻に対して丁寧表現を使うことは個人的な状況ではまずありません。この手紙に対するマクベス夫人の反応はどうでしょうか。

  Glamis thou art, and Cawdor; and shalt be
  What thou art promis'd.—Yet do I fear thy nature:
  It is too full o'th'milk of human kindness,
  To catch the nearest way
  （グラーミスの領主よ、あなたは、そして今度はコーダー、その次もちゃんと約束されている。でもあなたの性質が気がかり、人間の情のやさしい乳が多すぎて強引に近道を選べない）[1幕5場15-19行]

やはり「親称」の thou です。これは直接マクベスに話しかけているわけではなく、手紙を読んだ夫人が独り言として話しているからと考えられます。1人称と2人称の関係は常に相対的なものですから、相手と状況次第で話し方は親しい表現にも丁寧な表現にも大きく変化します。

 ダンカン王がマクベスの居城を訪問し、王をもてなす宴の場面での会話はどうでしょうか。宴席を途中で抜け出してきたマクベスがマクベス夫人と殺害計画について話すところです。

  LM[15] He has almost supp'd. Why have you left the
      chamber?
  M Hath he ask'd for me?
  LM   Know you not, he has?
  M We will proceed no further in this business:
     He hath honour'd me of late; and I have bought

---

14) 訳文は大場 (2004) を用いた。
15) 以下 Lady Macbeth は LM, Macbeth は M と略記。

　　　　　　Golden opinions from all sorts of people,
　　　　　　Which would be worn now in their newest gloss,
　　　　　　Not cast aside so soon.
　　　　　（もうすぐお食事も終わりですよ。どうして席を立ったりしたの？／呼んだのか、王が？／呼んだにきまってるでしょう。／おれたちのこの話、もうやめにしようと思うのだよ。いまも栄誉を授けてくれたばかりだ。それにおれは貴賤を問わずだれからも黄金の名声をかち得ている。せっかく買いたての新しい晴れ着を、着こなしもせずむざむざ脱ぎ捨てることもあるまい）[1幕7場28-34行]

マクベスの居城全体がダンカン王来訪のために公の雰囲気を帯び、緊張感に包まれている感じが伝わります。その中でこの殺害計画の話のやり取りが起こっているわけです。初めはマクベスもマクベス夫人も互いを単数の丁寧な *you* を使って呼び合いますが、次第に怖気（おじけ）づくマクベスに対してマクベス夫人の言葉は「公」から「私」へと変質し、気がつくと夫であるマクベスと彼女の立場が逆転していることに気づきます。続きのマクベス夫人のせりふを見てみましょう。

　　　LM　　　　Was the hope drunk,
　　　　　　Wherein you dress'd yourself?　Hath it slept since?
　　　　　　And wakes it now, to look so green and pale
　　　　　　At what it did so freely?　From this time
　　　　　　Such I account thy love.　Art thou afeard
　　　　　　To be the same in thine own act and valour,
　　　　　　As thou art in desire?　Would'st thou have that
　　　　　　Which thou esteem'st the ornament of life,
　　　　　　And live a coward in thine own esteem,
　　　　　　Letting 'I dare not' wait upon 'I would,'
　　　　　　Like the poor cat i'th'adage?
　　　　　（ではさっきまで着込んでいた希望は酔っぱらっていたっていうの？あれから寝入ってしまって、目を覚ましたはいいがまるで二日酔い、さっき空威張りで約束したことに今さら青くなってるのですか。これからはあなたの愛情もそんな意気地なしだと思うことにしましょう。ねえあなた、こわいのですか、あなたの望みと勇気ある行動とをあなたの中で一致させるのが？　どうしても手に入れたいのでしょうに、自分でも最高のあの人生のお飾りを、それでいて自分でも最低の臆病者の生涯を送るつもりなのかしら、「ほしい」よりも「こわい」の方

がいつも先、まるで猫よ、諺に出てくる猫よ...)[1幕7場34-44行]

この状況では、本来ならば初めから最後までマクベス夫人は *you* を使う場面でしょう。しかし、マクベスが子猫のように臆病で頼りなく、あまりに情けないせりふを吐いた途端に、マクベス夫人はみずからの立場と状況を忘れ、あたかも家臣に命令するかのような「私」の感情をむき出しにした *thou* をマクベスに使ってしまうのです。

　クリスタル (David Crystal) はシェイクスピア時代の *thou* と *you* について次のように述べています。

> 通常 *you* が使われるのは例えば、子供が親に、召使が主人に、というように目下の者が目上の者に対して使うときである。逆の場合は *thou* が使われる。しかし、特に親しみを込めるとき、例えば、神に呼びかけるときは *thou* が使われる。下層階級の者同士が話すときにも *thou* が使われる。上流階級の間ではたとえ親しい間柄でも、会話では原則として *you* が使われた。したがって、*thou* から *you* に、またその反対に変えて使うと、何か特別なことを意味することになる。使い方を変えると違った感情、雰囲気を伝えることになるのである。[16]

クリスタルの指摘を待つまでもなく、マクベス夫人がマクベスに対する呼称を *you* から *thou* に変えたとき、彼女の心には変化が起こっているのです。主従関係がマクベス夫人の中では逆転していることをこれらの代名詞が物語っていると言えます。

　以上簡単にマクベスとマクベス夫人の会話のいくつかを見てきましたが、これまでの例でわかることは、マクベスのほうが言葉使いに関しては状況をある程度冷静かつ慣習的に判断しているらしいということです。王を残したまま宴席をたってしまったマクベスに対して 'He has almost supp'd.' という口語的な *has* をマクベス夫人は使っているのに対して、マクベスは 'Hath he ask'd for me?' と返答し、*hath* という正統な3人称単数現在形を使っていることからも、両者の立場、意識の違いがわかりま

---

16) Crystal (2003) pp. 73-74.

す。以上を前提として、問題の場面 [3 幕 4 場 109-15 行] を再検討してみましょう。

VII

　ダンカン王を殺害し、みずから王位についたマクベスが諸侯を招いておこなっている祝宴の席で目にしたものはかつての同僚バンクォーの亡霊でした。現れては消え、消えては現れるバンクォーの亡霊に恐れおののくマクベスは立場を忘れてただ意味不明な言葉を発するだけです。列席している諸侯や家臣は何が起こっているのか理解できません。マクベスの言葉が次第に場にそぐわないものになってゆく様子は次のせりふからも容易に理解できます。

Rosse	His absence, Sir, Lays blame upon his promise. Please't your Highness To grace us with your royal company?
M	The table's full.
Lenox	Here is a place reserv'd, Sir.
M	Where?
L	Here, my good Lord. What is't that moves your Highness?
M	Which of you have done this?
Lords	What, my good Lord?
M	Thou canst not say, I did it: never shake Thy gory locks at me.
R	Gentlemen, rise; his Highness is not well.

(不参とあってはやはり彼の違約を責めなくてはなりますまい。それでは陛下、どうかわれらに交じってご着席下さい。/ 席がないな。/ ここに席が空けてあります。/ どこに? / ほれ、ここに。陛下には何をそのように驚かれます? / だれが、いったいだれがこんなことを! / 何をでございます? / おれの仕業ではないぞ。よせ、その血まみれの髪をおれに向かって振り乱すのは。/ 諸君、お立ちを。陛下はご不快のご様子) [3 幕 4 場 41-50 行]

　マクベスの取り乱しようは尋常ではありません。このあとマクベス夫人が場を収めようと宴席の諸侯に言い訳をしたり、個人的にマクベスをいさめようとしたりしますが、最終的にマクベスはみずからを取り戻し、宴席に

招いた客がいることに気づいてわびる場面につながります。

> LM　　　　　　　　My worthy Lord,
> 　Your noble friends do lack you.
> M　　　　　　　　　　　　　　I do forget.—
> 　Do not muse at me, my most worthy friends,
> 　I have a strange infirmity, which is nothing
> 　To those that know me.　Come, love and health to all;
> 　Then, I'll sit down.—Give me some wine: fill full:—
> 　I drink to th'general joy o'th'whole table,
> 　And to our dear friend Banquo, whom we miss;
> 　Would he were here!
> 　　　　　　　　*Re-enter Ghost.*
> 　　　　　　　　　To all, and him, we thirst,
> 　And all to all.
> Lords　　　　　Our duties, and the pledge.
> （ねえ、あなた、大事なお客さまがたがお待ちかねですよ。/ すまん、忘れていた。/ どうか諸君には驚かないでほしい、妙な持病で、わたしを知っている人にはなんでもない話なのだ。では諸君の友情と健康のために乾杯し、着席するとしよう。酒だ、なみなみと注いでくれ。/ ［亡霊登場］/ この祝杯は列席の諸君全員のため、わけても今宵欠席のわが親友バンクォーのためのものだ、いや彼にはぜひここにいてほしかった。では杯を干そう、諸君に、彼に、ここの全員に、心からの祈りをこめて。/ 陛下への忠誠を誓って）[3幕4場 83-91行]

こうしてマクベスは列席の諸侯に話しかけることになるのですが、ここに再びバンクォーの亡霊が現れ、問題の箇所となるわけです。状況的にはゲストのほうを向いてマクベスは話しています。ただ彼の目に見えているのは諸侯ではなく、バンクォーの亡霊です。その亡霊が消える。祝宴に招いたゲストに話しかけているところなのですから、マクベス夫人に対して個人的に語りかけていると解釈するのは状況的に不自然と言わざるを得ません。現にロスが 'What sights, my Lord?' と反応しています。宴席全体を巻き込んでのマクベスの独白と取るべきでしょう。今西(1987)は「ここは夫婦の言葉のやり取りであるから、諸侯の耳には聞えないのが、当時のコンヴェンションである。ところが上［ロス］のように質問するところを

見ると、半分聞えていたことになる」[17]と述べていますが、シェイクスピアの他の作品にも現れる独白はどう説明するのでしょうか。舞台では全員に聞こえているが、独白者と客席だけにしか聞こえていないという前提で演ずるのが舞台のコンヴェンションです。実際に独白者だけにしか聞こえないせりふは意味がないのです。したがって、ロスが質問する場面は初めからの意図であることになるはずです。マクベスは宴席全体に向かって複数の *you* という代名詞で話しかけていたと解釈できるのです。

　ちなみに「もっとも、you can behold such sights... の you を諸侯ととり、マクベスが諸侯に語りかけていると考えるのなら、What sights はごく当然の質問ということになる」と今西は述べていますが、魔女のように曖昧な言い方をして断定を避けているところなどは『マクベス』の注釈として言い得て妙と言うべきでしょうか。[18]

---

17)　今西 (1987) p. 197
18)　*ibid.* p. 197

第13章

国語浄化大論争：スウィフト vs. エルストップ

> 以上が私の英語辞書編纂の案であります。このような辞書を作れば英語の発音は固定され、その目的とするところが促進されることになることと存じます。すなわち、それによって純粋性が保持され、用法も明確になり、言語の生命も延びることになりましょう。
> ——サミュエル・ジョンソン『英語辞書編纂計画書』(1747)

I

　ジョナサン・スウィフト(Jonathan Swift, 1667-1745)といえば、日本では『ガリヴァー旅行記(*Gulliver's Travels*)』(1726)の作者として少年少女たちの間で特に有名ですが、実は17～18世紀のイングランドにあって、英語(国語)の乱れを浄化しようと「たいへんな努力」をした人物でもあるという事実は意外に知られていないようです。実際、彼は『ガリヴァー旅行記』を著すずっと以前の1712年に『英語を正し、改善し、正確にするための提案 (*A Proposal for Correcting, Improving, and Ascertaining the English Language*)』[1] という50ページほどのパンフレットを公刊して国語の改革を呼びかけ、フランスのアカデミー・フランセーズを模してイングランドにもアカデミーを創ろうと提案しているのです。そこで本章では、スウィフトの『提案』の内容を具体的に検討したあと、その提案に対して反論を著した2人の中心的人物、ジョン・オールドミクソン (John Oldmixon, 1673-1742) とエリザベス・エルストップ (Elizabeth Elstob, 1683-1756) の主張を検証することで、18世紀イングランドの国語意識を考察してみたいと思います。

---

1) 以下『提案』と略記。

II

　スウィフトはアイルランドのダブリンに生まれました。最終的には聖職者として聖パトリック教会聖堂参事会長 (Dean of St. Patrick's) を務めるまでになった人物ですが、同時に、作家としても活躍しました。初めのころは詩を書いたりしていましたが、やがて散文による風刺小説を書くようになります。特に有名な作品としては、さきに述べたように、当時の社会のいろいろな側面を強烈に風刺した『ガリヴァー旅行記』と、世間の知的・宗教的な自己満足や欺瞞を描いた『桶物語 (A Tale of a Tub)』(1704) を挙げることができます。また、当時の政治・宗教に対する論評なども数多く執筆し、社会に対する批評家としても積極的な活動をしました。[2] そのような活動の一つに、今回のテーマである『提案』があるわけです。では、その具体的な内容を次に見ることにしましょう。

III

　スウィフトが『提案』で何よりもまず問題にしたことは「英語があまりにも不完全である」ということでした。スウィフトの言を待つまでもなく、英語は歴史を通じていろいろな言語と接触した結果、語彙的にも、綴り字や発音の点でもきわめて複雑な発達を遂げてきたという経緯があります。例えば、1400年ごろの英語がいかに変化の激しい言語であったかということは、イングランドに初めて印刷術を導入したカクストン[3]がウェルギリウスの『エネイドス (Eneydos)』につけた序文の中で「どのように綴ればよいのだろうか？... 最近はあまりに言葉［の綴り］が多様で変化が激しいので万人を満足させることは至難の業と言わねばならない...」[4] と嘆いていることか

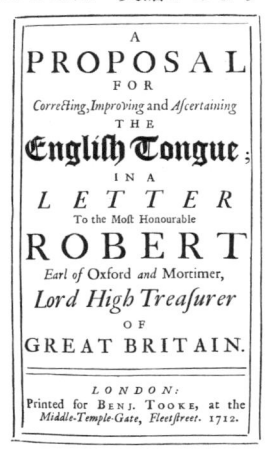

▲ スウィフトの『提案』のタイトルページ

---

2)　Leslie and Lee (1908–09)
3)　第5章参照。
4)　Crotch (1973) p. 108.

らも容易に想像できるでしょう。その後も、ルネサンスや宗教改革などの社会変動を経てきた英語は、印刷術がもはや揺籃期をはるかにすぎた17世紀になっても、やはり単語の発音や綴りなどがなかなか一定しませんでした。例えば、1611年に出版された『欽定訳聖書』を見れば、同一の単語がいく通りもの異なる綴り方で印刷されるということが当然のごとくおこなわれていたことがすぐにわかります。このように不安定で変化の激しい英語に対して何らかの対策を講ずる必要があると彼は考えたのでした。

スウィフトは、英語がいかに不完全かということに関して『提案』の中で「われわれの言葉はあまりに不完全である。毎日毎日改善がおこなわれても、それ以上に日々悪化を辿っている」(p. 8) と書いています。そして、このような乱れは、まさに「ジェームズ1世の時代に始まったのだけれども、その王位を継承したチャールズ1世統治の初期には改善された」と言うのです。[5] しかし、その後、また宮廷を震源地として言語の乱れが広がりはじめ、「狂信的に使われる専門用語」がたくさん英語に紛れ込む原因になっているばかりか、多くの作家にまで多大な影響を及ぼしているとまで断言するのです。[6] すなわち、言語使用に関して規範となるべき宮廷が逆に英語の退廃を招く元凶となっていると非難しているわけです。この点を彼は次のような表現で述べています。

> この欠陥がわれわれの言葉に与える影響は過去50年の舞台や他の興行を見れば明らかであり、宮廷における昨今のスタイルを真似た毒々しい言い回しで満ち満ちている。(pp. 19-20)

宮廷の言語使用が腐敗しているから、イングランドのあらゆる社会階層に蔓延しているのだと言いたいわけです。特に、この宮廷英語の腐敗は詩人たちの言葉に重大な影響を与え、それが英語全体の退廃の一因にもなっているとたたみ掛けます。「英語はすでに単音節語であふれかえっているのに、韻律のためと称してさらに多くの省略形や短縮形を多用している」[7]

---

5) Swift (1712) pp. 17–18.
6) *ibid.* p. 18
7) *ibid.* p. 21.

という指摘です。省略形というのは、例えば、"drudged" の代わりに "drudg'd"、"disturbed" の代わりに "disturb'd"、"rebuked" の代わりに "rebuk'd" と綴るような表記を指していますが、彼ひとりだけがこの強烈な伝染病に感染していなかったとは言えないようです。現に彼自身も『提案』の中でこのような短縮形を何度か使っているからです[8]（ちなみに、この表記から、当時の英語は今よりも音節を丁寧に発音していたことがわかりますね）。もう一つ彼が指摘している問題があります。この指摘は、いわゆるイングランドの階級方言がどのように発達したのかという問題にもヒントを与えてくれる指摘です。

> ただ単に地域によって発音が異なっているだけではなく、宮廷、都市部、郊外地域でそれぞれ独自に単語を短縮してしまうから、文字に書き起こしたら正書法は完全に意味のないものになってしまう。(p. 23)

全体として単語を短くしようとする傾向があるだけではなく、地域や階級によってそのやり方がまったく異なっている。また、フランス語やイタリア語のような優れた言語と比べて、自分たちの先祖である北の国々とその野蛮な言語には特有の欠陥が存在する。それが本質的な原因であると結論づけるのです。「北の国々は品質の良い果物を作るのに、風害から守るための防風壁をつくる。南は努力を要せず良い果物が採れる。言語も同様である」[9] というたとえ話まで用いてラテン語やフランス語などのロマンス系言語のすばらしさを指摘しているのです。

最後にスウィフトは英語の地域方言と言語変化の激しさの問題に言及しています。カクストン同様、彼も英語という言語の変化の激しさを指摘しているわけですが、彼にとっての関心事は、あまりに英語の変化が激しいので過去に書かれた英語の本が読めなくなるのではないかという点にありました。その変化を止めたいというのです。そのような言語環境の中で、唯一彼が肯定的に指摘しているのは英語に翻訳された聖書です。「英語で書かれた聖書や祈祷書がなかったならば、100年前に書かれた本など何も

---

8) 例えば、"dropt"、"tho'"、"refus'd" など。
9) Swift (1712) p. 27.

理解できないだろう」[10]と述べています。

　このように、スウィフトは英語という国語の抱えている問題を指摘したうえで、改革のための具体的な提案をすることになります。まず、母音を省略して単語を短縮して発音することに関しては、「女性の判断」に委ねるべきであると主張します。女性は男性と違って母音を省略せず、逆に子音を省略するからだというわけです。その根拠をはっきりとさせるために、彼は男女数人ずつのグループを作って実験までしています。「頭に浮かんだ単語の綴りを男女数人ずつに書きとめてもらう実験をした。...男性の綴りは High-Dutch, 女性のそれは Italian の響きがあった」[11]というのですが、いかにも「初めに偏見ありき」という印象は否めませんね。

　そして、最終的に英語を改革するための委員会を創るという大きな提案をすることになります。これは1635年フランスにアカデミー・フランセーズができて、フランス語の質の維持・向上に効果を発揮しているということから、イングランドにも創ればよいという発想です。そのための委員会を創ろうというのです。その内容を概略すると、

1）　方法論を検討すること。
2）　フランス語を規範とすること。
3）　言語を固定し、永久に変化が起こらないようにするための手だてを講ずること。
4）　新・旧約聖書のすばらしい言語を参考とすること。
5）　聖書翻訳者たちを委員会のメンバーとすること。

というものです。[12] このような提案の背後にある根本的な動機は「言語変化を止めたい」ということに尽きると思います。変化が激しすぎると、古い時代の本を読むことができなくなるというのが彼の抱いていた最大の危惧でした。言語の変化を止めることができれば、「楽しく、容易に」昔の本を読むことができるからです。[13] そのような言語の具体例として彼は修

10）　*ibid*. p. 32.
11）　*ibid*. p. 28.
12）　*ibid*. pp. 30–31.
13）　*ibid*. p. 34.

道士が使う俗ラテン語を挙げています。

> 修道士たちの使う俗ラテンは今でも通じる。しかし、もし不毛で粗野、かつ、つねに変化の影響を受けている国語(英語)で記録されていたら、その解釈を仕事とする好古家たちの手助けがなければ、理解することなどできないであろう。しかも、低脳ながらも勤勉な人間たちが解釈し、良しとして与えてくれるイングランドの史料の稚拙な梗概で満足していたにちがいないのである。(p. 40)

このように、スウィフトの国語浄化案はきわめて偏向的で、しかも感情論的なところがたぶんに感じられるものでした。そのため、各方面から賛否さまざまな反響が沸き起こることになるのですが、特に最後の部分の「低脳ながらも勤勉な人間たちが解釈し、良しとして与えてくれるイングランドの史料の稚拙な梗概で満足していたにちがいない」という表現は当時のアングロ・サクソン研究家たちの怒りを買うことになります。この問題は最後に扱うことにして、スウィフトに対して名指しで反論を公にしたオールドミクソンの『英語に関してスウィフト博士がオックスフォード伯に宛てた書簡に関する省察 (*Reflections on Dr. Swift's Letter to the Earl of Oxford, about the English Tongue*)』(1712)[14] の内容をさきに検討することにしましょう。

IV

歴史家でありパンフレット書きでもあったジョン・オールドミクソンは、スウィフトが1712年に『提案』を発表すると、同年、即座に『省察』を書いています。その反論の焦点はやはり英語浄化のためのアカデミー (English Academy) を創るという点にありました。

まず、彼は『提案』そのものが愚かで表面的なパフォーマンスにすぎないと一刀両断に切り捨てたうえで、次のように述べています。

> 単に週一度ボトルを囲んで顔を合わせ、陽気になっているにすぎな

---

14) 以下『省察』と略記。

い。そのような会合のときには、話は質より量が優先してしまう。(p. i)

設立委員会のメンバーは週に一度会合に集まっては酒を飲んで陽気に騒ぐだけだというのです。

　スウィフトはアカデミー創設の企画をトーリー党に委ねようとしていました。しかし、80年以上にもわたって政権を握ってきたこの政党は、この時代まさに衰退の極みにあったのです(実際、1714年に内閣は倒れることになります)。くわえて、「無知で専制的な政党であるトーリー党」は「理性と自由の友である知性と雄弁」[15]には関心を示さない愚民化政治をおこなってきた政党ですから、アカデミーを創設して英語の浄化改革などできるはずがないとオールドミクソンは言うわけです。彼にとっては愚の骨頂以外の何ものでもなかったのです。そして、彼はロンギノス(Dionysius Longinus)[16]をひき合いに出して、次のように、アカデミーの構想は妄想にすぎないと批判するのです。

　　ロンギノスを読んでいる者ならすぐにわかることだが、トーリー党員に雄弁を継承する能力はなく...彼らのアカデミーの構想は...妄想にすぎない。(p. 7)

さらに、英語の発音を浄化するという仕事は女性に委ねるべきであるとするスウィフトの提案に対しても、「オックスフォードとケンブリッジの両大学が彼らの特権を女性に渡し、女性の作った英語の規範を受け入れるようなことをするはずがない」[17]と一蹴してしまいます。スウィフトがアカデミーを創ろうとした最大の動機、すなわち、英語という言語を永久に固定し、変化が起こらないようにしようという核心部分についても、「われわれの言語を永久に固定する方法があるのならば、一緒に喜び合いたいものだ」[18]として、次のように付け加えています。

---

15) Oldmixon (1712) pp. 6–7.
16) ギリシャの文芸批評に関する書物『崇高について (*On the Sublime*)』を著した修辞学者、批評家。
17) Oldmixon (1712) p. 3.
18) *ibid*. p. 14.

> 人の精神は変化するもの、...最良の著作物は残り、敬われるもの...（p. 14）

このように見てくると、オールドミクソンにとって納得できないのはスウィフトの表面的な言語認識ということになるのかもしれません。スウィフトが言葉の外面的な印象論のみに基づいて議論しているのに対して、オールドミクソンは人間の精神がもつ重みを十分に考慮した捉え方をして反論しているからです。スウィフトが懸念する「過去の文章が読めなくなる」ということも、本当に内容があり、完成の域に達している文章であるのならば、時代を問わず残るものであるとして、次のように述べています。

> いつの時代にも知に対する渇望というものはあり、そのような素養のある者ならば思想と言い回しとは区別するものである。英語が存在するかぎり、チョーサーが称賛されることは間違いないことである。（p. 24）

すなわち、過去の作家たちが忘れ去られたのは、英語が変化したからではなく、彼らの作品が言語的にも、内容の点でも、完成の域に達していなかったからであるということなのです。言語も内容もある一定の完成の域に達したものであれば、言語変化の波や時代という障壁を超越して残るものであるというわけです。さきに引用した文では、その典型的な例としてチョーサーを挙げました。さらに、近いところではシェイクスピアを挙げています。

> フランスの舞台が野蛮な状態にあったとき、我らがシェイクスピアは舞台で輝いていた。...その文体には美しさがあり、後代の作家たちよりも新鮮である...（p. 29）

このように、オールドミクソンの反論はきわめて冷静であり、的を射たものではあるのですが、反面、政治的な香りの強いものでもあったことも事実で、これはさきに見たとおりです。これとは対照的に、スウィフトの

『提案』に対して、ある意味では「感情的に」反論した人物、エルストップの反駁を次に検証してみたいと思います。

V

エリザベス・エルストップは当時女性としてはきわめて稀なアングロ・サクソン研究者でした。社会の風潮として、上流階級の女性でさえ自国語の読み書きができれば十分であるという時代に、彼女は8歳にして「文法 (accidence and grammar)」を勉強し、後見人の止めるのも聞かずにフランス語を学びます。その後さらにラテン語を含めて8ヵ国語を習得していますから、非常に活動的で才能豊かな女性であったようです。1709年にはアングロ・サクソン（古英語）で書かれた説教を編集・出版していますし、[19] さらに1715年にはアングロ・サクソン語の本格的な文法書『アングロ・サクソン文法初歩 (The Rudiments of Grammar for the English Saxon Tongue)』[20]を出版しています。そして、その『初歩』の「まえがき」は彼女の叔父であり師でもあるジョージ・ヒックス (George Hickes) に対する献辞という形をとっていますが、実は、この「まえがき」全体がスウィフトの『提案』に対する反駁の文章になっているのです。ヒックスは、まさにスウィフトが言う「北の国々の粗野な言語」を研究する第一人者的存在であり、ゲルマン系言語の文法書やシソーラスを出版しているのですが、エルストップとしてはこのような研究と北の言語に対するスウィフトの偏見や無知蒙昧さに我慢ができなかったのでしょう。

▲ エルストップ『アングロ・サクソン文法初歩』のタイトルページ

冒頭の部分で、スウィフトの不用意な記述（『提案』、p. 40）を非難するかのように『初歩』の執筆方針を次のように述べています。

---

19) Leslie and Lee (1908–09)
20) 以下『初歩』と略記。

すべてではないにしても、ほとんどの文法用語は昔のサクソン語のままの形を用いているが、その目的は今日の教養ある人たちに、その祖先の言葉が不毛でも粗野でもないことを示すためである....。(p. iii)

もちろん、ここで言う「今日の教養ある人たち」とはアングロ・サクソンを含めてゲルマン系言語が粗野であると言って憚らないスウィフトを意識しての記述です。そして、彼女は、英語の祖先が実はアングロ・サクソンであるという事実や自国の過去の歴史や文化遺産に関心を示そうとしないどころか、それらを否定しようとする人々が存在することに憤りを感じているわけです。一方では英語を浄化しようと唱えながらも、教養人と言われる人たちはこのようなゲルマン語族の言語に対する理解を示さない。そのような無知がアングロ・サクソンに対する偏見を生み出しているというのです。

その偏見、すなわち「北の言語はあたかも単音節語と耳障りな音の子音ばかりで構成されている」ということはまったくの間違いであるとエルストップは反論します。確かにアングロ・サクソン語には単音節の語がたくさんあるけれども、これはむしろ美徳であるとして、次のように述べています。

昔の北の言語は必ずしも単音節語ばかりでできているわけではない。...確かに、サクソン語には単音節語は多いが、どの言語でも単純でわかりやすいことがすばらしいことであることを知っている者にとっては美徳と映ることであろう。(p. xi)

単音節語が悪いと言うのであれば、洗練された言語といわれるラテン語やギリシャ語にも単音節語はたくさんあるとして、彼女は具体的に例を挙げ始めます。ラテン語では名詞や動詞はほとんどが単音節語であり、ギリシャ語でも、韻文の埋め草として使われるような「意味のない単音節語 (idle monosyllables)」が存在するというわけです。

また、あれほど単音節語を嫌っていたドライデンでさえも必要に迫られて単音節語を多用していることを指摘し、問題は単音節語そのものではなく、それらを使って詩や散文を書く詩人や作家の判断力であると述べてい

ます。ほかにも、チョーサー、ジョン・ガワー、リドゲイト、ジョン・ハーディング、スペンサーなどの例を次々に挙げて、単音節語は使い方が重要であることを主張しているのです。そして最後の駄目押しとして、「もしも単音節語に対する嫌悪がすべての時代を通じてつねに存在していたならば、英詩という美しい園からは最高の韻文もきれいな花々も剥ぎ取られてしまっていたにちがいない」[21]という女性の感性をもって訴えかけるのです。

結論として、エルストップは再びスウィフトに対する抗議を繰り返して「まえがき」を締めくくります。その内容にはまさに背水の陣でアングロ・サクソニストの仕事を弁明する姿を見て取ることができますが、スウィフトを筆頭とする国語浄化主義者に対する辛らつな批判とも解釈できます。

> 締め括りにあたり、国語の浄化に関わる人々がもっとサクソン語や古代文献研究に理解を示してほしい。一生懸命になって人のために仕事をしているアングロ・サクソン研究者たちが感謝されるどころか、低脳の輩という肩書きしか与えられないということはいかにも辛いことに思われるのです。(p. xxix)

VI

スウィフトの『提案』を中心として、以上簡単に18世紀イングランドの国語浄化論争の様子を見てきましたが、18世紀という時代には他にもたくさんの文法論が出版された時代でした。しかし、こうした環境の中でもアングロ・サクソン研究はあまり活発にはなりませんでした。依然として英語の綴りや発音に関する書物が関心の中心であり、古代英語の研究は細々と続けられていたと言ったほうが良いかもしれません。事実、バリントン (Daines Barrington) がオロシウス (Paulus Orosius) の『異教徒に対抗する歴史7巻 (*Historiae adversum paganos libri septem*)』の古英語訳 (Anglo-Saxon) を1733年に編集・出版したとき、その「まえがき」には「アングロ・サクソン文学に関心を寄せる人があまり少ないので、自分

---

21) Elstob (1715) p. xxviii.

と若干の好古家の友人の楽しみのために私は本書を出版したのである」[22)]と書かざるを得なかったほどなのです。

　18世紀の後半になると、ジョン・フリー (John Free) の『英語史試論 (*An Essay towards an History of the English Tongue*)』(1749) や V. J. ペイトン (V. J. Peyton) の『英語史 (*The History of the English Language*)』(1771) などの英語の歴史を扱った本が現れるようになりますが、ロバート・ベイカー (Robert Baker) の『英語論 (*Reflections on the English Language*)』(1770) のように、依然として英語の浄化運動に関する論述も現れます。このように、英語を浄化しようとする動きの中に、徐々にではありますが自分たちの国語を歴史の中に位置づけようという意識も生まれてくるようになります。これら2つの意識の流れを決定的に一本化し、最終的に英語という言語に安定を与える契機になったのが、サミュエル・ジョンソンの『英語辞書 (*A Dictionary of the English Language*)』(1755) であったと言われています。こうして、このあと19世紀になると本格的にアングロ・サクソン研究が学問として花開くことになるのです。

---

22)　Plumer (2002) p. 272.

第14章

英語辞書の発達: ジョンソンからマレーへ

Lexicographer: a harmless drudge

I

上の引用の 'a harmless drudge' という表現は 1755 年にイングランドで初めて本格的な英語の辞書である『英語辞書 (*A Dictionary of the English Language*)』[1] を作った作家サミュエル・ジョンソン (Samuel Johnson, 1709-84) が 'lexicographer' (辞書編纂者) という単語の定義として実際に辞書の中で使った表現です。「単調で骨の折れる仕事をこつこつ続ける人畜無害な人」という意味です。現代の辞書では絶対に考えられないまったく主観的な定義ですが、これは自分の定義に権威を与えるために著名な文法家、賛美歌作家であるアイザック・ワッツ (Isaac Watts, 1674–1748) の文章から拾い出した表現です。『ジョンソン伝 (*The Life of Samuel Johnson, LL.D.*)』を書いたジェームズ・ボズウェル (James Boswell, 1740–95) によれば、辞書編纂者という肉体的につらい仕事に携わる人のことを半分「遊び心」で定義したようです。[2]

▲ サミュエル・ジョンソン

---

1) 以後『辞書』と略記。
2) Boswell (1791) vol. 1, p. 164.

ジョンソン（通称 Dr. Johnson）は 1709 年にスタフォードシャー (Staffordshire) のリッチフィールド (Lichfield) で書籍商の家に生まれました。小さいころから瘰癧[3]に苦しんでいたようですが、最終的にはオックスフォード大学に進学しています。しかし、もう1つの持病であるメランコリア（憂鬱症）に悩まされ退学してしまいます。[4] その後、年上の女性と結婚しますが経済的に困窮し、1737 年にロンドンに出ることになります。ロンドンでは雑誌の編集などの仕事に携わり、みずからも詩を書いたり伝記を書いたりしていますが、なかなか生活が安定せず住居を転々と変えています。しかし、1746 年にジョンソンにとって人生の一大転機がやってきます。英語の辞書を新しく書き下ろす仕事の契約を書籍商と結んだのでした。[5] その結果、あの有名な Number 17 Gough Square[6] に腰を落ち着けて辞書の仕事をすることができるようになり、翌年の 1747 年にジョンソンはさっそく『英語辞書編纂計画書 (*The Plan of a Dictionary of the English Language*)』[7] をパトロンのチェスターフィールド伯フィリップ・ドーマー (Philip Dormer, Earl of Chesterfield) 宛てに書いて英語辞書執筆の計画を公表しています。

II

　17 世紀、18 世紀という時代は国語としての英語をどうしたら安定させることができるか盛んに議論された時代でした。さきに見たようにイングランドにもアカデミーを作って英語の文法、綴り、発音などを規制し、英語の安定化を図ろうとしたスウィフトなどはその代表的な例です。しかし、スウィフト以降の時代になっても、英語の発音と綴り字との間には無

---

3) 首のリンパ節が腫れてぐりぐりができる病気で、子供の発症率が高く、結核性のものが多い。
4) しかし、『英語辞書』が 1755 年に完成すると、修士号が与えられている。(Boswell [1791] p. 152)
5) ボズウェルによれば、出版の契約をした書籍商は Robert Dodsley, Charles Hitch, Andrew Millar, the two Messieurs Longman, the two Messieurs Knapton となっている。契約金は当時の金額で 1,575 ポンド、入稿までの経費もすべて含まれるという内容であった。(*ibid.* p. 99)
6) 現在はジョンソン博士の記念館となっている。
7) 以下『計画書』と略記。

秩序とも言える乖離があり、さまざまな人々が綴り字の教本や辞書を著して英語改革論を唱えていました。[8] その議論を収拾させるかのように現れたのがジョンソンでした。結果的にはジョンソンの『辞書』が出版されることにより、英語の綴り字は統一化・安定化に向かうことになりますが、ジョンソン自身はこのような時代にあって辞書を作る仕事にはあまり積極的ではなかったようです。むしろ、シェイクスピアの全集を編纂することに情熱を抱いていたのですが、この計画がだめになったために、『辞書』の仕事をする決心をしたと言ったほうが正しいかもしれません。現に『計画書』の冒頭でジョンソンは次のように述べています。

> 私の仕事は盲人向けの手仕事、技量を必要としない分野の相応な労働、学問の明かりも才能の導きも必要としない仕事であるが、愚鈍な忍耐力で重荷に耐え、のろのろと意志堅固にアルファベットの道を踏み固めてゆけば、それ以上なんら高度能力がなくとも上手に成し遂げることができる仕事と世間で考えられていることは承知しております。

辞書を作る仕事は社会では最低の評価しか与えられず、もっとも面白みに欠け、努力のわりには報われない仕事であるとジョンソンは考えていたようです。[9] しかし、もう一方では「批判に晒されることも少なく、評価が低いぶんだけむしろ安心して静かに仕事に取り組むことができる」と前置きを述べてから、具体的な編纂計画を述べてゆくのです。

---

8) ロバート・カウドリー (Robert Cowdrey) の *A Table Alphabetical* (1604)、ジョン・ブルオーカー (John Bullokar) の *An English Expositor* (1616)、ヘンリー・コッカラム (Henry Cockeram) の *The English Dictionary* (1623)、エライシャ・コウルズ (Elisha Coles) の *An English Dictionary* (1676) などの辞書や、ワッツの『綴り字教本 (*The Art of Reading and Writing English*)』(1721) やベイカー (William Baker) の『正しい綴りと発音教本 (*Rules for True Spelling and Writing*)』(1724) など。詳しくは渡部 (1975) 参照。

9) ジョンソンにとってはシェイクスピア全集を作るような仕事が本当の識者の仕事であり、辞書や文法書を作ることはスウィフトがエルストップを「低脳の輩」と呼んだように社会的評価の低い仕事と考えていたのかもしれない。第13章参照。

まずどのような基準で『辞書』に載せる見出し語を選び出すかという問題からジョンソンは論じ始めます。選択の対象となる語は「一般社会で使われている語」です。これは「洗練された作家 (polite writers)」の作品に見られる語が基準になるとジョンソンは述べていますが、あまりに特殊な語は避けなければならないとも断っています。「実用性があってこそ辞書である」ということなのです。すなわち『辞書』の「想定使用者は普通の読書人であり、文芸批評家のような特殊な人種だけではない」というわけです。そして「一般の利用者は語の意味を知りたいから辞書をひくのであり、語の構造や形式を知りたいからではない」と述べて、過去の文法書や辞書の欠点を暗に批判しているのです。

　しかし、英語になりきっていない外来語 (aliens) を全面的に排除してしまうのも問題があると言います。例えば、法律用語、神学用語、および医学用語 (病名) などはむしろ辞書で調べなければわからない類の用語ですから、『辞書』には含めなければならないというわけです。こうして語の選択に関しては次のような結論を出すのです。

　　専門家だけではなく一般の人たちが使うことを前提とした辞書を完成させるためには、ある程度は、あらゆる専門分野の特殊な語彙も含める必要があろう。旅行に関する本を読む人には戦争や航海術の術語を入れる必要があるだろうし、一般社会生活上有益と思われるかぎりは歴史、法律、商工業などの用語も必要であると思われる。

さらに 'horse' 'dog' などのような動物の名前などは定義をするとかえって曖昧になってしまうのであまり有益ではないけれども、馴染みのない動物については載せる必要があると述べています。読者が知りたがっているからだと言います。また、「植物をいっさい載せないとしたら、自然界のもっとも麗しい部分が排除されてしまうことになり、多くの美しいエピセット (epithet「とおり名」) も説明されないままになってしまう」と植物に関しては特に感情的な記述をしているところはジョンソンらしいと言うべきでしょうか。そしてこのような辞書があったら、シェイクスピアは 'woodbine' (ニオイニンドウ) と 'honeysuckle' (スイカズラ) を混同することもなかったであろうと結んでいます。

次にジョンソンが挙げているのは正書法 (orthography) の問題です。これまでの英語改革論議では「話すように綴る」というのがほとんどでした。ジョンソンはそれでは問題は解決しない。実際「話すように綴る」すなわち発音と綴りを一致させるという理念は達成されていないとして次のように述べるのです。

> 話すように書くべき（発音のとおりに綴る）であるという主張がこれまでの大勢であったが、このように一致させることはどの言語でもこれまで達成されたためしがなかったし、綴りに発音を厳密に合わせることより発音に綴りを合わせるほうがより簡単であるというわけでもないのであるから、逆に綴りに発音を合わせるようにしようと提案してもおかしくはないと思う。

この点ではジョンソンは綴り字改革を主張してきたこれまでの流れに逆行する保守的な立場をとっていると言うことができます。ジョンソンは綴りが一定していないからといって短絡的にすぐ改革するというのは良くないと言うわけです。彼は「すべての変化はそれ自身悪である」と述べ、「明らかな利点がないかぎり改革はすべきではなく、慣習に従うのがいい」と言い切っています。だから『辞書』では自分の時代の綴りの慣習に従う方針であり、場合によっては時代を遡って綴り方が元の語形からどのように変化してきたのかを調べることも必要であると述べています。これは後に作られることになる『オックスフォード英語辞典 (*The Oxford English Dictionary*)』(*OED*) の歴史主義的な編纂方針のさきがけとも見ることができます。

ジョンソンが『辞書』を編纂するうえで重要と考えた第3番目の項目は発音でした。「発音は正書法と密接に関連しており、発音が安定するということは言語の生命に関わる重大なことである」と述べています。（言語における）最初の変化は日常の会話の中で発音が転訛することに始まるからであると言うわけです。ジョンソンが「変化は悪である」と主張する根拠をここに見ることができます。ではジョンソンは発音に関してどのようなことを考えていたのでしょうか。

「『辞書』を作る目的の一つは英語という言語を固定 (fix) することであ

る」と断ってからジョンソンは次のように続けています。

> すべての多音節語の強勢位置を決める場合には適切な権威に基づいておこなうよう注意するつもりである。多音節語のアクセント位置はなかなか一筋縄では決められない気まぐれな現象の一つであるから。

例えば、He pass'd o'er many a region dolorous. という文と Sonorous metal blowing martial sounds. という文に見られる dolorous と sonorous という多音節語は音節数も綴りの構造もほとんど同じですから、強勢の位置も本来ならば同じ位置にあるはずです。しかし、上のミルトンの例に見るようにそれぞれ dólorous と sonórous というように強勢の位置がちがっているのです。なぜ違うのかはわからないと言いながら、このような変化をジョンソンは「気まぐれな現象」と呼んだわけです。このように多音節語の強勢の位置はさまざまに異なっており、勝手気ままに変化を許すのではなく固定するのが『辞書』の役割であるとジョンソンは考えているのです。

単音節語の発音については面白い提案をしています。現代英語でもそうですが、例えば、flow と brow はライム (rhyme)[10] の部分が同じ綴りでも発音が異なります。現代では発音記号をつけて区別できるようにしていますが、ジョンソンが考えたのはまさにその発音記号の代わりをする単語を併記するというものでした。こうして、flow には woe を併記し、brow には now を付記しようと考えたのです。これは前者の /ow/ が [ou] の音であることを示し、後者の /ow/ は [au] の音であることを示すジョンソンならではの工夫なのです。すなわち、発音記号の代わりをする平易で誰もが知っている語を並べるという方針を考えていたわけです。

次にジョンソンが考えたのは語源あるいは派生語の問題でした。これまでの辞書では、例えば、act と action, active などの派生語は無関係にばらばらに配列されていましたが、ジョンソンはこれらは act から派生した同源の語であるから同じ仲間 (class) としてまとめて記述するという方針

---

10) 一般に脚韻と呼ばれる部分で、本来は詩行末を同じ音で揃えるのに用いられるが、音韻論では音節の核となる母音の構造部を rhyme と呼んでいる。

を考えるのです。さらに、英語が歴史上いろいろな言語から語彙を借入してきたという事実を考慮してイディオムなどの句もどのような言語から取り入れられたのかを記述すると言うのです。現代で言う同義語、反意語なども記述項目に含める方針を述べていますが、これまで上で述べてきたことをジョンソンは etymology（語源）として一括しているようです。この点では現代英語の etymology より広い意味でジョンソンは考えていたようです。

　さらには英語特有のさまざまな不規則な語形変化（inflection）についても逐一辞書に記述するというのです。'fox' の複数形は 'foxes' ですが、'ox' の複数形は 'oxen' であり、'sheep' は複数になっても同形です。形容詞の変化（比較、最上級）や動詞の変化（規則、不規則）などもルールとして説明できないから、文法書で扱うというよりは、辞書で扱うべき項目であると言っています。

　こうして一通り英語の語をどのように『辞書』で扱うかを総括的に述べてから、ジョンソンは最後に語の使い方、すなわち、統語法（syntax）にも言及しています。その理由をジョンソンは次のように述べています。

　　英語の統語法はあまりに変化が激しいので、法則化することができないから、最良の書き手（best authors）が使った特定の語の用法を注意して考察することで学び取らなければならない。すなわち、英語の統語法は一般原則で習得するのではなく、過去の用例から学ばなければならないのである。

この点はかなり革新的な視点だと思います。過去の辞書や文法書がきわめて簡素な定義しか与えていなかったのに対して、ジョンソンは語の定義に加えて、過去の用例を添えることによってその語がどのように使われるのかという文法的側面をも『辞書』に盛り込もうというのです。

　語の定義そのものに関しても、1語1定義ではなく、ひとつひとつの語がもついろいろと違った意味を分類し、古い時代の意味から年代順に並べて示すことにしました。これも歴史を通してどのように英語が変化してきたのかを示そうとする「歴史主義」的な辞書の記述方法と言うべきでしょう。ジョンソンが動詞をどのように記述しようと考えていたか、具体例を

見てみましょう。

> In explaining the general and popular language, it seems necessary to sort the several senses of each word, and to exhibit first its natural and primitive signification, as 'To *arrive*, to reach the shore in a voyage. He *arrived* at a safe harbour.'
>
> Then to give its consequential meaning, '*to arrive*, to reach any place whether by land or sea'; as, 'he *arrived* at his country seat.'
>
> Then its metaphorical sense, 'to obtain any thing desired'; as, 'he *arrived* at a peerage'.（一般的で普通に使われる言葉を説明する場合には、それぞれの語がもついくつかの意味を分類して、例えば、'To arrive' は「彼は安全な港に着いた」という例のように「船旅で岸にたどり着く」という語源的な意味を最初に載せる必要がある。次にその後発達した意味、例えば、「彼は田舎の屋敷に着いた」という例のように「陸路、海路を問わずどこかにたどり着くこと」という意味を載せ、最後に「彼は貴族の爵位を手に入れた」という例のように「欲しいものを手に入れる」という比喩的な意味を載せる必要がある）

最初に動詞本来の語源に近い意味を載せ、さらにベスト・オーサーから採取した例文を載せて用法 (syntax) を説明する。次に時間の経過とともに変化した意味を載せて、また用例でその意味での使い方を説明する。その次に、さらに変化して比喩的な意味を獲得した定義を並べ、その用例を併記する。このようにして同時代の意味に至るまでこの記述法を用いて語義の説明をするのです。

これだけでもかなりこれまでの辞書記述とは違っているわけですが、とりわけ現代的であると思われることは、これら一連の定義の記述が済んだ後で、ジョンソンは解説をつけると言うのです。例えば、上の to arrive に関しては語源的な意味から比喩的、派生的な意味までを記述した結果として、to arrive という動詞は 'He arrived at happiness.' という具合に使うことはできるが、'He arrived at misery.' と言うことはできないというコメントを考えています。

以上述べてきたように、かなり辞書としては本格的で、現代的な香りのする内容をジョンソンは計画しました。最後にジョンソンは次のように書いて『計画書』を締めくくっています。

以上が私の英語辞書編纂の案であります。このような辞書を作れば英語の発音は固定され、その目的とするところが促進されることになることと存じます。すなわち、それによって純粋性が保持され、用法も明確になり、言語の生命も延びることになりましょう。

III

それでは『計画書』の内容をジョンソンはどのように実行に移していったのでしょうか。

ジョンソンに関する一般的な解説書や研究書では、ジョンソンがほとんど一人で、しかも短期間で『辞書』を完成させたように書いてありますが、[11] 彼の友人であったボズウェルが書いた『伝記』を丹念に読むと、意外なことに気がつきます。一番疑問になる掲載語の語源や定義に関して、実はそれまで刊行されていた辞書、事典に加えてウェールズの諺・格言集までも集めて利用していたのです（もっとも、どうしても慎重に調べなければならない項目の語源やさまざまな語の定義、語義を説明する用例集めなどに関してはジョンソンが一人で下作業をしていたようですが）。

機械的な作業で済む仕事に関してはジョンソンは6人の助手を雇っていました。実は彼は大のスコットランド人嫌いなのですが、「これらの助手のうち5人までがスコットランド人だった」とボズウェルは『伝記』の読者、特にスコットランド人を意識して書いています。[12]

実際の編集作業はまさしくジョンソンが『辞書』の中で定義したように、ひたすら忍耐との勝負だったようです。まずジョンソンが黒の鉛筆を手にひたすら本を読み、文中で意味が説明されているような語に下線を引いてゆきます。つぎに、その語が含まれる文の初めと終わりに縦の線を引き、下線を引いた語の最初の文字をその本のマージン（欄外）に書いておくのです。こうしてジョンソンは本を読み、見出し語となる単語の選択とそ

---

11) 一般的にはジョンソンは7年で『辞書』を完成させたと言われているが、実際には研究者によってまちまちである。契約した1746年から始めたとすれば9年になるが、語源や用例を集めるための基礎作業の3年間を除けば7年で完成したことになる。また永嶋 (1983) では8年という記述が見られる。

12) デマリア (1993) によれば、これらのスコットランド人はグラブ街 (Grub Street) から募った三文文士たちだったという。

の用例文の箇所にマークするという仕事を延々と続けます。その間、雇われた助手たちは、すでに縦線のマークがつけられた語の用例文を紙片に書き写し、下線が引かれた語に基づいて紙をアルファベット順に並べる作業を済ませておきます。この連携作業が終わると、ジョンソンが別の紙に見出し語と語源を書きます。次にその見出し語に関して助手たちが書き写した用例文の紙に目を通して、見出し語と語源が書いてあるジョンソンの用紙に定義の数だけ番号をつけるのです。定義そのものは助手たちが書き写した用例文の用紙に書き込みます。そして最後にこれら2種類の紙を繋ぎ合わせると1つの項目の原稿が完成ということになるわけです。このやり方にジョンソンは3年半を費やしていますが、途中で印刷業者からクレームがついてしまいます。用例が紙の両面に書き写してある場合が多々あり、作業がかなり煩雑になったようです。この問題を解消するためにジョンソンは紙の片面だけに書き込むよう新たに紙を調達しなければならなくなり、相当の出費を強いられてしまいます。

しかし、定義に権威を与える引用文に関してジョンソンは慎重であったとして、ボズウェルは次のように述べています。

> 語の定義を権威付けるための用例を選択する際に彼はきわめて用心深かったので『辞書』の頁という頁が以前のものよりも優れたものとなっており、読む喜びを与えてくれるものとなっていることは画期的なことである。また彼が健全な宗教やモラルを汚すようなきらいのある著者の文章をいっさい引用していないということも一目置くべきであろう。

このようにジョンソンは慎重かつ大胆に編纂の作業を進め、ついに1753年4月に第1巻が終了し、第2巻の作業を開始します。しかし、この段階では『辞書』に付されている有名な「文法」や「英語の歴史」などはまだ書かれていませんでした。この間に諷刺詩『人間の希望の空しさ (*The Vanity of Human Wishes*)』(1749) を書いたり、1750年には定期刊行紙『ランブラー (*Rambler*)』を発行したりしていますので、文字通り鉄人のような仕事をしていたのでした。しかし1752年に妻が亡くなると『ラン

ブラー』を廃刊してしまいます。新暦となった 1753 年[13]には「辞書編纂の仕事（drudgery）と妻を失った悲しみからみずからを解放しようと『アドヴェンチャラー（*The Adventurer*）』に積極的に関わるようになった」とボズウェルは書いています。このような状況で『辞書』の第 1 巻が完結したわけです。1754 年になると完成の光が見えてきたということもあり、ジョンソンは『辞書』の仕事に没頭するようになります。ところが『計画書』を献呈したチェスターフィールド卿が実は『辞書』に対してまったく無視・無関心を決め込んでいたにもかかわらず、完成間近になるとジョンソンからの献呈を期待してか『ワールド（*The World*）』誌に『辞書』の推薦文を書いたため、ジョンソンは怒りとともにチェスターフィールド卿と縁を切ることを決意するのです。ボズウェルは直接ジョンソンから聞いた話をこう再現しています。

> ボズウェル君、彼は辞書のことを大々的に公表したにもかかわらず、それから長いこと私を無視してきたんだ。にもかかわらず、私の『辞書』が完成に近づくと、『ワールド』にへたくそな文章を寄せたんだ。それで私は彼に穏やかな言葉遣いで一筆啓上して、彼が何を言おうと書こうといっこうに構わないし、彼とはもう関係ないということがわかるように伝えたんだ。

そのジョンソンの手紙から彼の皮肉屋ぶりがもっともよく現れている部分をさらに引用してみます。

> 閣下、パトロンというのは、人が水の中で懸命に助かろうともがいているときに無関心を装っていて、ようやく岸にたどり着いたときに手を差し伸べて邪魔をする人のことではないのでしょうか？　私の仕事に関してお示しくださったご親切も、もっと早い時期でしたら本当に感謝していたでありましょうが、今となっては私にはどうでもよく、嬉しくもございません。

---

13) 1752 年にイングランドでは新暦のグレゴリウス暦に変わる。これは 1582 年にヨーロッパ諸国で採用されていた暦であるが、スコットランドでは 1600 年、イングランドとアイルランドでは 1752 年にようやく採用された。

これがジョンソンの「チェスターフィールド卿と縁を切った」ことを表す皮肉でした。この皮肉屋精神が『辞書』では存分に活かされています。

こうして1755年についに『辞書』が出版されます。いかに世間を驚かせるような偉業であったかボズウェルはこのように述べています。

> 「文法と英語の歴史」が付された『辞書』がフォリオ版の2巻本でたった1人の男によってついに出版された。諸外国ならばアカデミー全体で取り組むような巨大な仕事がたった1人の男によって成し遂げられたことに世間は驚きの目を向けた。

これまで見てきたように、ジョンソンの『計画書』とボズウェルの『伝記』をクロスさせて読んでみると、なるほどジョンソンの『辞書』がいかに偉大な業績であったかがわかります。実質的に7年程度で編纂した『辞書』ではありますが、内容は本格的でかなり現代的な辞書の特徴をもっています。しかし、偏見と誤謬が多々あることも事実です。以下で『辞書』の特徴を簡単にまとめておきましょう。

IV

ボズウェルは『伝記』の中で完成した『辞書』について次のような批評をしています。まず「語源に関しては、広範な知識と優れた判断力が示されていることはわかるが、この辞書のほかの部分と比較して第1級の賞賛を与えることはできないと思う」と述べる一方で、定義こそがジョンソンの『辞書』の真骨頂であり、これまでのさまざまな辞書、事典よりはるかに優れたものであることを証明する特徴であると絶賛しています。しかし、その定義にも間違いや偏見が多々含まれているとも付け加えています。例えば、'windward'は'leeward'と正反対の意味の語ですが、ジョンソンはまったく同義であると定義

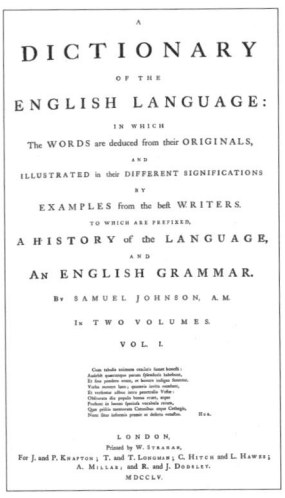

▲ ジョンソンの『辞書』のタイトルページ

していることをボズウェルは指摘しています。このような独断と偏見で書かれた定義で特に有名なものを挙げると、'Oats'（オート麦）は 'A grain which in England is generally given to horses, but in Scotland supports the people'（イングランドでは一般に馬が食べるが、スコットランドでは人間が食べる）という民族差別問題にも発展しかねない定義をしています。ただ、この定義にはアイルランド出身の風刺作家スウィフトの書いたものから取った例文を使っていますので、スコットランド人嫌いのジョンソンにとってはもっとも都合のよい例文だったのかもしれません。同じような偏見に満ちた定義としては冒頭に掲げた 'lexicographer' があります。この言葉には最初に 'A writer of dictionaries'（辞書を書く人）という正当な定義が与えられていますが、それを権威付ける用例としてジョンソンが嫌っていたワッツの 'a harmless drudge' を引用しているのです。それでジョンソンは『計画書』の書き出しに、「辞書編纂者は社会から見下されている」という趣旨の文章を冠したわけです。もっとも面白いと思われるものとしては 'Excise' の定義があります。

> Excise: A hateful tax levied upon commodities, and adjudged not by the common judges of property, but wretches hired by those to whom excise is paid. （物品税：物品に課せられる忌むべき税金。一般的な物品の鑑定家によらず、われわれがその税金を払っている輩（やから）が雇った役人によって決められるもの）

どの国でも、いつの時代でも税金に対しては人々はいい感情を抱いていないということがひしひしと伝わってくる定義で非常にユニークではありますが、やはり言葉の意味を決定付ける役割をもつ辞書の定義としては感情的で個人的な偏見を含む不適切な定義と言わざるを得ません。

このような偏見に満ちた定義が散見されるかと思うと、反対にきわめて適格な定義で見事と言えるようなものもたくさんあります。1例を挙げてみます。

> O′bject. ʃ. [objet, French]
> 　　1. That about which any power or faculty is employed.
> 　　　　　　　　　　　　　　　　　　　　　*Hammond.*

2. Something presented to the senses to raise any affection or emotion in the mind. *Atterbury*.
3. [In grammar.] Any thing influenced by somewhat else. *Clarke*.

見出し語の 'O'bject' にはどこに主強勢があるのかを示すアクセントマークがつけられていて、この語は第1音節に強勢があることがわかります。次の ∫ は名詞であることを示す substantive の 's' です。この時代はまだロング・エスと呼ばれる ∫ の文字が使われていました。その次はボズウェルが問題ありとした語源(etymology)の表記です。この場合はフランス語の 'objet' が英語に取り入れられたことを示しています。そして肝腎の定義ですが、この語に関しては3種類の定義が与えられています。(1) 何らかの力あるいは能力が向けられる対象 (2) 心に何らかの感情を起こさせるような、五感に訴えるもの (3) [文法用語] 何か他のものによって影響を受けるもの、と書かれており、最後にそれぞれの定義の権威付けとしての出典(著者名)がつけられています。

　確かに独断と偏見で書かれたと思われるような定義も散見されますが、『辞書』は画期的な業績として受け入れられ、その後 OED が出版されるまでのおよそ100年間にわたって使われ続けたのでした。ボー＆ケイブル(1951)の言うように、さまざまな欠点はあるものの「これまでの辞書とは比べ物にならないほど英語の語彙を取り入れており、標準として受け入れることができる綴りを提供した」ということは間違いのないところでしょう。その意味で、ジョンソンの『辞書』はそれまでの言語論争に終止符を打ち、英語の安定という問題の解決に大きな貢献をしたと言えるのです。それだけに限らず、『辞書』のもつ歴史主義的特徴はその後編纂されることになる OED に受け継がれることになったことも、この『辞書』の「言葉の辞典」としての革新性を示していると思います。

V

　おおよそ100年後、あれほど英語の安定に革命的な影響を与えたジョンソンの『辞書』も、ジョンソンの後に同じ歴史主義に基づいて作られたリチャードソン(Charles Richardson, 1775–1865)の『新英語辞典(*A New*

Dictionary of the English Language)』(1836-37)[14] も、何度か改訂されたにもかかわらず、時代の進歩にそぐわない不十分なものと感じられるようになっていました。そこでこれらを補完する辞書を作る計画が 1857 年 6 月 18 日に開かれたフィロロジカル・ソサエティ (The Philological Society) の会合でファーニヴァル (F. J. Furnival, 1825-1910) により提案されたのでした。具体的な目的はジョンソンとリチャードソンの辞書に欠けているすべての語彙を新たに文献から集め、補遺版を作ることでした。ところが何度も会合を開いて検討を重ねるうちに、補遺版ではなく、まったく新しい英語辞書を作ることになってしまったのです。この引き金となったのがフィロロジカル・ソサエティのメンバーの 1 人リチャード・トレンチ (Richard Trench, 1807-86) の論文でした。計画は驚くほど速やかに進み、1858 年 1 月には新しい英語辞典を作る決議が採択されたのでした。その内容は OED 第 1 版 (1857-1928) に付された 'The History of the *Oxford English Dictionary*' にまとめられています。

こうして 1859 年には「新英語辞典刊行趣意書 ('A Proposal for the Publication of a New English Dictionary')」がフィロロジカル・ソサエティから発表され、編纂へと 1 歩進むことになります。その基本的な方針は、(1) 英語のすべての語彙を網羅すること、(2) 語の記述に当たっては歴史主義を採用すること、の 2 点でした。第 2 の点はジョンソンやリチャードソンの辞書で用いられた考え方ですので、OED は彼らの方法を踏襲したということになります。

英語のすべての語彙を網羅し、歴史的原理に基づいて辞書を作るということは膨大な量の過去の史料から定義の裏打ちとなる用例を集めることを意味します。そのための方法なども検討され、資料も作成されました。ところが、1861 年 4 月に中心的人物の 1 人であるコールリッジ (Herbert Coleridge, 1830-61) が 31 歳という若さで亡くなってしまい、編集の仕事は全面的にファーニヴァルに委ねられることになってしまったのです。彼は膨大な仕事を勘案し、また仕事の遅れを考慮して OED の試作的な辞書

---

14) ジョンソンは言語資料を近代期以降の活字本に限定していたが、リチャードソンは中英語まで範囲を広げて語の用例を収集した。その意味ではジョンソンの『辞書』と OED をつなぐ役割を果たしたことになる。いずれにしても、これら 3 者の辞書はすべて歴史主義に基づいているという点で共通している。

とも言うべき『簡易辞典 (*the Concise Dictionary*)』の出版を提案しますが、これは最終的に断念することになります。

　1862年から1872年までフィロロジカル・ソサエティではファーニヴァルを中心として編纂作業に関するさまざまな検討や用例の収集作業などがなされますが、実質的進歩は見られなかったようです。ファーニヴァルは辞書の編纂作業に加えて、用例収集の基本となる史料を編集出版する協会を創設したり、みずからも中世の作品のエディションなどを作っているのです。今日イギリス中世の研究に携わる者ならば誰でも知っている「初期英語テキスト協会 (The Early English Text Society)」や「チョーサー協会 (The Chaucer Society)」はこの時期に創設されたものです。これらの協会の創設は辞書の編纂作業にとってきわめて重要な貢献でしたが、ファーニヴァルは他にもさまざまな学会を組織するなど多忙な日々を送っていたため辞書編纂の仕事は遅々として進まず、完成が危ぶまれることになります。

　このような時期に、*OED* の編纂を安定路線へ導くことになるジェームズ・マレー (James A. H. Murray, 1837-1915)[15] の名が登場してくるのです。ファーニヴァルが提案した『簡易辞典』の関係で、1876年にマクミラン社が彼に辞書の編纂を依頼しますが、フィロロジカル・ソサエティが準備した資料の使用をめぐって交渉が難航し、マクミラン社の計画は失敗に終わってしまいます。

　そのような中で1877年にはフィロロジカル・ソサエティの時の会長ヘンリー・スウィート (Henry Sweet, 1845-1912) はオックスフォード大学出版局 (The Oxford University Press) と辞書の出版交渉をおこないます。同じくマレーもオックスフォード大学出版局の代

▲ ジェームズ・マレー

---

15)　マレー (1980) 参照。

表と交渉をして好意的な回答を得たと述べてありますが、[16)] この時点ではマレーは辞書の重要性は認めてはいたものの、編集者になるか否かは決めかねていたようです。結局マレーは編集主幹となり、*OED* の編纂を進めることになるのですが、当初の計画とは大きく異なり、膨大な経費と時間が掛かることになります。しかし、さまざまな問題を抱えながらもマレーは編纂の仕事を続けてゆきます。孫娘が書いたマレーの伝記のタイトル '*Caught in the Web of Words*'（邦訳『ことばへの情熱——ジェイムズ・マレーとオックスフォード英語大辞典』）にも、マレーの置かれていた立場、状況が良く反映されていると思います。その後ヘンリー・ブラッドリー（Henry Bradley）、W. A. クレーギー（W. A. Craigie）、C. T. オニオンズ（C. T. Onions）を加えて分業体制が整い、さまざまな紆余曲折を経ながらも、1928 年に辞書は完成します。フィロロジカル・ソサエティが新しい辞書を作ることを提案してから実に 70 年の歳月が経過していました。

▲ *OED* 初版タイトルページ

歴史主義の方針で作られたこの *OED* は 1150 年以降の文献に現れるすべての語を収録し、その数は 41 万 4,825 に上ります。また引用された用例は 182 万 7,360、引用された著者数は 5,000 以上と言われています。[17)] まさに英語辞書の金字塔となったのでした。

---

16) *OED* 第 1 版、'Historical Introduction'、pp. xii–xiv.
17) 永嶋 (1983) pp. 44–45.

第15章

イデオロギーから学問へ: 英語・英文学研究の発達

　サミュエル・ジョンソンの『英語辞書』が契機となって、それまで長い間議論されてきた英語の綴りや文法に関する問題が解決の方向に向かい、歴史主義にもとづいた『オックスフォード英語辞典』が編纂されることになったことは14章で述べたとおりです。英語が政治、宗教などのイデオロギーから「実質的に」解放され、学問の対象となる契機をつくった第2の転換期がジョンソンからマレーの時代ということができるのではないでしょうか。言い換えれば、言語イデオロギーの時代から英語・英文学を学問として研究しようとする時代へと転換する過渡期になったのが、さまざまな英語浄化論争が繰り返された18世紀、すなわちジョンソンの生きた時代と言うことができると思います。

　本章では、これまでの章でとりあげた「アーサー王伝説」、「チョーサー」および「アングロ・サクソン研究」を簡単にふり返ったうえで、①それらが近・現代のイングランドにおいてどのように認識され、受容されてきたのかを辿ることで、欧米における中世研究の目的とその変遷を探り、②その知見をもとにして日本における中世英語・英文学研究のこれからのありようを改めて問い直してみようと思います。

I

　トマス・マロリーにより集大成されたアーサー王伝説はウィリアム・カクストンにより『アーサー王の死』として出版されました。その後ウィンキン・デ・ウォードが1498年と1529年にエディションを出版し、1557年にはW. コップランド、1585年にはT. イーストがそれぞれデ・ウォードの1529年の版にもとづいて新たなエディションを出版します。この直

後にエドマンド・スペンサーがアーサー王伝説をテーマとして『妖精の女王』を出版していることは第10章で述べたとおりです。スペンサーにとってエリザベスの治世は黄金の時代であり、それはアーサー王伝説の背後に流れる悠久の歴史が「神によって完成をみる時代」でもありました。ここにアーサー王復活のイメージが重なるわけです。[1] このようにテューダー王朝においてアーサー王伝説は絶大な人気を博していました。その後永い時間が流れ、アーサー王伝説が再び出版されるのは19世紀のことでした。この時代になってようやくアーサー王伝説に対する学問的な関心が興ることになるからです。トマス・ライト (Thomas Wright, 1810–77) が過去のエディションを批判的に再検討し、新たなエディションを1858年に出版します。また、ほぼ同じころアルフレッド・テニソンもアーサー王伝説をもとにして『国王牧歌』を著します。20世紀に入ると、1934年にウィンチェスター・コレッジで発見された新たなマロリーの写本 (The Winchester MS) にもとづいて、ユージン・ヴィナーヴァが1947年に『トマス・マロリー作品集』を出版するのですが、この時代から本格的なアーサー王研究が始まり、今日に至っています。[2]

II

次にチョーサーの作品がどのように受容されてきたかをふり返ってみようと思います。14世紀末に未完のまま写本の形で世にでることになったチョーサーの『カンタベリー物語』はカクストンによって活字印刷本として1478年に出版されました。しかしカクストン自身が「序文」で述べているとおり、内容の不備が指摘され、1484年に改訂版が出版されます。[3] その後チョーサーは1498年のデ・ウォード、1526年のピンソン (Richard Pynson) と受け継がれ、1532年にはヘンリー8世の命を受けてチョー

---

1) Tillyard (1944)
2) カクストンが印刷に使った写本はウィンチェスター写本とは構成や表現が若干異なる。
3) 改訂版の前書きには、ある貴族の子息がやってきて初版本に間違いの多いことを指摘したうえで、版を改めるのならば、彼の父親が所有する正確な写本をカクストンに貸すよう父親に交渉してあげてもよいという件が述べられている。Crotch (1973) 参照。

サーの写本を集めたウィリアム・シン (William Thynne, ?–1546) が『チョーサー作品集 (*The Works of Geffray Chaucer*)』を出版しています。しかし「アーサー王伝説」と同じように、チョーサーの作品もウィリアム・スペイト (William Speght) による 1598 年および 1602 年のエディションを最後に出版は途絶えてしまい、改めて正確な写本にもとづいた学問的エディションが出版されるのは 1775 年のトマス・ティリット (Thomas Tyrwhitt, 1730–86) の版になります。[4] この間チョーサーはオリジナルで読まれることはほとんどなく、ドライデンやポープ (Alexander Pope, 1688–1744) など詩人たちによる「翻訳 (adaptation)」「改作 (transmutation)」という形で読み継がれることになります。[5] チョーサーやシェイクスピアの英語が古くて読めないため、当時の読者層、観客層に受け入れられなくなっていたからでした。しかし 19 世紀になると、チョーサー協会の設立 (1868) などに見るように、イングランド中世の作品を本格的に学問的な視点から研究しようとする態度が現れてきます。それまで大学で支配的であったギリシャ・ローマの古典研究に加えて、比較言語学やアングロ・サクソン研究の講座も設けられるようになります。

III

　最後にアングロ・サクソン研究、すなわち、自国語の研究が歴史上どのように推移したかをふり返ってみましょう。ノルマン・コンクエスト以後イングランドはノルマン文化に支配されることになります。その結果、国王から下級官吏に至るまでイングランドのほぼすべての重要な政治・宗教的な官職はノルマン人に占められることになり、完全にノルマン一色の社会になってしまったかの印象を与えます。しかし実際のところは、征服から 1 世紀近く経過した 12 世紀後半 (1154 年) まで『アングロ・サクソン年代記』が古英語で記録され続けていましたし、ラハモン (Laȝamon) という司祭が 1200 年ごろにブリテン島の歴史やアーサー王伝説を記した『ブルート』という歴史書を残しました。また 13 世紀のウースターでは一般

---

4) ティリットはチョーサーの音韻・韻律構造などを学問的に研究し、5 巻本のエディションにまとめた。
5) 翻訳というよりはほとんど改作あるいは今日的意味での「超訳」である。第 12 章参照。

にトレミュラス・ハンド (Tremulous hand)[6] と呼ばれる写字生がノルマン・コンクエスト以前の時代の古英語作品にたくさんの行間注を付けています。これらはアングロ・サクソン文化に対するこだわりが 12, 13 世紀までも存在していたことを証明しています。言い換えれば、ノルマン人に支配されながらもアングロ・サクソンのアイデンティティを保持しようとしていたグループが存在していたことをこれらの史料は示しているのです。これは中世後期におけるアングロ・サクソン主義 (Anglo-Saxonism) の現われと見ることができます。[7]

初期近代期になると、ヘンリー 8 世の離婚問題が契機となって始まった宗教改革の流れのなかで、国教会設立とその正統性の問題とのかかわりからマシュー・パーカーとそのグループが言語としてのアングロ・サクソンを研究し、1566 年ごろに『古代の証言』を著すことになります。これがきっかけとなってアングロ・サクソン主義が 13 世紀以来再び顕在化することになります。その結果、ノルマン・コンクエスト以前の古い時代 (antiquity) に対する関心を生むことになるのですが、残念ながらテューダー朝の間は本格的なアングロ・サクソン研究に発展することはありませんでした。

しかし、1603 年にはウィリアム・カムデンがアルフレッド王の序文を含めた『史料集』を出版し、アングロ・サクソン研究が細々とながらも本格的に開始することになります。1605 年にはリチャード・ヴァースティガンがアングロ・サクソンをはじめとするゲルマン諸語の研究をおこない、『衰退した知性の回復』を出版しますが、これは絶大な人気を博し 1673 年の 7 版まで至っています。その後 1650 年にはウィリアム・ソムナー (William Somner, 1598–1669) がアングロ・サクソンの本格的な辞書を作り、1689 年にはジョージ・ヒックス (George Hickes) が『最初のア

---

[6] 13 世紀はじめに古英語の文献にラテン語や中英語で語注をつけたあるウースターの写字生を指す。注が手の震えを反映しているのでこう呼ばれ、高齢の写字生か先天性の障害を持つ写字生と考えられている。ノルマン・コンクエスト以後も古英語が読み継がれていた地域があったことを示す史料。

[7] 一般に近代期以降の好古意識の反映としてのアングロ・サクソン回帰思想を指すが、中英語後期のそれはノルマン文化に対するアングロ・サクソン文化の優位性を懐古する思想と考えることができる。

ングロ・サクソン語文法 (*The First Anglo-Saxon Grammar*)』を出版するなど、17世紀後半はアングロ・サクソン研究が全盛を迎えることになります。この時代は「ピューリタン革命」に始まり「王政復古」を経て「名誉革命」に至る激動の時代でした。ピューリタンを巻き込んだ議会派と王党派との政治・宗教的イデオロギー対立の中で、それぞれの立場を検証するためにアングロ・サクソンの研究が本格的に始まることになったわけです。すなわち、テューダー朝と同じように、政治的イデオロギーが引き金となってアングロ・サクソン研究が始まったのでした。

ところが18世紀前後にジョン・ドライデンやジョナサン・スウィフトなどの新古典主義者たちがイタリアやフランスのアカデミーに倣って英語を浄化・固定しようとする英語改革運動を起こします。粗野で野蛮で変化の激しい英語をイタリア語やフランス語のように美しい言葉に改革しようとするのですが、スウィフトにいたってはアングロ・サクソン研究者を「低脳の輩」として否定するような記述までしていることは13章で見たとおりです。この運動はジョン・オールドミクソンやエリザベス・エルストップなどを巻き込んだ英語改革大論争に発展してしまい、[8] スウィフトのアカデミー構想は失敗に終わります。逆説的ですが、1755年にサミュエル・ジョンソンが『英語辞書』を出版することによって、結果的に英語の安定をもたらすことになったのです。

このあとジョン・フリー (John Free)、ロバート・ベイカー (Robert Baker) など在野の知識人による英語史研究やトマス・シェリダン (Thomas Sheridan, 1719-88) の文法教育、さらにはウィリアム・ジョーンズ (William Jones, 1746-94) に始まる「学問としての比較言語学」、オックスフォード、ケンブリッジにおけるアングロ・サクソン学の講座開設へと発展してゆき、本格的な中世研究および国学研究の時代を迎えますが、参考までに、比較言語学の祖で本格的な言語研究の基を築いたジョーンズの有名な講演の一部を引用してみます。

> サンスクリット語は、その古代の形がどうあれ、すばらしい構造をしている。ギリシャ語よりもはるかに完璧で、ラテン語より語彙が豊富

---

[8] この論争に関しては第13章参照。

で、そのどちらの言語よりもすばらしく洗練されている。にもかかわらず、動詞の語根や文法形式においてはラテン、ギリシャ語に非常に似ているのである。これは単に偶然に生まれたものとは考えられないことである。これらの言語があまりにも似ているので、これら3つの言語を詳しく調べれば、どのような文献学者であろうと、いまはもう存在していない共通の源から発生したものであることを認めざるを得ないであろう。[9]

以上3つの視点から近代期以降のイングランドにおける中世研究の発達過程をふり返ってみましたが、以下では、その背景音(undertone)として歴史に流れているいくつかの特徴・特異点を述べてみたいと思います。

IV

まずアーサー王伝説はテューダー朝からステュアート朝にかけて絶大な人気を博するわけですが、背景としては新興勢力の商人やジェントリー階級のエンターテインメントとして広く読まれたということに加えて、王室の政治的イデオロギーにも利用されていたという事実があります。エリザベス女王の私的教師を務めたロジャー・アスカムの指摘にもあるように、ジェントリー階級の若者たちがエンターテインメントとして競うように読んでいたようです。

> かくのごとき書物を日々読み耽ることが、裕福で無為徒食に生きる若きジェントルマンあるいは若き女性の精神にどのような遊びを提供しうるかは、賢い人間には判断できるが、良識ある人間は哀れみを禁じえない。[10]

プロテスタントの急進的プロパガンディストであるジョン・ベイルもマロリーの本が人口に膾炙していたことを伝えています。

---

9) ジョーンズは The Asiatic Society の創設3周年を記念しておこなった講演の中で、ヨーロッパの言語が非常に類似しているという彼自身の発見にもとづいて、すべてに共通する源としての「インド・ヨーロッパ祖語」の存在を想定した。
10) Ascham (1570)

テューダー王朝もみずからの王家の正統性を主張する根拠としてアーサー王伝説を利用していました。カクストンが『アーサー王の死』を出版した 1485 年は偶然にもヘンリー・テューダー (Henry Tudor ＝ Henry VII) がボズワースの戦いでリチャード 3 世 (Richard III) を破り、王位についた年、すなわち、テューダー朝成立の年でもありました。こうしてヘンリー 7 世は王権の安定を図るためにアーサー王を利用することを考えることになることは第 10 章で見たとおりです。

V

　チョーサーの作品についても同じようなことが当てはまります。カクストン、デ・ウォード、ピンソンによってチョーサーの『カンタベリー物語』が矢継ぎ早に出版されます。ヘンリー 8 世の時代にはジョン・リーランドに全国を調査させたことはよく知られていますが、実はその直前にチョーサーの本を集めるためにウィリアム・シンを送り調査させていました。キャロライン・スパージョン (Caroline F. E. Spurgeon) は次のように述べています。

>　ウィリアム・シンはヘンリー 8 世からイングランド中の図書館を調査しチョーサーの作品を探すよう任命されていた。その結果、彼はこの王国のすべての大修道院からたくさんの本を入手したのである。[11]

その目的はヘンリー 8 世の離婚問題を片付け、宗教改革を正当化することでした。言い換えれば、① 首長令 (1534) を正当化する資料として、② ローマ教会の聖職者、特に托鉢修道会を批判する資料として、またカクストンの序文にも書かれているように、③ 英語という自国語に対する言語ナショナリズムのよりどころとするためにチョーサーの書物が集められたのです。これはヘンリー 8 世をイングランドの首長として確定させるためにクロムウェルが立案実行した計画の一環で、視察 (visitation) と呼ばれる政治的方策の主要な目的の一つでした。カトリック教会を否定するために集められたこれらの資料は、まもなく修道院解散を正当化する口実とし

---

11)　Spurgeon (1908–17) p. xvii.

てもさらに利用されることになります。

　このようにアーサー王伝説もチョーサーもエンターテインメントとして受容される一方で、もう一方ではテューダー朝君主によって政治的にも利用されていたのです。ちなみに、チョーサーと同時代のウィリアム・ラングランド (William Langland) の『農夫ピアズの夢 (*The Vision of Piers Plowman*)』も急進的プロテスタント政策を進めたエドワード 6 世の治下、ロバート・クローリー (Robert Crowley) とオーウェン・ロジャーズ (Owen Rogers) によって利用されました。ラングランドもプロテスタント擁護の文学として再解釈され、ヘンリー 8 世による修道院解散を正当化し、腐敗した聖職者を弾劾する作品として出版されます。「内部からの修道院改革を主張するラングランド」の作品[12]がテューダー朝によってイデオロギー的にデフォルメされ、ヘンリー 8 世治下の修道院解散を正当化するために利用されると同時に、『旧約聖書』で否定されている「幼年国王 (minor king)」すなわち、エドワード 6 世によるプロテスタント改革を逆に肯定する手段として利用されたのです。しかし、この作品も 1561 年を最後に出版が途絶えてしまいます。ここにもアーサー王伝説やチョーサーと同じような傾向が見られます。このように中英語期の主要な作品が次々と初期近代期に出版されますが、その背後に横たわるものは政治・宗教的テューダー・イデオロギーであったということがわかると思います。

VI

　この間自国語のルーツとしてのアングロ・サクソンもテューダー朝において国教会の正統性を主張するために利用されていました。特に秘蹟解釈においてアングロ・サクソン教会がローマと決定的に異なること、また王権がローマの教皇権の支配を受けていなかったことを証明し、国教会問題を終結させるためにエリザベスは英国の過去へ回帰することを考えます。この時代、カンタベリー大主教マシュー・パーカーとそのグループがアングロ・サクソンの研究を始め、『古代の証言』を著します。[13] これはアン

---

12) ラングランドはプロローグの冒頭部において聖職者の腐敗を厳しい筆致で描いている。この批判はあくまでも内部改革としての声明であるが、エドワード 6 世の時代にはカトリック批判の材料として利用された。

13) 第 8 章、第 9 章を参照。

グロ・サクソン研究が政治的動機で始められたことを示していますが、王家の正統性にはアーサー王のブリトン系譜を利用し、宗教の正統性にはアングロ・サクソンの教会を利用しているという点で、理論的にはテューダー王家の態度には矛盾が存在するわけです。しかし、この点にこそアングリカニズムの特徴が現れていると言えるのです。結論から言えば、テューダー朝にとって問題なのは宗教の教義の正統性ではなく、過去の慣習、歴史の伝統という事実認識の再確認であったということなのです。これは聖書主義を貫くピューリタンと対立することになります。[14] 当然エリザベスはピューリタンを弾圧することになります。ところがピューリタンが期待を寄せるジェームズ1世は案に相違してエリザベスの政策を踏襲してしまいます。このことが逆にピューリタンと議会派を接近させることになり、みずからの立場の正当性をもとめてアングロ・サクソン時代の法制、税制、議会の研究が始まる契機となるのです。ピューリタンと議会が結びついた結果、エリザベスの時代とは反対の動機によってアングロ・サクソン研究が助長されることになるのです。こうしてピューリタンを巻き込んだ議会と王党派の緊張が高まり、ついに1649年に王政否定へと発展することになるわけです。こうしてみると、聖書主義のピューリタンと議会の結びつきが結果的にアングロ・サクソン研究を復活させたと言うことができるでしょう。

VII

　ところがイデオロギーに利用されていたアーサー王、チョーサー、アングロ・サクソン研究に対するイングランドの態度も、王政復古および名誉革命を境に性格を変えるようになります。政治的イデオロギーから解放され、ウィリアム・ダヴェナント、ドライデン、ポープなどの詩人たちによる翻訳や改作をとおしてチョーサーやシェイクスピアがエンターテインメントとして新興階級を中心に受け入れられるようになるからです。チョーサーの「女子修道院長付き司祭の話（'The Nun's Priest's Tale'）」の一部を比較して、チョーサーの原文がドライデンによってどのように訳されているか見てみましょう。

---

14) 第11章、p. 146 も参照。

第15章 イデオロギーから学問へ

チョーサー(1400)

A povre wydwe, somdeel stape in age, / Was whilom dwellyng in a narwe cotage, / Biside a grove, stondynge in a dale. / This wydwe, of which I telle yow my tale, / Syn thilke day that she was last a wyf / In pacience ladde a ful symple lyf, / For litel was hir catel and hir rente. / By housbondrie of swich as God hire sente / She foond hirself and eek hir doghtren two. (昔々、少々年老いた貧しい寡婦が、谷にある林のそばの小さな田舎家に住んでいました。わたしが皆様にお話し申し上げるこの寡婦は、夫が死んだその日から、とても簡素な生活に耐えてきました。というのは財産も収入も乏しかったからです。神が彼女に送り給うたものを倹約して使い、自分自身と二人の娘の暮らしを立てていました)[15]

ドライデン(1700)

There liv'd, as authors tell, in days of yore, / A widow somewhat old, and very poor: / Deep in a dell her cottage lonely stood, / Well thatch'd, and under covert of a wood. // This dowager, on whom my tale I found, / Since last she laid her husband in the ground, / A simple sober life in patience led, / And had but just enough to buy her bread: / But housewifing the little heaven had lent, / She duly paid a groat for quarter-rent; / And pinch'd her belly with her daughters two, / To bring the year about with much ado. (著者たちの語るところによると、昔、少々年老いた、とても貧しい寡婦が住んでおりました。小さな谷の奥深いところに彼女の小屋がぽつんと立っていました。しっかりしたかやぶき屋根と木作りの家で、私が話をするこの未亡人は、夫を土に埋葬して(亡くして)以来、素朴で質素な生活に耐えながら生きていました。パンを買うのがやっとという収入しかありませんでしたが、天の恵みを倹約して、きちんと家賃の1グロートを払っていました。そして2人の娘と切り詰めた生活をし、苦労して年を越していたのでした)[16]

イデオロギーから解放されたかに思われた時代はチョーサーやシェイクスピアがエンターテインメントとして読まれる時代でした。しかし本来のオリジナルではなく翻訳や改作をとおして18世紀の読者に受け入れられるようになっていたのです。同じようにアーサー王の物語も俗謡詩人をとおしてエンターテインメントを求める民衆に売られていました。

アングロ・サクソンの研究も、イングリッシュ・アカデミーを創設して

---

15) Benson *et al.* (1987)
16) Park (1812)

英語の浄化を成し遂げようとするジョナサン・スウィフトなどの改革派のもとで軽視される時代を迎えていました。このような受け止め方の背景には17, 18世紀における英語および英語で書かれた作品に対する当時の人々の批判的態度があったのです。変化の激しい英語で書かれたものはことごとく時間とともに消滅し、忘却の淵へと追いやられてしまうという不安が知的社会に蔓延していたからです。当時の英語に対する態度をスパージョンは次のように総括しています。

> チョーサーをラテン語に翻訳したいと思うこのような感情は17世紀に広く人口に膾炙し、多くの人々の間では18世紀まで残り続けることになるが、それは[英語に対する不信の]感情が表出したものであった。その感情とは、英語は絶え間なく変化しているのでまったく安定性がなく、ある時代に書いたものは後続の世代には理解できないものになるだろうというものである。この感情に動かされてベーコンは自分の英語の作品をラテン語に翻訳させてその恒久性を確保しようとしたのである。というのは、ベーコンが書いているように、これらの現代語はいずれ本に関するかぎり不毛なものになってしまうからである。[17]

まず「変化の激しい英語に安定はない。だから次世代になったらまったく理解されなくなってしまうだろう」という危惧があります。そして、最終的には英語で書いたものは何も理解できなくなってしまうのではないかという危機感が現れてきます。

> 18世紀の人々は17世紀の人々と同様に、英語が常に変化するために、英語で書いた作家の作品がすべて比較的短い期間で読めなくなってしまうのではないかということを本気で考えていたことは確かである。[18]

このような激しい言語変化は受け入れがたいとする社会の風潮の中で、

---

17) Spurgeon (1908–17) p. xxxiii.
18) *ibid.* p. xl.

政治的イデオロギーのしばりがなくなれば、中世の作品がそのままオリジナルで評価されることはなくなってしまいます。これが翻訳・改作に向かった原因なのかもしれません。

VIII

　この傾向が逆転し、学問的研究の対象に変化するのは18世紀後半のことでした。冒頭で概観したように、この時代になってようやくオリジナルにもとづいた学問的なエディションが出版される機運が生まれることになります。チョーサーが古いのは「読む側の耳が悪いからである。だからチョーサーの英語の音節や韻律を研究する必要がある」という意識が芽生えてきます。要するにチョーサーの韻文にはチョーサーの時代の構造があり、必ずしも18世紀の韻文の構造と同じではないので、チョーサーの韻文の構造を学問的に研究しなければならないということなのです。こうして、1602年のスペイト以来絶えていた写本にもとづいたエディションの出版が1775年にティリットによって復活することになります。彼は特に語の音節構造に注目し、チョーサーにおいては語末の音節は発音される場合とそうでない場合があり、それは語末の‘e’(ファイナル‘e’と呼ばれる)の解釈によって異なるので、詩行によって音節数が変わるということを指摘しています。

　このように見てくると、イングランドにおける中世英語・英文学の研究には「政治的イデオロギーから学問的研究へ」という流れがあり、その最初の転換点が王政復古および名誉革命にかけての時代であることがわかります。また、その後の19世紀は特に学問として発展するための基礎研究の時代と位置づけることができます。

　19世紀後半になると中世英語・英文学を古典科目と同様に、大学教育の正式な科目として位置づけようとする動きが出現します。このような思潮を代表する一人であるアンナ・スウォンウィック (Anna Swanwick) は『ポール・モール・ガゼット (*The Paul Mall Gazett*)』紙で「大学が古典教育のみを重視し、チョーサーやシェイクスピアなどの国学の巨人を無視してきたことは信じられないことである」と主張しています。以下にその一部を引用してみます。

チョーサーはイタリア文学に精通しており、結果としてイタリアの古典時代にも馴染みがあった。しかしながら、彼は自分を取り巻いているイングランドの生活から着想を得ており、彼の描き方のすばらしさを本当に味わいたいと思うならば、ギリシャやローマの古典作品ではなく、チョーサーが生きていたイングランドの歴史を知らなければならないのである。同様のことはシェイクスピアで絶頂期を迎えるエリザベスの時代にも当てはまる。人知を超える天才による作品に満ち満ちているイングランドの文学がこれまで実質的に大学から無視されてきたことは信じられないことである。したがって、このような状態に幕が引かれようとしていることはまさに慶賀の至りである。[19]

　これはようやく19世紀後半になって中世英語・英文学が大学教育に取り入れる必要のある分野であるという意識が到来したことを示しています。この後ロンドン大学が正式に英語科目に対して学位を授与することになります。1859年のことでした。しかし、これは中産階級を対象とした教育プログラムであり、この時代にあってもオックスフォードとケンブリッジは古典主義にこだわっていました。オックスフォードにはアングロ・サクソン研究と比較言語学の講座はありました。しかし、オックスフォードで英語・英文学科が設けられるのは1904年、ケンブリッジでは1917年になってしまいます。日本の大学でもっとも早く英文科を設置したのはもちろん東京帝国大学ですが、富国強兵政策と欧化主義にもとづく国費留学生制度で夏目漱石がイギリスに留学したのはちょうど1900年10月のことでした。[20] 帰国後アーサー王伝説にもとづいて「薤露行」という作品を書いていることは有名なところです。英語・英文学を研究する学科ができたのは日本がはるかに早かったということは驚きです。

IX

　20世紀の後半、さらに研究の方向が変わることになります。マクロ的に中世研究を振り返ろうとするアングロ・サクソン主義や中世主義（Me-

---

19) Bacon (1998) pp. 269–72.
20) 明治33年 (1900) 10月から明治35年 (1902) 12月まで文部省留学生としてロンドンに留学した。

dievalism) の傾向の出現です。これは現在に至っても継続しており、クーシュキン (William Kuskin) 編集の『カクストンの軌跡 (*Caxton's Trace*)』(2006) においても近・現代の歴史視座からイギリス中世の作品を捉えなおそうという意識が表れています。英語の言語と文学を国家・民族的アイデンティティの視点から捉えなおそうとしていることが確認できます。

このような視点から再確認しようとする動きはスパージョンの『チョーサー批評の500年』(1908–17) に始まり、第2次世界大戦以降は英語を歴史の中に位置づけようとする研究が主流を占めるようになります。さらに、1980年ごろからは、いわゆる「中世主義」的視点からの歴史研究が活発になり、以後ほぼ毎年のように英語・英文学とイングランドのナショナル・アイデンティティの接点を探る研究が現れるようになります。すなわち、イギリス文化のルーツやアイデンティティを中世研究に求めようとする研究視点がはっきりと前面に出るようになるのです。ここには中世研究がそれ自身のためにあるのではなく、あくまでも現代との連関において捉えるべきものであるという態度がはっきりと見て取れます。以後、これが欧米における中世研究および英語史研究の中心的なテーマになって現在に至っています。

以上を前提とした場合、日本の中世英語・英文学研究はどこに向かおうとしているのでしょうか。日本では中世英語・英文学に対する導入的役割を担っている中心的な科目は「英語史」と「英文学史」ですが、それを担当する教員が必ずしも現代までの通史を講ずるというわけではなく、みずからの専門分野を中心に特定の時代にだけ終始して1年を終わるということがかなり多いような気がします。研究の内容に関しても、特定の作家や作品の研究から決して離れず、近・現代との連関性という問題意識はかなり希薄なような印象を受けます。これまで概観した欧米の研究史に当てはめて考えれば、日本の研究はまだ19世紀の基礎研究の時代を超えていないと言わざるを得ません。なぜ日本人がイングランドの中世あるいは文学を研究するのかという問いをもち、現代との関連において中世を捉え、それを後進世代に教えるという基本的な視点に欠けるとすれば、中世の研究・教育はおのずと趣味的研究に埋没することになり、大学の英文科におけるイングランド中世研究は形骸化してしまいます。

それでは、これからの日本を担う世代に中世研究を通して何をどのよう

に教育すればよいのでしょうか。あえて苦言を呈すれば、21世紀の日本における中世英語・英文学研究が開国明治期の富国強兵政策の一環としておこなわれた19世紀的英語・英文学研究と本質的にはなんら変わっていないことは、現在大学で教鞭を執るものならすぐに気がつくはずですし、気がつくべきです。欧米の中世英語・英文学研究者がみずからの民族的、文化的あるいは宗教的アイデンティティを歴史に求める動きに転じつつあるのに対して、欧米の研究者の追随研究にのみ奔走し、日本の文化や歴史に対する相対的視点に欠ける日本の中世英語・英文学研究者の存在理由はどこにあるのでしょうか。欧米のアングロ・サクソン主義、中世主義を踏まえたうえで、比較中世学的視点から日本の中世を捉えなおし、その成果を教育に反映させようとする意識が必要なのかもしれません。英語・英文学研究は日本の言語と文化をも視野に入れたグローバルな研究の時代に入ったことを認識する必要があると思います。

　第1章、第2章、第12章で『平家物語』や「羅生門伝説」などの民話・伝説の研究に言及しましたが、日本人が英語文化史を研究する本来の目的は日本の文化を相対的に理解し、その知見を教育に反映させることなのです。その意味では、野に在りながらも独自の世界観にもとづいて巨大な学際的研究をおこなった南方熊楠ははるかに時代を先取りしていたと言うことができます。今日、大学で英語・英文学を教え学ぶ日本人の意識が英語の実用性にばかり偏り、日本の言語、文化、歴史を相対的に理解しようとする努力が蔑ろにされていることは由々しきことであると思います。イギリスでは20世紀初頭にすでにスウォンウィックが同じ趣旨のことをイギリスの大学、知識人に向けて発信していることはすでに述べたとおりです。同じ状況が21世紀の日本にまだ存在しているとしたら、日本の大学における英文科の意識は150年間何の進歩もないことになります。

付録 211

付録①: インド・ヨーロッパ祖語から現代英語までの流れ

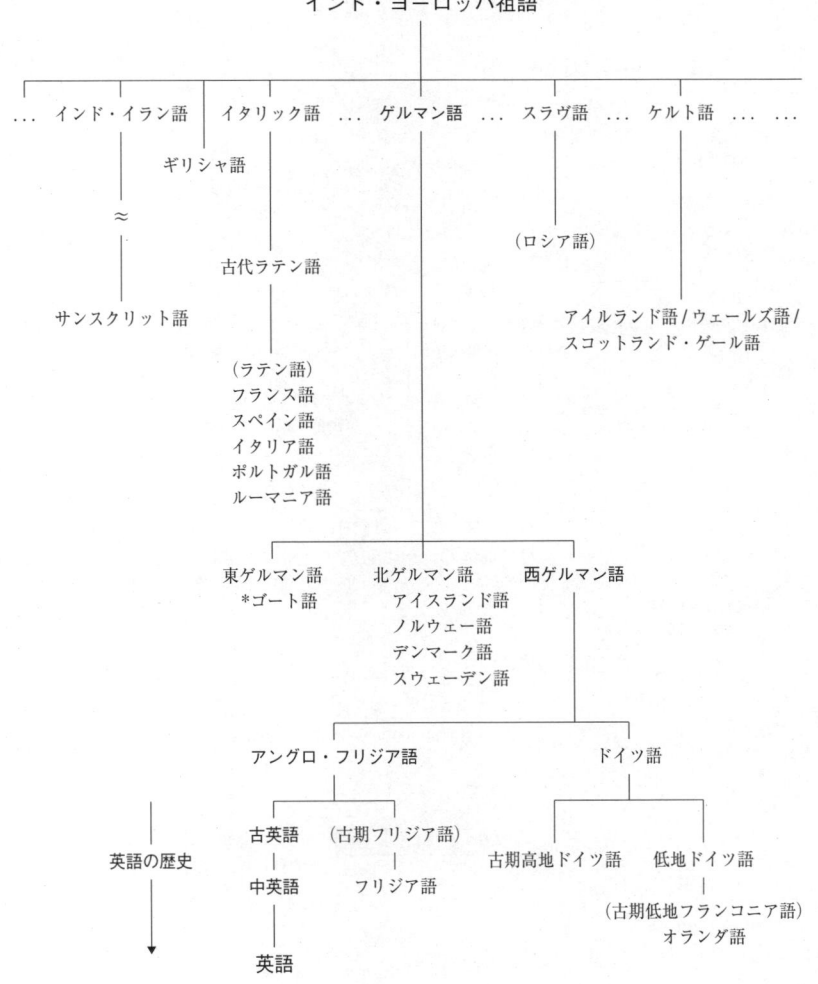

インド・ヨーロッパ祖語
├─ ... インド・イラン語
│   ≈
│   サンスクリット語
├─ イタリック語
│   ギリシャ語
│   古代ラテン語
│   （ラテン語）
│   フランス語
│   スペイン語
│   イタリア語
│   ポルトガル語
│   ルーマニア語
├─ ... ゲルマン語
├─ スラヴ語
│   （ロシア語）
├─ ... ケルト語
│   アイルランド語／ウェールズ語／
│   スコットランド・ゲール語
└─ ...

ゲルマン語
├─ 東ゲルマン語
│   *ゴート語
├─ 北ゲルマン語
│   アイスランド語
│   ノルウェー語
│   デンマーク語
│   スウェーデン語
└─ 西ゲルマン語
    ├─ アングロ・フリジア語
    │   ├─ 古英語 ─ 中英語 ─ 英語
    │   └─ （古期フリジア語） ─ フリジア語
    └─ ドイツ語
         ├─ 古期高地ドイツ語
         └─ 低地ドイツ語
              （古期低地フランコニア語）
              オランダ語

英語の歴史 ↓

付録②: アングロ・サクソン王朝からノルマン王朝までの流れ

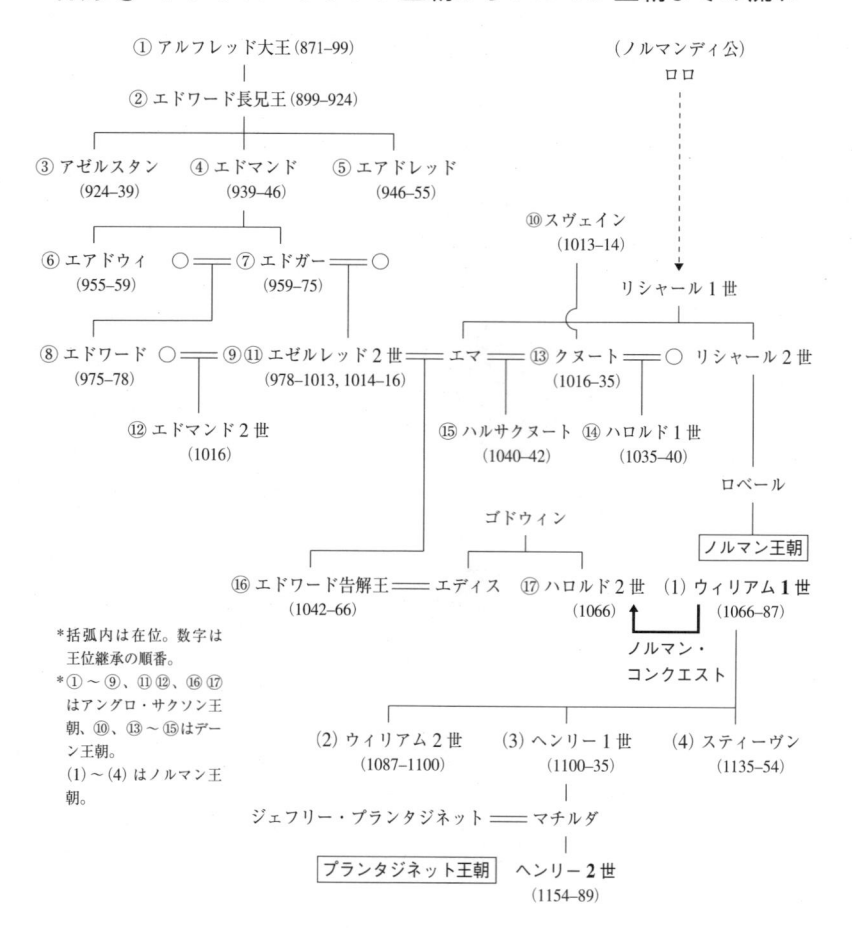

```
①アルフレッド大王(871–99)                              (ノルマンディ公)
          |                                                ロロ
②エドワード長兄王(899–924)                                  ┆
  ┌───────┬───────┐                                        ┆
③アゼルスタン  ④エドマンド  ⑤エアドレッド                   ┆
 (924–39)    (939–46)    (946–55)          ⑩スヴェイン      ┆
                                           (1013–14)      ┆
  ┌───────┬───────┐                             |          ▼
⑥エアドウィ ○═⑦エドガー═○                                リシャール1世
 (955–59)    (959–75)
  ┌───────┬───────┐
⑧エドワード ○═⑨⑪エゼルレッド2世═エマ═⑬クヌート═○ リシャール2世
 (975–78)    (978–1013, 1014–16)         (1016–35)
       ⑫エドマンド2世         ⑮ハルサクヌート ⑭ハロルド1世
         (1016)               (1040–42)    (1035–40)
                                                          |
                              ゴドウィン                  ロベール
                                  |                   ┌────────┐
                    ⑯エドワード告解王═エディス ⑰ハロルド2世 (1)ウィリアム1世  | ノルマン王朝 |
                      (1042–66)          (1066)     (1066–87)   └────────┘
  *括弧内は在位。数字は                                ↑
   王位継承の順番。                                  ノルマン・
  *①〜⑨、⑪⑫、⑯⑰                                  コンクエスト
   はアングロ・サクソン王
   朝、⑩、⑬〜⑮はデー        ┌───────┬───────┐
   ン王朝。                (2)ウィリアム2世 (3)ヘンリー1世 (4)スティーヴン
  (1)〜(4)はノルマン王       (1087–1100)   (1100–35)    (1135–54)
   朝。                                      |
                        ジェフリー・プランタジネット═マチルダ
                                               |
                        | プランタジネット王朝 |  ヘンリー2世
                                              (1154–89)
```

付録 ③: 薔薇戦争と王家

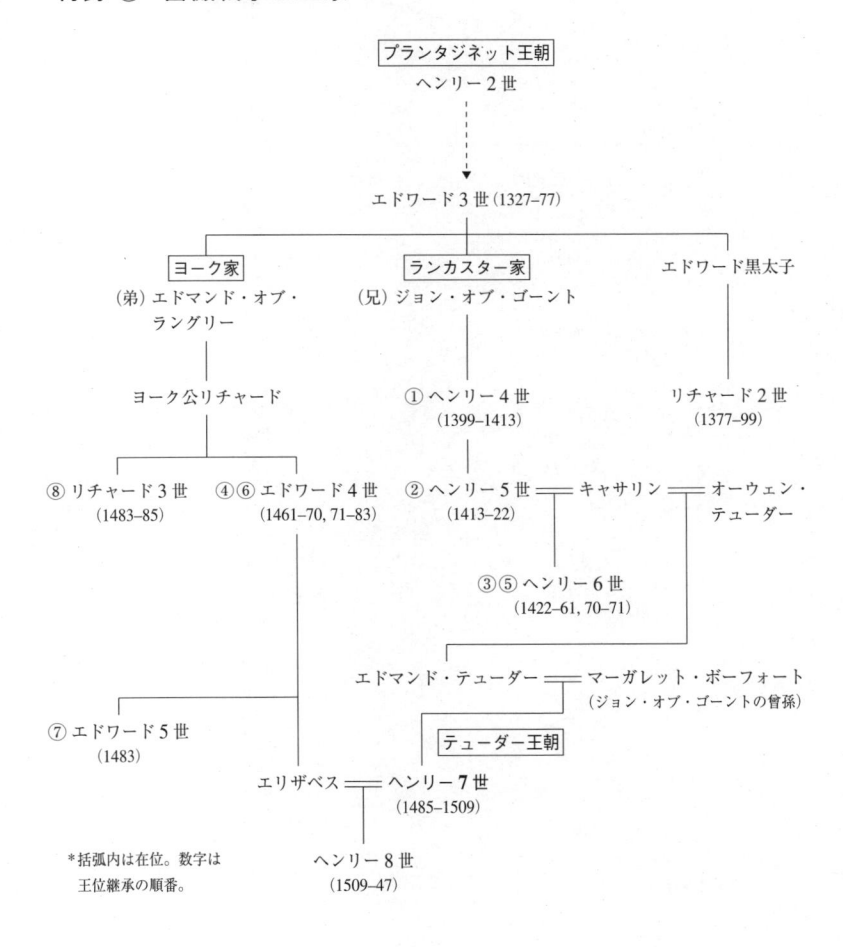

```
                    ┌─────────────────┐
                    │ プランタジネット王朝 │
                    └─────────────────┘
                         ヘンリー2世
                             ┊
                             ▼
                       エドワード3世 (1327–77)
          ┌──────────────────┼──────────────────┐
      ┌─────┐            ┌──────────┐
      │ヨーク家│            │ランカスター家│        エドワード黒太子
      └─────┘            └──────────┘
   (弟) エドマンド・オブ・      (兄) ジョン・オブ・ゴーント
       ラングリー

      ヨーク公リチャード         ① ヘンリー4世           リチャード2世
                              (1399–1413)          (1377–99)
    ┌───────┴────────┐
 ⑧ リチャード3世  ④⑥ エドワード4世    ② ヘンリー5世 ══ キャサリン ══ オーウェン・
   (1483–85)     (1461–70, 71–83)    (1413–22)                  テューダー

                                   ③⑤ ヘンリー6世
                                   (1422–61, 70–71)
                                         │
                          エドマンド・テューダー ══ マーガレット・ボーフォート
                                              (ジョン・オブ・ゴーントの曾孫)
                                    ┌─────────┐
                                    │テューダー王朝│
                                    └─────────┘
 ⑦ エドワード5世
    (1483)
                      エリザベス ══ ヘンリー7世
                                  (1485–1509)
 *括弧内は在位。数字は
  王位継承の順番。              ヘンリー8世
                              (1509–47)
```

付録④: テューダー王朝からステュアート王朝までの流れ

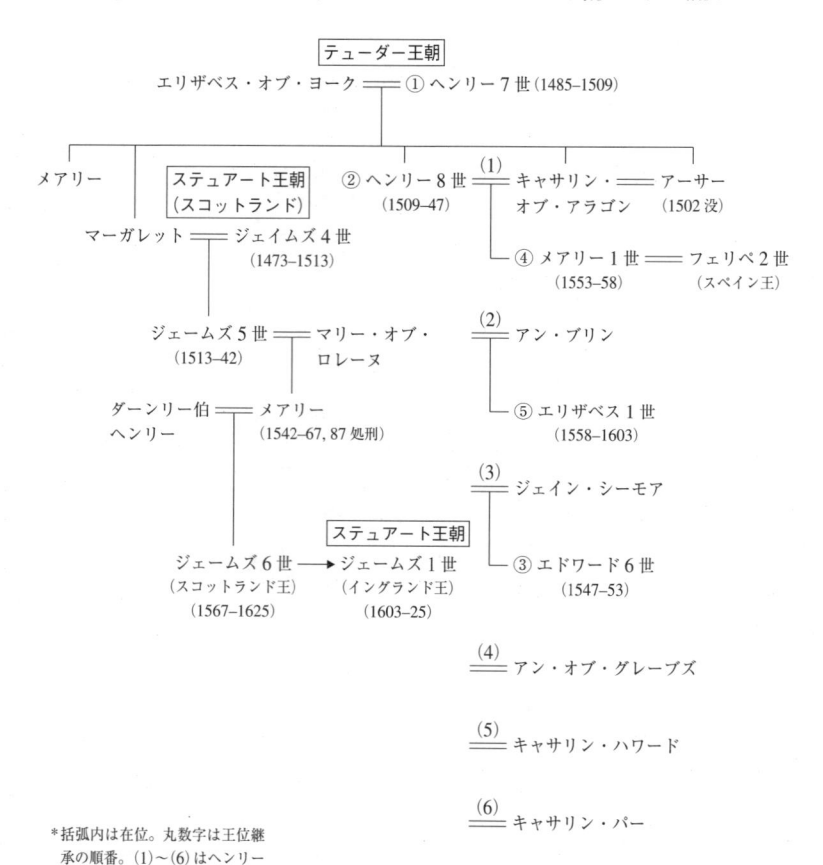

```
                          ┌─テューダー王朝─┐
                エリザベス・オブ・ヨーク ══ ①ヘンリー7世 (1485–1509)
          ┌──────────────┼─────────────────────┐
       メアリー    ┌─ステュアート王朝─┐    ②ヘンリー8世 ═(1)═ キャサリン・ ══ アーサー
                  │ (スコットランド) │    (1509–47)        オブ・アラゴン   (1502没)
              マーガレット ══ ジェイムズ4世                │
                           (1473–1513)                   └─ ④メアリー1世 ══ フェリペ2世
                                                              (1553–58)    (スペイン王)
              ジェイムズ5世 ══ マリー・オブ・    ═(2)═ アン・ブリン
              (1513–42)       ロレーヌ                │
                                                      └─ ⑤エリザベス1世
              ダーンリー伯 ══ メアリー                    (1558–1603)
              ヘンリー      (1542–67, 87処刑)
                                                ═(3)═ ジェイン・シーモア
                                                      │
                         ┌─ステュアート王朝─┐          └─ ③エドワード6世
              ジェイムズ6世 ──→ ジェイムズ1世                (1547–53)
              (スコットランド王) (イングランド王)
              (1567–1625)    (1603–25)
                                                ═(4)═ アン・オブ・クレーブズ

                                                ═(5)═ キャサリン・ハワード

                                                ═(6)═ キャサリン・パー
```

＊括弧内は在位。丸数字は王位継承の順番。(1)～(6)はヘンリー8世の結婚の順番。

参考文献

第1章

The Bible: Authorized King James Version. Oxford World's Classics. Oxford University Press (1997)

Culler, Jonathan. *Literary Theory: A Very Short Introduction.* Oxford University Press (1997)

The Geneva Bible: A Facsimile of the 1560 Edition. The University of Wisconsin Press (1969)

The Great Bible: A Facsimile of the 1539 Edition. Elpis (1991)

Parker, Matthew. *A Testimonie of Antiqvitie* (1566); The English Experience No. 214, published in facsimile by Theatrum Orbis Terrarum Ltd. (1970)

杉本圭三郎(編)『平家物語』講談社学術文庫、講談社(1979)

武内信一「英語の聖書にはどんな歴史があるのですか?」『愛知大學英文会誌』第2号、愛知大學英文会(2003)

―――.「テューダー朝における王室のアイデンティティと宗教のアイデンティティ――Ælfric の 'Sermo de Sacrificio in Die Pascae' を手がかりとして」『言語と文化』第10号、愛知大學語学教育研究室(2004)

Turner, Graeme. *British Cultural Studies: An Introduction.* Routledge (1996)

Tyndale, William. *The New Testament* (1525-6); facsimile repr. David Paradine Developments (1976)

Wycliffite Bible. AMS Press (1982)

吉田兼好、三木紀人(編)『徒然草』講談社学術文庫、講談社(1979)

ジンマーマン、A.(監修)、浜寛五郎(訳)『カトリック教会文書資料集』エンデルレ書店(1974)

第 2 章

荒木繁他(編)『幸若舞 1』「百合若大臣他」東洋文庫 355, 平凡社 (1979)
五味文彦、櫻井陽子(編)『平家物語図典』小学館 (2005)
後藤丹治、岡見正雄(校注)『太平記 3』日本古典文学大系 36, 岩波書店 (1962)
ホメロス、松平千秋(訳)『オデュッセイア(上、下)』岩波文庫、岩波書店 (1994)
市古貞次他(編)『日本古典文学大辞典』(簡約版)、岩波書店 (1986)
岩村忍(編)『南方熊楠文集 1, 2』東洋文庫 352, 354, 平凡社 (1979)
Jack, George (ed.) *Beowulf: A Student Edition.* Oxford University Press (1994)
Klaeber, Fr. (ed.) *Beowulf and the Fight at Finnsburg.* D. C. Health (1950)
小峯和明(編)『今昔物語集を読む』吉川弘文館 (2008)
─────『中世説話の世界を読む』岩波セミナーブックス 69, 岩波書店 (1998)
前田淑『百合若説話の世界』弦書房 (2003)
益田勝実(編)『南方熊楠随筆集』ちくま学芸文庫、筑摩書房 (1994)
水原一(校注)『平家物語(上、中、下)』新潮日本古典集成、新潮社 (1979-81)
忍足欣四郎(訳)『ベーオウルフ』岩波文庫、岩波書店 (1990)
佐藤謙三(校注)『今昔物語集(上、下)』ソフィア文庫、角川文庫 (1955)
─────(校注)『平家物語(上、下)』ソフィア文庫、角川文庫 (1959)、第 55 版 (2005)
島津久基『羅生門の鬼』新潮社 (1929); 東洋文庫 269, 平凡社 (1975)
多ヶ谷有子『王と英雄の剣: アーサー王・ベーオウルフ・ヤマトタケル ──古代中世文学にみる勲と志』北星堂書店 (2008)
高木市之助他(校注)『平家物語(上、下)』日本古典文学大系 33, 岩波書店 (1960)
鶴見和子『南方熊楠──地球志向の比較学』講談社学術文庫、講談社 (1981)
横道萬里雄、表章(校注)『謡曲集 下』日本古典文学大系 41, 岩波書店 (1963)

第3章

Barber, Charles. *The English Language: A Historical Introduction.* Cambridge University Press (1993)

Baugh, Albert C. and Thomas Cable. *A History of the English Language.* Routledge & Kegan Paul (1951); 5th ed. Prentice Hall (2002)

Brown, R. Allen. *The Norman Conquest of England.* The Boydell Press (1984)

―――. *The Normans and the Norman Conquest.* The Boydell Press (1968)

Clanchy, M. T. *England and Its Rulers 1066-1272.* Blackwell Publishers (1983); 2nd ed. (1998)

Denny, Norman and Josephine Filmer-Sankey. *The Bayeux Tapestry, The Story of the Norman Conquest, 1066.* Collins (1966)

Douglas, David C. (ed.) *English Historical Documents I.* Eyre & Spottiswoode (1968)

Geoffrey of Monmouth. *The History of the Kings of Britain*, trans. Lewis Thorpe. Penguin Books (1966)

樺山紘一他(編)『クロニック世界全史』講談社 (1994)

Le Patourel, John. *The Norman Empire.* Oxford University Press (1976)

ロイン, ヘンリー・R. (編) 魚住昌良(監訳)『西洋中世史事典』東洋書林 (1999)

森護『英国王室史話』大修館書店 (1986)

Plummer, Charles (ed.) *Two of the Saxon Chronicles Parallel.* Oxford University Press (1899)

Spinage, Clive Alfred. *King Alfred: Myths and Mysteries.* Llanerch Publishers (1997)

Swanton, Michael (trans. & ed.) *The Anglo-Saxon Chronicle.* J. M. Dent (1996)

Sweet, Henry. *Anglo-Saxon Primer* (1882); 9th ed. N. Davis (ed.) Oxford University Press (1953)

―――(ed.) *King Alfred's West-Saxon Version of Gregory's Pastoral Care.* EETS (OS. 45) (1871)

第4章

Benson, Larry D. *et al*. (eds.)　*The Riverside Chaucer* (3rd ed.)　Houghton Mifflin Company (1987)

チョーサー、桝井迪夫(訳)『カンタベリー物語(上、中)』岩波文庫、岩波書店 (1995)

Child, Francis James (ed.)　*The English and Scottish Popular Ballads*. Vols. III, IV, V.　Dover Publications (1889-98)

Ellis, Steve.　*An Oxford Guide to Chaucer*.　Oxford University Press (2005)

Fry, Timothy *et al*. (eds.)　*The Rule of St. Benedict*.　The Liturgical Press (1981)

Jones, Terry *et al*.　*Who Murdered Chaucer?: A Medieval Mystery*.　Methuen (2003)

McGrath, Alister.　*In the Beginning: The Story of the King James Bible and How It Changed a Nation, a Language, and a Culture*.　Doubleday (2001); Anchor Books (2002)

Power, Eileen.　*Medieval English Nunneries c. 1275 to 1535*.　Biblo and Tannen (1922)

―――.　*Medieval People*.　Methuen & Co. LTD (1924)〔邦訳『中世に生きる人々』三好洋子(訳)、東京大学出版会 (1954)〕

Roth, Cecil.　*A History of the Jews*.　The Union of American Hebrew Congregations (1961)

―――.　*A History of the Jews in England*.　Oxford University Press (1941)

Sachar, Abram Leon.　*A History of the Jews*.　Alfred A. Knopf (1930)

武内信一「人、言葉、歴史：英語史のテクストを読む」『愛知大學英文会誌』第8号、愛知大學英文会 (2006)

Whittock, Trevor.　*A Reading of the Canterbury Tales*.　Cambridge University Press (1968)

Winny, James (ed.)　*The General Prologue to the Canterbury Tales*.　Cambridge University Press (1965)

―――. (ed.)　*The Prioress' Prologue and Tale*.　Cambridge University Press (1975)

第 5 章

Bennett, H. S. *Chaucer and the Fifteenth Century.* Clarendon Press (1947)

Blades, William. *The Biography and Typography of William Caxton.* Ludgate (1877); repr. Muller (1971)

Blake, Norman F. *Caxton and His World.* London House & Maxwell (1969)

―――. *Caxton's Own Prose.* Andre Deutsch (1973)

―――. *William Caxton: A Bibliographical Guide.* Garland Publishing, Inc. (1985)

―――. *William Caxton and English Literary Culture.* The Hambledon Press (1991)

Boyd, Beverly (ed.) *Chaucer According to William Caxton: Minor Poems and Boece, 1478.* Allen Press INC. (1978)

The British Library Board (ed.) *William Caxton.* British Museum Publications Ltd. (1976)

Caxton, William, trans. F. S. Ellis (ed.) *The Golden Legend.* 7 vols. Temple Classics (1900)

Chambers, E. K. *English Literature at the Close of the Middle Ages.* Oxford at the Clarendon Press (1945)

Cranfield, G. A. *The Press and Society: From Caxton to Northcliffe.* Longman (1978)

Crotch, W. J. B. *The Prologues and Epilogues of William Caxton.* EETS (OS. 176) (1928); repr. Kraus Reprint (1973)

De Hamel, Christopher. *The Book. A History of the Bible.* Phaidon Press (2001)

―――. *Scribes and Illuminators (Medieval Craftsmen).* British Museum Press (1992)

Gillespie, Alexandra. *Print Culture and the Medieval Author: Chaucer, Lydgate, and Their Books 1473–1557.* Oxford University Press (2006)

Hellinga, Lotte. *Caxton in Focus: The Beginning of Printing in England.* The British Library (1982)

Hindley, Geoffrey. *England in the Age of Caxton.* St Martin's Press, Inc. (1979)

Hutmacher, William F. *Wynkyn de Worde and Chaucer's* Canterbury Tales: *A Transcription and Collation of the 1498 Edition with Caxton 2 from* The General Prologue *through* The Knight's Tale. Editions Rodopi N. V. (1978)

Kretzschmar, William A., Jr. 'Caxton's Sense of History.' *JEGP* 19 (1992) pp. 510–28.

Kuskin, William. *Caxton's Trace: Studies in the History of English Printing.* University of Notre Dame Press (2006)

Leland, John. *The Laboryouse Journey & Serche for Englandes Antiquitees* (1549); The English Experience No. 750, published in facsimile by Theatrum Orbis Terrarum Ltd. (1975)

Lewis, C. S. *English Literature in the Sixteenth Century Excluding Drama.* Oxford at the Clarendon Press (1954)

Stephen, Leslie and Sidney Lee (eds.) *The Dictionary of National Biography.* 2nd ed. 22 vols. Smith, Elder (1908–09)

Wallace, David (ed.) *The Cambridge History of Medieval English Literature.* Cambridge University Press (1999)

第6章

Adomnan of Iona. *Life of St. Columba*, trans. Richard Sharpe. Penguin Books (1995)

青山吉信『グラストンベリー修道院――歴史と伝説』山川出版社 (1992)

―――.『聖遺物の世界――中世ヨーロッパの心象風景』山川出版社 (1999)

Barron, W.R.J. and S. C. Weinberg (eds.) *Laʒamon's Arthur.* Longman (1989)

Brinkley, Roberta Florence. *Arthurian Legend in the Seventeenth Century.* The Johns Hopkins Press (1932)

Child, Francis James (ed.) *The English and Scottish Popular Ballads.* Vol. 1. Dover Publications (1882–84)

Cooper, Helen (ed.) *Le Morte Darthur.* Oxford University Press (1998)

Crotch, W. J. B. *The Prologues and Epilogues of William Caxton.* EETS (OS. 176) (1928); repr. Kraus Reprint (1973)

Eliot, Charles W. (ed.) *Chronicles and Romance: Froissart, Malory,*

Holinshed. P. F. Collier & Son Corporation (1938)
Geoffrey of Monmouth. *Historia regum Britanniae.* Acton Griscom (ed.) Longmans, Green & Co. (1929)
―――. *The History of the Kings of Britain*, trans. Lewis Thorpe. Penguin Books (1996)
Given-Wilson, Chris. *Chronicles: The Writing of History in Medieval England.* Humbledon and London (2004)
東浦義雄、竹村恵都子『イギリス伝承文学の世界』大修館書店 (1993)
井村君江『アーサー王物語』筑摩書房 (1987)
Jenkins, Claude. *The Monastic Chronicler and the Early School of St. Albans.* Society For Promoting Christian Knowledge (1922)
厨川文夫・圭子(編訳)『アーサー王の死』ちくま文庫、筑摩書房 (1986)
夏目漱石「薤露行(かいろ)」『倫敦塔・幻影の盾』岩波文庫、岩波書店 (1930)
Nennius. *Historia Brittonum*, trans. J. A. Giles. Six Old English Chronicles. S. Evans (1903)
Roger of Wendover. *Flowers of History*, trans. J. A. Giles. 2 vols. Henry G. Bohn (1849)
武内信一「写本・印刷・カクストン」『愛知大學英文会誌』第3号、愛知大學英文会 (2003)
Vinaver, Eugene (ed.) *Malory: Complete Works.* Oxford University Press (1971)
――― (ed.) *The Works of Sir Thomas Malory.* 3 vols. Oxford University Press (1947)
Wace and Laʒamon. *Arthurian Chronicles*, trans. Eugene Mason. The Medieval Academy Reprints for Teaching 35. University of Toronto Press (1996)
William of Malmesbury. *The Chronicle of the Kings of England.* J. A. Giles (ed.) Henry G. Bohn (1847)

第7章

アットウォーター、ドナルド(他編)、山岡健(訳)『聖人事典』三交社 (1998)
Bobrick, Benson. *Wide as the Waters: The Story of the English Bible and the Revolution It Inspired.* Simon & Schuster (2001)
Daniel, David. *William Tyndale: A Biography.* Yale University Press

(1994)〔邦訳『ウィリアム・ティンダル』田川建三(訳)、勁草書房(2001)〕

De Hamel, Christopher. *The Book. A History of the Bible.* Phaidon Press (2001)

The Geneva Bible: A Facsimile of the 1560 Edition. The University of Wisconsin Press (1969)

ゴドウィン、マルコム、大瀧啓裕(訳)『天使の世界』青土社(1993)

上智大学中世思想研究所(編訳・監修)『キリスト教史』(全11巻)平凡社ライブラリー、平凡社(1996)

上智大学中世思想研究所(編訳・監修)『中世思想原典集成』(全20巻＋別巻)平凡社(2003)

小林珍雄(編)『キリスト教用語辞典』東京堂出版(1954)

Long, Lynne. *Translating the Bible: From the 7th to the 17th Century.* Ashgate (2001)

McGrath, Alister. *In the Beginning: The Story of the King James Bible and How It Changed a Nation, a Language, and a Culture.* Doubleday (2001); Anchor Books (2002)

大貫隆他(編)『岩波キリスト教辞典』岩波書店(2002)

O'Sullivan, Orlaith (ed.) *The Bible As Book: The Reformation.* The British Library & Oak Knoll Press (2000)

田川建三『書物としての新約聖書』勁草書房(1997)

ジンマーマン、A.(監修)、浜寛五郎(訳)『カトリック教会文書資料集』エンデルレ書店(1974)

第8章

Bale, John. *The Vocacyon of Johan Bale.* Medieval and Renaissance Texts and Studies. Vol. 70. Peter Happé and John N. King (eds.) (1990)

Burrow, J. A. *Medieval Writers and Their Work* (1982)

Byrne, M. St. Clare (ed.) *The Letters of King Henry VIII, a selection, with a few other documents.* Funk & Wagnalls (1968)

Elstob, Elizabeth. *The Rudiments of Grammar for the English-Saxon Tongue.* W. Bowyer (1715); facsimile repr. Scolar Press (1968)

Frantzen, J. Allen. *Desire for Origins: New Language, Old English, and Teaching the Tradition.* Rutgers University Press (1990)

Geoffrey of Monmouth. *The History of the Kings of Britain*, trans. Lewis Thorpe. Penguin Books (1966)

Godden, Malcolm (ed.) *Ælfric's Second Series of Catholic Homilies*. EETS (SS. 5) (1979)

Graham, Timothy (ed.) *The Recovery of Old English: Anglo-Saxon Studies in the Sixteenth and the Seventeenth Centuries*. Medieval Institute Publications. Western Michigan University (2000)

堀米庸三(他)『西欧精神の探求――革新の12世紀』NHKライブラリー、日本放送出版協会 (1976)

Knowles, David. *The Evolution of Medieval Thought*. Helicon Press (1962)

ノウルズ、D., 上智大学中世思想研究所(編訳・監修)『キリスト教史(4)』平凡社ライブラリー、平凡社 (1996)

小林宜子「イングランド宗教改革期における過去の再構築――ジョン・リーランドとジョン・ベイルのテクストをめぐって」『シリーズ言語態4 記憶と記録』白井隆一郎・高村忠明(編)、東京大学出版会 (2001)

Leland, John. *De Rebus Britannicis Collectanea*. 6 vols. Originally published in 1776, republished by Gregg International Publishers Limited (1970)

―――. *The Laboryouse Journey & Serche for Englandes Antiquitees* (1549); The English Experience No. 750, published in facsimile by Theatrum Orbis Terrarum Ltd. (1975)

Loyn, H. R. *The English Church 940-1154*. Longman (2000)

Middleton, Christopher (ed.) *The Famous Historie of Chinon of England together with The Assertion of King Arthure*. EETS (OS. 165) (1925)

小野茂「歴史の中の古英語とアングロ・サクソン・イングランド」『学苑』752号、昭和女子大学・英米文学紀要 (2003)

大貫隆他(編)『岩波キリスト教辞典』岩波書店 (2002)

Parker, Matthew. *A Testimonie of Antiqvitie* (1566); The English Experience No. 214, published in facsimile by Theatrum Orbis Terrarum Ltd. (1970)

Stephen, Leslie and Sidney Lee (eds.) *The Dictionary of National Biography*. 2nd ed. 22 vols. Smith, Elder (1908-09)

Takeuchi, Shin'ichi. 'The Laboryouse Journey and Serche of Johan

Leylande for Englandes Antiquitees: A Diplomatic Edition with Notes and Glossary (I)'. 『文学論叢』第 127 輯。愛知大學文学会 (2002)

―――. 'The Laboryouse Journey and Serche of Johan Leylande for Englandes Antiquitees: A Diplomatic Edition with Notes and Glossary (II)'. 『文学論叢』第 128 輯。愛知大學文学会 (2003)

Wallace, David (ed.) *The Cambridge History of Medieval English Literature.* Cambridge University Press (1999)

Woodward, G.W.O. *The Dissolution of the Monasteries.* Walker and Company (1966)

ジンマーマン、A.(監修)、浜寛五郎(訳)『カトリック教会文書資料集』エンデルレ書店 (1974)

第 9 章

Bale, John. *The Vocacyon of Johan Bale.* Medieval and Renaissance Texts and Studies. Vol. 70. Peter Happé and John N. King (eds.) (1990)

Cook, G. H. (ed.) *Letters to Cromwell and Others on the Suppression of the Monasteries.* John Baker (1965)

Cross, Claire. *Church and People: England 1450–1660.* Blackwell Publishers (1976)

Douglas, David C. (ed.) *English Historical Documents 1485–1558.* Vol. V. Eyre & Spottiswoode (1967)

Elton, G. R. *England 1200–1640.* The Sources of History. Cornell University Press (1969)

浜林正夫『イギリス宗教史』刀水書房 (1987)

Happé, Peter. *John Bale.* Twayne Publishers (1996)

Howlett, R. 'Observations on the Alleged Extensive Loss of Historical MSS. after the Dissolution of the Monasteries.' *Proceedings of the British Archaeological Association* (1886)

Jones, Norman L. *The English Reformation: Religion and Cultural Adaptation.* Blackwell Publishers (2002)

Knowles, David. *Bare Ruined Choirs.* Cambridge University Press (1976)

Leland, John. *The Laboryouse Journey & Serche for Englandes Antiq-*

uitees (1549); The English Experience No. 750, published in facsimile by Theatrum Orbis Terrarum (1975)
村上陽一郎『ペスト大流行』岩波書店 (1983)
Plowden, Alison. *The House of Tudor*. Sutton Publishing (1976)
Slavin, Arthur J. (ed.) *Thomas Cromwell on Church and Commonwealth: Selected Letters, 1523–1540*. Harper Torchbooks (1969)
Smith, Lucy Toulmin (ed.) *Leland's Itinerary in England and Wales*. Southern Illinois University Press (1964)
渡部昇一『イギリス国学史』研究社出版 (1990)
Woodward, G.W.O. *The Dissolution of the Monasteries*. Walker and Company (1966)
―――. *The Dissolution of the Monasteries*. Picton Pictorials (1972)
Youings, Joyce. *The Dissolution of the Monasteries*. George Allen and Unwin Ltd. (1971)

第 10 章

Ascham, Roger. *The Scholemaster*. John Day (1570); The English Experience No. 15, published in facsimile by Theatrum Orbis Terrarum (1968)
Bacon, Alan. *The Nineteenth-Century History of English Studies*. Ashgate (1998)
Bale, John. *Scriptorum illustrium maioris Britanniae summarium* (1548) STC No. 1295
Barron, W.R.J. and S. C. Weinberg (eds.) *Laȝamon's Arthur*. Longman (1989)
Bede. *Ecclesiastical History of the English People*. Bertram Colgrave and R.A.B. Mynors (eds.) Oxford Medieval Texts. Oxford University Press (1969)
Brinkley, Roberta Florence. *Arthurian Legend in the Seventeenth Century*. The Johns Hopkins Press (1932)
Chapman, Mark D. *Anglicanism: A Very Short Introduction*. Oxford University Press (2006)
Child, Francis James (ed.) *The English and Scottish Popular Ballads*. 5 vols. Dover Publications (1882–98)
Cooper, Helen (ed.) *Le Morte Darthur*. Oxford University Press

(1998)

Dryden, John. *The Major Works*. Oxford World's Classics. Oxford University Press (1987)

Eliot, Charles W. (ed.) *Chronicles and Romance: Froissart, Malory, Holinshed*. P. F. Collier & Son Corporation (1938)

Geoffrey of Monmouth. *Historia regum Britanniae*. Acton Griscom (ed.) Longmans, Green & Co. (1929)

―――. *The History of the Kings of Britain*, trans. Lewis Thorpe. Penguin Books (1996)

Hill, Christopher. *Puritanism and Revolution*. Schoken Books (1958)

今西雅章(編注)『マクベス』大修館書店(1987)

井村君江『アーサー王物語』筑摩書房(1987)

―――.『アーサー王ロマンス』ちくま文庫、筑摩書房(1992)

Keynes, Simon. 'The Cult of King Alfred the Great'. *Anglo-Saxon England* 28. pp. 225–355. Cambridge University Press (1999)

厨川文夫・圭子(編訳)『アーサー王の死』ちくま文庫、筑摩書房(1986)

Kuskin, William. *Caxton's Trace: Studies in the History of English Printing*. University of Notre Dame Press (2006)

Malory, Sir Thomas. *Le Morte Darthur*. A. W. Pollard (ed.) Medici Society (1923) (the Caxton version)

―――. *Le Morte Darthur*. Stephen H. A. Shepherd (ed.) W. W. Norton & Company (2004)

McGrath, Alister. *In the Beginning: The Story of the King James Bible and How It Changed a Nation, a Language, and a Culture*. Doubleday (2001); Anchor Books (2002)

夏目漱石「薤露行(かいろこう)」『倫敦塔・幻影の盾』岩波文庫、岩波書店(1930)

Nennius. *Historia Brittonum*, trans. J. A. Giles. Six Old English Chronicles. S. Evans (1903)

Parker, Matthew. *A Testimonie of Antiqvitie* (1566); The English Experience No. 214, published in facsimile by Theatrum Orbis Terrarum Ltd. (1970)

Rouse, Robert Allen. *The Idea of Anglo-Saxon England in Middle English Romance*. D. S. Brewer (2005)

Spurgeon, Caroline F. E. *Five Hundred Years of Chaucer Criticism and Allusion 1357–1900*. 3 vols. The Chaucer Society (1908–17); repr. Russell & Russell (1960)

武内信一「英語史から見た修道院解散」『愛知大學英文会誌』第 5 号、愛知大學英文会 (2004)

―――. 「テューダー朝における王室のアイデンティティと宗教のアイデンティティ：Ælfric の 'Sermo de Sacrificio in Die Pascae' を手がかりとして」『言語と文化』第 10 号、愛知大學語学教育研究室 (2004)

Vinaver, Eugene (ed.) *Malory: Complete Works*. Oxford University Press (1971)

―――. (ed.) *The Works of Sir Thomas Malory*. 3 vols. Oxford University Press (1947)

Wace and Laȝamon. *Arthurian Chronicles*, trans. Eugene Mason. The Medieval Academy Reprints for Teaching 35. University of Toronto Press (1996)

Weiss, Judith (ed.) *Wace's 'Roman de Brut': A History of the British*. University of Exeter Press (1999)

William of Malmesbury. *The Chronicle of the Kings of England*. J. A. Giles (ed.) Henry G. Bohn (1847)

第 11 章

グッドマン、J., 和田光弘他(訳)『タバコの世界史』平凡社 (1996)

浜林正夫『イギリス宗教史』刀水書房 (1987)

James I, King. *A Covnterblaste to Tobacco* (1604); The English Experience No. 181, published in facsimile by Da Capo Press (1969)

―――. *Daemonologie, in Forme of a Dialogue, Diuided into three Bookes* (1597), G. B. Harrison (ed.) *Elizabethan and Jacobean Quartos*. Barnes & Noble Inc. (1966)

―――. *News from Scotland, Declaring the Damnable life and death of Doctor Fian, a notable Sorcerer, who was burned at Edenbrough in Ianuary last* (1591), G. B. Harrison (ed.) *Elizabethan and Jacobean Quartos*. Barnes & Noble Inc. (1966)

ミリス、ルドー・J. R., 武内信一(訳)『異教的中世』新評論 (2002)

寺澤芳雄『翻刻版　欽定英訳聖書――文献学的書誌学的解説』研究社 (1985)

Trevelyan, G. M. *English Social History: A Survey of Six Centuries, Chaucer to Queen Victoria*. Longmans, Green & Co. (1944) 〔邦訳『イギリス社会史』藤原浩・松浦高嶺(訳)、みすず書房 (1971)〕

Wiener, Philip P. (ed.) *Dictionary of the History of Ideas.* Charles Scribner's Sons Publishers (1973)

第12章

Abbott, E. A. *A Shakespearian Grammar.* Macmillan and Co. (1929)

Barber, Charles. *The English Language: A Historical Introduction.* Cambridge University Press (1993)

Bate, Jonathan & Eric Rasmussen (eds.) *William Shakespeare: Complete Works.* Random House (2007)

Benson, Larry D. *et al.* (eds.) *The Riverside Chaucer* (3rd ed.) Houghton Mifflin Company (1987)

Bergeron, David M. & Geraldo U. de Sousa. *Shakespeare: A Study and Research Guide.* University Press of Kansas (1995)〔邦訳『シェイクスピアを学ぶ人のために』北川重男(訳)、三修社 (2001)〕

Boswell-Stone, W. G. *Shakespeare's Holinshed: The Chronicle and the Historical Plays Compared.* Benjamin Blom (1896); repr. (1966)

Bryson, Bill. *Shakespeare:The World as Stage.* HarperCollins Publishers (2007)〔邦訳『シェイクスピアについて僕らが知りえたすべてのこと』小田島則子、小田島恒志訳、日本放送出版協会 (2008)〕

Chaucer, Geoffrey. 'The Franklin's Tale'. *The Canterbury Tales.* A. C. Spearing (ed.) Cambridge University Press (1966)

中央大学人文科学研究所(編)『英国ルネサンスの演劇と文化』中央大学出版部 (1998)

Crystal, David. 'The Language of Shakespeare'. *An Oxford Guide to Shakespeare.* Stanley Wells and Cowen Orlin (eds.) Oxford University Press (2003)

Evans, G. Blakemore *et al.* (eds.) *The Riverside Shakespeare* (2nd ed.) Houghton Mifflin Company (1997)

Holinshed, Raphael *et al. Chronicles of England, Scotland and Ireland* (1571–85)

岩崎宗治『シェイクスピアの文化史──社会・演劇・イコノロジー』名古屋大学出版会 (2002)

Kellner, L. *Historical Outlines of English Syntax.* Macmillan (1892) 宮部菊男(編注)、研究社 (1956)

松田隆美(編)『イギリス中世・チューダー朝演劇事典』慶應義塾大学出版

会 (1998)

宮川朝子『イギリス中世演劇の変容――道徳劇・インタルード研究』英宝社 (2004)

Muir, Kenneth (ed.)　*Macbeth.*　The Arden Shakespeare. Methuen (1951); repr. (2001)

Noble, Richmond.　*Shakespeare's Biblical Knowledge and Use of the Book of Common Prayer as Exemplified in the Plays of the First Folio.*　Octagon Books (1970)

Saccio, Peter.　*Shakespeare's English Kings: History, Chronicle, and Drama.*　Oxford University Press (1977); 2nd ed. (2000)

Salmon, V. and E. Burness.　*A Reader in the Language of Shakespearean Drama.*　John Benjamins Publishing Company (1987)

Schmidt, Alexander.　*Shakespeare Lexicon and Quotation Dictionary.*　2 vols. (1874-75); repr. Dover Publications Inc. (1971)

Scot, Reginald.　*The Discoverie of Witchcraft.*　Dover Publications Inc. (1972)

シェイクスピア、ウィリアム、福田恆存(訳注)『マクベス』新潮文庫、新潮社 (1969)

―――.　今西雅章(編注)『マクベス』大修館書店 (1987)

―――.　河合祥一郎(訳)『マクベス』角川文庫、角川書店 (2009)

―――.　木下順二(訳)『マクベス』講談社 (1993)

―――.　松岡和子(訳注)『マクベス』ちくま文庫、筑摩書房 (1996)

―――.　大場建治(訳注)『マクベス』研究社 (2004)

Tillyard, E.M.W.　*Shakespeare's Early Comedies.*　Chatto & Windus (1965)

―――.　*Shakespeare's History Plays.*　Chatto & Windus (1944); Penguin Books (1969)

―――.　*Shakespeare's Problem Plays.*　University of Toronto Press (1950)

上野美子 他(編)『シェイクスピア大全』(CD-ROM 版) 新潮社 (2003)

Wells, Stanley & Lena Cowen Orlin (eds.)　*Shakespeare.*　Oxford University Press (2003)

Yamada, Akihiro.　*The First Folio of Shakespeare: A Transcript of Contemporary Marginalia in a Copy of the Kodama Memorial Library of Meisei University.*　Yushodo (1998)

第 13 章

Baker, Robert. *Reflections on the English Language.* J. Bell (1770); facsimile repr. Scolar Press (1968)

Barber, Charles. *Early Modern English.* Edinburgh University Press (1976)

Barnhouse, Rebecca and Benjamin C. Withers (eds.) *The Old English Hexateuch: Aspects and Approaches.* Western Michigan University (2000)

Baugh, Albert C. and Thomas Cable. *A History of the English Language.* Routledge & Kegan Paul (1951); 5th ed. Prentice Hall (2002)

Boswell, James. *The Life of Samuel Johnson, LL.D.* 2 vols. (1791); repr. Edition Synapse (2003)

Craford, S. J. (ed.) *The Old English Version of The Heptateuch.* EETS (OS. 160) Oxford University Press (1922); repr. Kraus Reprint (1990)

Crotch, W. J. B. *The Prologues and Epilogues of William Caxton.* EETS (OS. 176) (1928); repr. Kraus Reprint (1973)

Elstob, Elizabeth. *The Rudiments of Grammar for the English-Saxon Tongue.* W. Bowyer (1715); facsimile repr. Scolar Press (1968)

Free, John. *An Essay towards an History of the English Tongue.* W. Sandby (1749); facsimile repr. Scolar Press (1968)

Graham, Timothy (ed.) *The Recovery of Old English: Anglo-Saxon Studies in the Sixteenth and Seventeenth Centuries.* Western Michigan University (2000)

Hickes, George. *Grammatica Anglo-Saxonica ex Hickesiano Linguarum Septentrionalium Thesauro Excerpta.* Theatro Sheldoniano (1711); facsimile repr. Scolar Press (1969)

Johnson, Samuel. *The Plan of a Dictionary of the English Language* (1747); facsimile repr. Scolar Press (1970)

Mitchell, Linda C. *Grammar Wars: Language as Cultural Battlefield in 17th-and-18th Century England.* Ashgate (2001)

Oldmixon, John. *Reflections on Dr. Swift's Letter to the Earl of Oxford, about the English Tongue.* A. Baldwin (1712); facsimile repr. Scolar Press (1970)

Peyton, V. J.　*The History of the English Language.*　R. Hilton (1771); facsimile repr.　Scolar Press (1970)

Plumer, Daniel C.　'The Construction of Structure in the Earliest Editions of Old English Poetry', in Timothy Graham (ed.)　*The Recovery of Old English: Anglo-Saxon Studies in the Sixteenth and Seventeenth Centuries.*　Medieval Institute Publications.　Western Michigan University (2001)

Stephen, Leslie and Sidney Lee (eds.)　*The Dictionary of National Biography.*　2nd ed. 22 vols.　Smith, Elder (1908-09)

Swift, Jonathan.　*A Proposal for Correcting, Improving, and Ascertaining the English Tongue.*　Benjamin Tooke (1712); facsimile repr. Scolar Press (1969)

武内信一「写本・印刷・カクストン」『愛知大學英文会誌』第3号、愛知大學英文会 (2003)

―――.「テューダー朝における王室のアイデンティティと宗教のアイデンティティ――Ælfric の 'Sermo de Sacrificio in Die Pascae' を手がかりとして」『言語と文化』第10号、愛知大學語学教育研究室 (2004)

第14章

Baugh, Albert C. and Thomas Cable.　*A History of the English Language.*　Routledge & Kegan Paul (1951); 5th ed.　Prentice Hall (2002)

Boswell, James.　*The Life of Samuel Johnson, LL.D.*　2 vols.　(1791); repr.　Edition Synapse (2003)

Cheney, C. R. (ed.)　*Handbook of Dates for Students of English History.*　Offices of the Royal Historical Society (1970)

DeMaria, Robert, Jr.　*The Life of Samuel Johnson: A Critical Biography.*　Blackwell (1993)

Johnson, Samuel.　*The Plan of a Dictionary of the English Language* (1747); facsimile repr. Scolar Press (1970)

北村達三『英語を学ぶ人のための英語史』桐原書店 (1980)

Murray, James A. H. *et al.* (eds.)　*The Oxford English Dictionary.*　The Clarendon Press (1857-1928)

Murray, M. K. Elizabeth.　*Caught in the Web of Words: A. H. Murray and the Oxford English Dictionary.* Yale University Press (1977)〔邦訳『ことばへの情熱——ジェイムズ・マレーとオックスフォード英語辞典』加藤知己(訳)、三省堂(1980)〕

永嶋大典『OEDを読む——オックスフォード英語大辞典案内』大修館書店(1983)

渡部昇一『英語学史』英語学大系第13巻、大修館書店(1975)

第15章

Ascham, Roger. *The Scholemaster.* John Day (1570); The English Experience No. 15, published in facsimile by Theatrum Orbis Terrarum (1968)

Bacon, Alan (ed.) *The Nineteenth-Century History of English Studies.* Ashgate (1998)

Bale, John. *The Vocacyon of Johan Bale.* Medieval and Renaissance Texts and Studies. Vol. 70. Peter Happé and John N. King (eds.) (1990)

Barber, Charles. *Early Modern English.* Edinburgh University Press (1976)

Barron, W.R.J. and S. C. Weinberg (eds.) *Laȝamon's Arthur.* Longman (1989)

Baugh, Albert C. and Thomas Cable. *A History of the English Language.* Routledge & Kegan Paul (1951); 5th ed. Prentice Hall (2002)

Benson, Larry D. *et al.* (eds.) *The Riverside Chaucer* (3rd ed.) Houghton Mifflin Company (1987)

Brinkley, Roberta Florence. *Arthurian Legend in the Seventeenth Century.* The Johns Hopkins Press (1932)

Byrne, M. St. Clare (ed.) *The Letters of King Henry VIII, a selection, with a few other documents.* Funk & Wagnalls (1968)

Carley, James P. *The Books of King Henry VIII and His Wives.* The British Library (2004)

Chandler, John. *John Leland's Itinerary: Travels in Tudor England.* Sutton Publishing (1993)

Chapman, Mark D. *Anglicanism: A Very Short Introduction.* Oxford University Press (2006)

Child, Francis James (ed.) *The English and Scottish Popular Ballads.* 5 vols. Dover Publications (1882–98)

Cook, G. H. (ed.) *Letters to Cromwell and Others on the Suppression of the Monasteries.* John Baker (1965)

Cooper, Helen (ed.) *Le Morte Darthur.* Oxford University Press (1998)

Court, Franklin E. *Institutionalizing English Literature.* Stanford University Press (1992)

Crawford, Robert. *Devolving English Literature.* Edinburgh University Press (1992)

Crotch, W. J. B. *The Prologues and Epilogues of William Caxton.* EETS (OS. 176) (1928); Kraus Reprint (1973)

D'Avenant, William. *The Dramatic Works of William D'Avenant.* H. Sotheran & Co. (1874)

Dickens, A. G. *Thomas Cromwell and the English Reformation.* The English Universities Press (1959)

Douglas, David C. (ed.) *English Historical Documents 1485–1558.* Vol. V. Eyre & Spottiswoode (1967)

Dryden, John. *The Major Works.* Oxford World's Classics. Oxford University Press (1987)

Frantzen, J. Allen. *Desire for Origins: New Language, Old English, and Teaching the Tradition.* Rutgers University Press (1990)

Geoffrey of Monmouth. *Historia regum Britanniae.* Acton Griscom (ed.) Longmans, Green & Co. (1929)

―――. *The History of the Kings of Britain*, trans. Lewis Thorpe. Penguin Books (1996)

Given-Wilson, Chris. *Chronicles: The Writing of History in Medieval England.* Humbledon and London (2004)

Graham, Timothy (ed.) *The Recovery of Old English: Anglo-Saxon Studies in the Sixteenth and the Seventeenth Centuries.* Medieval Institute Publications. Western Michigan University (2000)

浜林正夫『イギリス宗教史』刀水書房 (1987)

Happé, Peter. *Complete Plays of John Bale* (I) (II) D. S. Brewer (1985–86)

―――. *John Bale.* Twayne Publishers (1996)

Harris, Jesse W. *John Bale: A Study in the Minor Literature of the*

Reformation. The University of Illinois Press (1940)

Hill, Christopher. *Puritanism and Revolution.* Schocken Books (1958)

Jones, R. F. *The Triumph of the English Language.* Stanford University Press (1953)

Kane, George & E. Talbot Donaldson (eds.) *Piers Plowman: The B Version.* The Athlone Press (1975); Revised Edition (1988)

King, John. *English Reformation Literature: The Tudor Origins of the Protestant Tradition.* Princeton University Press (1982)

Knowles, Jerry. *A Cultural History of the English Language.* Arnold (1997)

Kuskin, William. *Caxton's Trace: Studies in the History of English Printing.* University of Notre Dame Press (2006)

Leland, John. *De Rebus Britannicis Collectanea.* 6 vols. Originally published in 1776, republished by Gregg International Publishers Limited (1970)

——— . *The Laboryouse Journey & Serche for Englandes Antiquitees* (1549); The English Experience No. 750, published in facsimile by Theatrum Orbis Terrarum Ltd. (1975)

Lowth, Robert. *A Short Introduction to English Grammar.* A facsimile reproduction with an introduction by Charlotte Downey. R.S.M. American Linguistics 1700–1900. Scholar's Facsimiles & Reprints (1979)

Malory, Sir Thomas. *Le Morte Darthur.* A. W. Pollard (ed.) Medici Society (1923) (the Caxton version)

——— . *Le Morte Darthur.* Stephen H. A Shepherd (ed.) W. W. Norton & Company (2004)

McGrath, Alister. *In the Beginning: The Story of the King James Bible and How It Changed a Nation, a Language, and a Culture.* Doubleday (2001); Anchor Books (2002)

Middleton, Christopher (ed.) *The Famous Historie of Chinon of England together with The Assertion of King Arthure.* EETS (OS. 165) (1925)

Moore, J. L. *Tudor-Stuart Views on the Growth, Status, and Destiny of the English Language.* McGrath Publishing Company (1970)

Nennius. *Historia Brittonum,* trans. J. A. Giles. Six Old English Chronicles. S. Evans (1903)

大木英夫『ピューリタン』中公新書、中央公論社 (1968)
Palmer, D. J.　*The Rise of English Studies.*　Oxford University Press (1965)
Park, Thomas (ed.)　*Fables from Boccacio and Chaucer.*　London (1812)
Parker, Matthew.　*A Testimonie of Antiqvitie* (1566); The English Experience No. 214, published in facsimile by Theatrum Orbis Terrarum Ltd. (1970)
Rouse, Robert Allen.　*The Idea of Anglo-Saxon England in Middle English Romance.*　D. S. Brewer (2005)
Simmons, Clare A.　*Reversing the Conquest: History and Myth in 19th-Century British Literature.*　Rutgers University Press (1990)
Slavin, Arthur J. (ed.)　*Thomas Cromwell on Church and Commonwealth: Selected Letters, 1523-1540.*　Harper Torchbooks (1969)
Smith, Lucy Toulmin (ed.)　*The Itinerary of John Leland in or about the Years 1535-1543.*　5 vols.　Southern Illinois University Press (1964)
Spurgeon, Caroline F. E.　*Five Hundred Years of Chaucer Criticism and Allusion 1357-1900.*　3 vols.　The Chaucer Society (1908-17); repr. Russell & Russell (1960)
Tillyard, E.M.W.　*Shakespeare's History Plays.*　Chatto & Windus (1944); Penguin Books (1969)
Turville-Petre, Thorlac.　*England the Nation: Language, Literature, and National Identity, 1290-1340.*　Oxford University Press (1996)
Vinaver, Eugene (ed.)　*Malory: Complete Works.*　Oxford University Press (1971)
——— . (ed.)　*The Works of Sir Thomas Malory.*　3 vols.　Oxford University Press (1947)
Wace and Laȝamon.　*Arthurian Chronicles*, trans. Eugene Mason.　The Medieval Academy Reprints for Teaching 35.　University of Toronto Press (1996)
Weiss, Judith (ed.)　*Wace's 'Roman de Brut': A History of the British.*　University of Exeter Press (1999)
Woodward, G.W.O.　*The Dissolution of the Monasteries.*　Walker and Company (1966)

索　引

（和文は五十音順、末尾の欧文用語はアルファベット順に配列した。なお、n は脚注を示す）

〔あ〕

アウグスティヌス　32n, 82, 87
アーサー王伝説　73-74, 77, 80, 83, 86, 109, 131-38, 196-98, 201-3, 208
アスカム、ロジャー　126, 201
　『スクール・マスター』　126
アゼルスタン　37
アッサー　109
　『アルフレッド大王伝』　109
アランデル　55
アルクイン　89
アルフリッチ　88, 100-4, 106, 108, 159
　「過ぎ越しの日の生贄に関する説教」　100-1
　『対話』　159
アルフレッド大王　33-34, 36-37, 39-41, 88, 135-36, 199
　『牧者の心得』　33, 88
アングリクス、バルトロメウス　62
　『物の本質について』　62
アングル族　30, 32, 34, 87
アングロ・サクソン　3, 6, 11, 32, 38, 41, 69, 87-90, 100, 104-5, 109, 111, 125, 129-31, 135-36, 175-76, 199, 203
　〜学　12, 123, 200
　〜教会　104-8, 203-4
　〜研究　11, 108-9, 172, 175, 177-78, 196, 198-99, 200, 203-5, 208
　〜語　175-76 → 古英語の項も参照。
　〜時代　2-4, 8, 10-12, 92, 108, 135, 204
　〜主義　199, 208, 210
　『アングロ・サクソン年代記』　30, 32, 34-35, 37-38, 198

〔い〕

イースト、トマス　126-27, 196
異端審問　7, 9, 55
印刷本　70-72, 92, 197

〔う〕

ヴァースティガン、リチャード　136n, 199
　『衰退した知性の回復』　136n, 199
ウィクリフ、ジョン　6, 55, 90, 92, 94, 104
　『ウィクリフ派の聖書』　90-91
ヴィナーヴァ、ユージン　138, 197
ウィリアム1世　41, 42n
ウィルクス　127
ウィンチェスター版（写本）　138, 197n
ウェッドモアの協約　36-37, 39
ウェルギリウス　63, 65, 168
　『エネイドス』　65, 168
ウェールズ　32, 74-75, 86, 109, 115, 127-28, 130, 187
ウォーカー　127
ヴォーティガーン　30
ウォートン、トマス　137

[236]

『ウルガータ聖書』 87, 89-94, 97, 147
ウルジー、トマス 118-19
ウルフスタン 88

〔え〕
英国国教会(国教会) 2-4, 6, 8-12, 94, 99, 101, 105-8, 113, 121, 125, 134-35, 140, 146-47, 199, 203
英語史 10-12, 32, 42-43, 87, 148, 200, 209
『英語辞書編纂計画書』→ジョンソン
英(語)訳聖書 5-6, 90, 95-97, 99, 139, 147
英文(学)科 208-10
エゼルスタン 37
エゼルレッド2世 38, 41
エディントンの戦い 36
エドマンド 36
エドワード1世 52
エドワード告解王 38-39, 41
エドワード長兄王 37
エドワード4世 60
エドワード6世 96, 133, 203
エラスムス 92-94
　『校訂版新約聖書』 93
エリザベス1世 2, 97-98, 101, 106, 108, 121n, 123-24, 126, 133-35, 139-40, 146-47, 197, 201, 203-4, 208
エルストップ、エリザベス 167, 175-77, 181n, 200
　『アングロ・サクソン文法初歩』 175
「エレミア書」 4, 6-9, 11
「円卓の騎士」 73, 78, 80, 83, 85-86, 128

〔お〕
王権神授説 134, 136, 146n, 147
『黄金伝説』 64
王政復古 136, 155, 200, 204, 207
王立学士院 149n, 152
『オックスフォード英語辞典』 183, 196 →*OED*の項も参照。
オニオンズ、C. T. 195
オーラフ・トゥリッグバソン 37-38
折丁 68-69, 71
オールコック、ジョン 118
オールドミクソン、ジョン 167, 172-74, 200
　『英語に関してスウィフト博士がオックスフォード伯に宛てた書簡に関する省察』(『省察』) 172
オロシウス 177
　『異教徒に対抗する歴史7巻』 177

〔か〕
改作 137, 149, 153, 155, 198, 204-5, 207
カヴァーデイル、マイルズ 95-96, 99
カクストン、ウィリアム 58-67, 69-73, 86, 92, 124, 126-28, 138, 168, 170, 196-97, 202
　『チェス・ゲーム』 62
活字印刷 58, 63, 73, 91, 197
活字工 69
カトリック 7-9, 90, 94, 96-97, 99, 101, 106, 114-15, 119-20, 123, 132, 141, 144, 146-47, 202
　反〜(アンチ・〜) 120-22, 133
　ローマ・〜(教会) 2, 4, 8-9, 55, 87, 90-91, 93-94, 104-6, 108, 119, 125, 133, 135

カドワラダー 129-31
カムデン、ウィリアム 136, 199
『史料集』 136n, 199
火薬陰謀事件 146
カール5世 132-33
ガレノス 142

〔き〕
議会派 136, 200, 204
キーツ、ジョン 127, 137
キャサリン(王妃) 110, 119, 132-33
キャドモン 88
宮廷風恋愛 78, 85, 128
『旧約聖書』 4, 6, 8, 88-90, 93-97, 171, 203
ギルダス 111
『欽定訳(英語)聖書』 5, 87, 97-99, 135, 139, 147, 169

〔く〕
草薙の剣 27
クーシュキン、ウィリアム 209
グズラム 36-37, 39
グーテンベルク 58, 62, 91-92
『グーテンベルク聖書』 58n, 91-92
クヌート 38, 41
クランマー、トマス 96
『クランマーの聖書』 96
クレーギー、W. A. 195
グレゴリウス1世 33, 87
『グレート・バイブル』 6-7, 96-98, 106
クレメンス7世 132-33
クレメンス4世 105
クロムウェル、トマス 95-96, 119-21, 202
『クロムウェルの聖書』→『グレート・バイブル』
クローリー、ロバート 203

〔け〕
『計画書』→ジョンソン
ケニング 18n, 23
「剣之巻」 14, 25-27

〔こ〕
コイネー 89
好古家協会 136
古英語 3, 10-12, 15, 24, 32-34, 37n, 41, 88-89, 108-9, 125, 135, 156, 159-60, 175, 177, 198-99
国王付き好古家 100, 110
国学 108, 113, 200, 207
国教会→英国国教会
コップランド、ウィリアム 126, 196
コールリッジ、ハーバート 193
『今昔物語集』 25, 28-29
コンテクスト 2, 4-5, 7-12, 43, 53

〔さ〕
サクソン族 30, 32
サン・クレール・シェル・エプトの協約 39n

〔し〕
シェイクスピア、ウィリアム 66, 97, 136, 137n, 148-57, 160, 163, 165, 174, 181-82, 198, 204-5, 207-8
『マクベス』 149, 151, 154-55, 157, 160, 166
ジェフリー・オブ・モンマス 75-82, 83n, 84-86, 111, 128-30, 134, 136
『ブリテン王列伝』 75, 77-80, 83n, 84-85, 111, 128-29

ジェームズ1世(ジェームズ6世) 99, 134-36, 139-41, 143-47, 149n, 169, 204
　『悪魔学』 139, 143, 147
　『スコットランドの事件』 139, 147
　『タバコ反対論』 139, 140, 145, 147
シェリダン、トマス 200
ジェントリー 64, 117, 126-27, 131, 140-41, 147, 201
実体説 9
島津久基 28-29
写字生 67, 199
写本 35, 58, 61-62, 67-73, 87, 89, 91-92, 107, 114-15, 121-25, 138, 197-98, 207
シャルル3世単純王 39-40
『シャルルマーニュ伝』 59, 65
宗教改革 4-6, 9, 54, 94, 100, 104-5, 110, 113, 133, 146, 169, 199, 202
修道院解散 105, 107, 113-25, 202-3
主教制 146
『主教たちの聖書』 5, 98-99, 147
「主教なくして国王なし」 135, 146
手稿本 91
首長令 105, 121, 202
「10ヵ条」 106
ジュート族 30, 32
『ジュネーヴ聖書』 5, 6, 11, 96-98, 147
上告禁止法 119
象徴説 4n, 9, 10
初期英語テキスト協会 194
植字工 70-71
ジョスリン、ジョン 11, 108
ジョン王 52
ジョーンズ、ウィリアム 200
ジョンソン、サミュエル 137, 178-93, 196, 200
　『英語辞書』 178-79, 180n, 196, 200
　『英語辞書編纂計画書』(『計画書』) 167, 180-81, 186-87, 189-91
　『人間の希望の空しさ』 188
　『ランブラー』 188
シン、ウィリアム 198, 202
人文主義(者) 92-95
『新約聖書』 6, 89-90, 93-97, 99

〔す〕

スウィート、ヘンリー 194
スウィフト、ジョナサン 167-77, 180, 181n, 191, 200, 206
　『英語を正し、改善し、正確にするための提案』(『提案』) 167-70, 172, 175, 177
　『桶物語』 168
　『ガリヴァー旅行記』 167-68
スヴェイン 38, 41
スウォンウィック、アンナ 207, 210
スコット、サー・ウォルター 137
　『アイヴァンホー』 137
スコット族 30
スコットランド 145-46, 187, 191
　～王 134, 139-40, 143, 145-47
　～教会 134, 146
　～語 54
スタンズビー、ウィリアム 127
スティーヴン王 111
スチュアート朝 5, 82n, 85n, 99, 135-36, 146-47, 201
ストウ、ジョン 100
スパージョン、キャロライン 202, 206, 209
スペイト、ウィリアム 198, 207
スペンサー、エドマンド 133, 177,

197
『妖精の女王』 133, 197

〔せ〕
聖アウグスティヌス → アウグスティヌス
『省察』→ オールドミクソン
正書法　7, 11, 170, 183
「聖体の秘蹟」　4, 9, 101-2, 104-7
正統性
　　王室(王位・王家・テューダー朝)の～　82n, 85n, 86, 101, 109-10, 113, 128, 130-31, 133-36, 202, 204
　　国教会(宗教・教義)の～　3-4, 11, 101, 105, 108, 113, 135, 199, 203-4
「聖杯物語」　73
製本　67-68, 71, 91, 114-15

〔そ〕
装飾のヒエラルキー　67
俗謡詩人　136, 205
ソムナー、ウィリアム　199
尊者ベーダ → ベーダ

〔た〕
『太平記』　25
ダヴェナント、ウィリアム　137n, 148-55, 204

〔ち〕
『チェス・ゲーム』→ カクストン
チェスターフィールド伯　180, 189-90
中英語　6, 43, 156, 193n, 199n, 203
中世主義　208-10
長老制　134, 146
チョーサー、ジェフリー　43-47, 51-57, 63, 65-66, 136, 137n, 156, 174, 177, 196-98, 202-9
『カンタベリー物語』　43-44, 54-55, 65, 137n, 197, 202
「サー・トパスへのプロローグ」　55
「女子修道院長付き司祭の話」　204
「女子修道院長の話」　43-44, 51, 53, 56-57
チョーサー協会　194, 198

〔つ・て〕
坪内逍遙　157
『徒然草』　1n
デイ、ジョン　69
『提案』→ スウィフト
ティリット、トマス　198, 207
ティンダル、ウィリアム　6, 94-99
デ・ヴァッラ、ロレンツォ　93
『新約聖書注解』　93
デ・ウォード、ウィンキン　62, 126, 196-97, 202
テニソン、アルフレッド　127, 137, 197
『国王牧歌』　137, 197
テューダー(王)朝(家)　4-5, 66, 82n, 85n, 86, 99-101, 105, 109-11, 127-28, 130-36, 197, 199-204
デーン人　32-41
伝播説　28
デーンロー　32, 36-37, 39-40, 42

〔と〕
頭韻詩　37, 88
東京帝国大学　208
独自発生説　28
ド・トロワ、クレティアン　85-86, 128

『聖杯物語』 85
『荷車の騎士』 85
ドライデン、ジョン 137n, 149, 176, 198, 200, 204–5
トレミュラス・ハンド 199
トレンチ、リチャード 193
『トロイ史話集』 60–62

〔な・ね・の〕
夏目漱石 127, 137, 208
　「薤露行」 137, 208
　「幻影の盾」 137
ネンニウス 74–79, 85
　『ブリトン人の歴史』 74, 79
ノルマン・コンクエスト 41, 108, 198–99
ノルマンディ 32, 40–42, 45n

〔は〕
バイキング 32, 39–40, 42, 88
バイユー・タペストリー 42
パーカー、マシュー 2, 6, 8–12, 69, 98, 101, 106–9, 113, 123–25, 135, 199, 203
　『古代の証言』 2–3, 5, 9–12, 107–8, 135, 199, 203
薔薇戦争 66, 86, 100, 127, 131
バラッド 54
バリントン 177
ハロルド2世 39, 41
反カトリック → カトリック
ハンバー川 33–34
ハンプトン・コート会議 135, 146–47
反ユダヤ(主義・主義者・感情・思想) 49, 51–52, 54, 57

〔ひ〕
ヒエロニムス 62, 87
　『教父伝』 62
比較言語学 198, 200, 208
比較中世学 210
ピクト族 30
ヒックス、ジョージ 175, 199
　『最初のアングロ・サクソン語文法』 199
百年戦争 55, 66
ピューリタン 134–36, 144, 146–47, 200, 204
ピンソン、リチャード 197, 202

〔ふ〕
ファーニヴァル、F. J. 193–94
　『簡易辞典』 194
フィッシャー、ジョン 118
フィリップ3世 69
フィロロジカル・ソサエティ 193–95
フォックス、ジョン 109
ブラッドリー、ヘンリー 195
ブランク・ヴァース(無韻詩) 150
フリー、ジョン 178, 200
　『英語史試論』 178
ブリテン王 75, 82, 129–31, 136
ブリトン人 30, 32, 74–75, 80, 82–84, 128, 130
ブルゴーニュ公妃マーガレット 60–61
ブルーム、ジェイコブ 127
プロテスタンティズム 100, 104
プロテスタント 9, 96–97, 106, 113, 120–21, 133, 201, 203

〔へ〕
ベイカー、ロバート 178, 200

『英語論』 178
『平家物語』 1-2, 14, 25, 27, 154, 210
ヘイスティングズの戦い 42n
ペイトン、V. J. 178
『英語史』 178
ベイル、ジョン 7n, 100, 110, 113-15, 120-26, 131, 201
『ベオウルフ』 15, 24-27, 37n
ベオウルフ伝説 24, 29
ペスト 55, 57, 117
ベーダ（尊者ベーダ） 75, 82, 88, 111, 129
『英国教会史』 75, 88, 129
ヘブライ語 87, 89-91, 93-95, 98
ヘレフォード、ニコラス 90
ベレンガリウス 9, 103-4
『主の晩餐』 9n, 103
ヘンゲスト 30
ヘンリー3世 52
ヘンリー7世 66, 86, 100, 109, 127-28, 131-32, 134, 202
ヘンリー2世 82, 111-12
ヘンリー8世 6, 86, 94-96, 105-8, 110-12, 114, 116, 119, 125, 132-35, 147, 197, 199, 202-3
『7秘蹟の擁護』 94
ヘンリー4世 55
ヘンリー6世 100

〔ほ〕
ボズウェル、ジェームズ 179, 180n, 187-92
『ジョンソン伝』 179
ボズワースの戦い 100, 109, 127, 202
ポープ、アレグザンダー 198, 204
ボーフォート、マーガレット 127
ホルサ 30

〔ま〕
マシュー、トマス 95, 99
『マシューの聖書』 95-96 →『グレート・バイブル』の項も参照。
マダム・エグレンティーヌ 44-45, 47-49, 51-52, 56-57
マレー、ジェームズ 194-96
マロリー、トマス 63, 73, 75, 85-86, 126-31, 138, 196-97, 201
『アーサー王の死』 73, 85-86, 126-28, 130-31, 136-38, 196, 202
『トマス・マロリー作品集』 138, 197

〔み・む・め・も〕
南方熊楠 28-29, 210
無韻詩 → ブランク・ヴァース
メアリー1世 7n, 96, 98, 123, 132-33
メイフラワー号 97
モア、トマス 92, 95, 98
『ユートピア』 92
モールドンの戦い 38

〔や・ゆ・よ〕
「八岐大蛇伝説」 14, 24
ユダヤ人国外追放 53
「百合若大臣」 27
謡曲 24-25
揺籃期本 71
4つ一折 68, 71
『42行聖書』→ グーテンベルク
4体液説 142-43

〔ら〕
ライト、トマス 197
「羅生門」（謡曲） 24-25
「羅生門伝説」 14, 24, 25n, 210

ラテン語聖書　55, 95, 97
ラハモン　82, 85n, 198
『ブルート』　82, 84, 198
ラングランド、ウィリアム　203
『農夫ピアズの夢』　203
『ランス新約聖書』　97, 99
『ランス・ドゥエイ聖書』　97, 147
ランバード、ウィリアム　109
『古代法』　109

〔り〕

リチャード3世　100, 127, 202
リチャードソン、チャールズ　192, 193n
『新英語辞典』　192
リチャード2世　55
リーランド、ジョン　7n, 100, 110-14, 120, 122, 125, 202
『イングランドの旧事古書を捜し求めるジョン・リーランドの刻苦精励の旅』　113-14, 124
「ニュー・イヤーズ・ギフト」　112-13
『ブリテン著作者列伝』　122
『ブリテンの事物集成』　112
『もっとも有名なブリテン王アーサーの主張』　111-12
リンディスファーン修道院　35, 67

〔る・れ・ろ〕

ルター、マルティン　93-95, 104
歴史主義　183, 185, 192-93, 195-96
連結文字　70
ロジャーズ、オーウェン　203
ロジャーズ、ジョン　95
『マシューの聖書』　95-96
ローマ・カトリック(教会) → カトリック
ロラード派　55, 90
ロロ　39-40, 41n

〔わ〕

ワース、ロベール　78-86, 128
『ブリュ物語』　78, 80, 82-85
ワーズワース、ウィリアム　127, 137
渡邊綱　24n, 25
ワット・タイラーの反乱　55, 57

〔欧文〕

catchword　68-69, 72
OED　183, 192-95 →『オックスフォード英語辞典』の項も参照。
signature　68, 71-72
thou　149, 156-57, 160-61, 163
ye　156-57, 159-60
you　149, 155-57, 160, 162-64, 166

《著者略歴》

武 内 信 一（たけうち しんいち）

1951年生まれ。青山学院大学文学部英米文学科卒。国際基督教大学 (ICU) 大学院修士課程修了（英語史専攻）。東京都立大学大学院博士課程（博士後期課程）人文科学研究科（英文学専攻）中退。防衛大学校、愛知大学を経て、現在青山学院大学文学部教授。専攻はイギリス言語文化史、イギリス国学史。訳書にルドー・J. R. ミリス『天使のような修道士たち』『異教的中世』（ともに新評論）などがある。

KENKYUSHA
〈検印省略〉

英語文化史を知るための15章

2009年4月21日　初版発行

著　者　武　内　信　一
発行者　関　戸　雅　男
発行所　株式会社　研究社
　　　　〒 102-8152　東京都千代田区富士見 2-11-3
　　　　電話　03 (3288) 7711（編集）
　　　　　　　03 (3288) 7777（販売）
　　　　振替　00150-9-26710
　　　　http://www.kenkyusha.co.jp/
印刷所　研究社印刷株式会社

装幀　廣瀬亮平

ISBN 978-4-327-40154-2　C3082　　Printed in Japan